中国乡村振兴

模块化研究与实践

ZHONGGUO
XIANGCUN ZHENXING
MOKUAIHUA YANJIU YU SHIJIAN

张亚权 等◎著

中国农业出版社
北　京

著作者名单

主要著作人：张亚叉

撰稿成员：裴跃军　张仁军　张　振　曾文林

惠　红　王林林　李明玉　潘　咪

甘智元　路　然　姜　南　田　野

廖　兰　崔　芳　高建茹

特别感谢：重庆理工大学旅游管理学院

北京中农汇景生态环境工程有限公司

四川宏图都市建筑设计有限公司

序言

PREFACE

党的十九大报告把乡村振兴战略作为国家战略，提高到党和政府工作的重要议事日程上来，是关系到国家全局性、长远性与前瞻性的总体布局。2021年是中国共产党建党100周年，我们已经向全世界庄严承诺——在这一年全面建成小康社会、解决脱贫问题，这也是写在文件里的硬任务。一个大国如果农业做不好，就会出大事。把农业的基础做好，让农业发挥压舱石的作用，让农业真正成为经济的蓄水池，国家才能在经济下行时期，尤其是在遇到国内、国际重大经济危机时，具备抵御风险的能力。

我在不同时期对农业现代化、工商资本进农业、农村集体“三资”管理、农村集体经济组织产权制度改革、农民合作社、乡村产业振兴等课题都进行过深入研究和探索，深知农业农村工作是系统而复杂的工程，需要多方面共同参与。在面临乡村信息闭塞、乡村人才缺口大、资金下乡难这些实际情况时，问题成为困境，“乡村振兴”所对应的“乡村衰退”正说明了这一现实。

2019年发布的第21个中央1号文件，既是过去中央1号文件的延续，又表现出鲜明的特点。它开宗明义地列出了任务清单，直接指导和解决乡村振兴战略如何实施，细致扎实地明确了干什么与怎么干。国家层次之外，各地方、各乡村振兴的践行者，也在探索方向与实践、理论与模式相结合的方式。同时，地方政府、学术界、智库单位、投资建设企业四方共同推动的产学研用一体化也是令人期待的发展方向。

《中国乡村振兴模块化研究与实践》作出了有益的尝试，尤其是在乡村振兴的实践方法上，将实际任务进行模块化分解，并在此基础上进行开发模式和落地实施的可行性研究，最终形成了一套适合末端的操作建议，这一研究方式具有实践意义。

全书以一种解构的思维方式进行，将乡村振兴的具体事务划分成产业主体、产业组织、乡产创新、靓山美田、人居环境改造、环境治理、新农人才、乡村自治及土地结构九大模块。以开篇的产业主体为例，在将政府、企业、村集体三类不同的产业主导主体进行划分的基础上，对各类主体所承担的角色以及可发掘的突破口进行了研究。在以政府为主导的产业选择中，又对文旅产业和农业产业的打造进行细分：文旅产业角度，政府关注点在公共产品和服务、品牌整合与营销、稀缺性资源项目的启动与培育上；农业产业角度，“寿光模式”“杨凌模式”成为可复制的标杆产业主导模式。除此之外，政府还主导了农业产业的保障体系，探索性的模式虽各有不同，但大农业基础下的政府背书成为必备条件。与政府主导产业相对应的还有企业与村集体两类，书中对工商资本下乡的参与方式、集体经济主体下的乡村金融创新等都进行了实践与理念的探索，相关的案例解析便是支撑。

在模块划分之下，书中的一些“关键技术”和某一类目标的“实现技术”尤其值得关注。以生态宜居篇中的“靓山”“美田”“芳塘”一类实现技术为例，结合著者所处的旅游规划、产业规划的视角，将生态、景观、产业、乡村环境治理进行综合考虑，实现了一张底图上的多层诉求叠加，这与多规合一的思路有不尽相似之处。

书中的创新与亮点在此不作一一描述，相信参与乡村振兴的各方人士自有评判标准，适则取之。本书既是编著者对自身工作的总结，也是以一种开放交流的心态将知识创新进行开源共享。

最后，我对《中国乡村振兴模块化研究与实践》的编著者们提几点希望，一是希望他们能将理论与实践的结合继续推进，将具有典型落地和可复制的经验在更广的范围内推广起来；二是要常怀赤子之心，牢记使命，作为咨询方更要有站得高、看得远和能落得地的技术要求，才能在相伴乡村振兴的路上走得更远；三是要充分发挥传统媒体和新媒体的宣传作用和引导作用，让好的经验收到实效。总之，衷心希望东方创美认真总结，发现和推广更多、更好的乡村振兴实践中的新办法、新经验、新举措，为推动乡村振兴事业做出更大的贡献。

2019.9.6 于北京

自序：行走在乡村振兴的长征路上

核磁共振让疲惫的右腿膝盖终于暴露出让我不安的信号，才感叹不知不觉间，在乡村这条路上已经行走了10年——200多个城市，800多条航线信息，1 000多张高铁车票，50余万千米的行程，单是徒步在乡间小路的里程就已超过10 000千米。这是一个不忘初心、决定用脚步丈量乡村的规划师的长征之路。

1984年我出生在中国北方的一个小乡村，记忆里有蛙鸣狗吠、竹马田间的乡土气息，耳边除了录音机里的流行歌谣，就是父母嘴里喋喋不休的“知识改变命运，努力读书走出农村”的唠叨。2003年我考上大学离开家乡，和千千万万个农村人一样，头也不回地走进了城市，这一幕，持续掏空了中国的乡村30年。

2007年我走进北京，在这个所有北方农村孩子都向往的都市，心里除了迷茫还有无助，一不小心走进了规划行业，对农业和乡村规划的执着，让我阴错阳差地又走回了乡村。2010年，我有了自己的团队，我们将农业和乡村作为主战场，力主创新，追求原创，将微薄的力量投入到我长大的土壤。但这个时候，却是国家城市化进程的顶峰，乡村的各种环境越来越差——土地闲置、人才外流、发展停滞、自信全无，乡村成为被遗忘的角落。

直到2017年，党的十九大提出了“实施乡村振兴战略”，这是中共中央在新时代解决“三农”问题的总抓手，为乡村未来的发展提供了战略指导。在此之后，《土地管理法》修正案对农村集体经营性建设用地、农村宅基地等农村用地方式、入市方式等进行了调整与探索。“乡村振兴战略”的提出将成为新一阶段农村变革的标志性节点。

产业兴旺、生态宜居、乡风文明、治理有效、生活富裕，这20字总要求勾画的是一幅立体的新乡村场景，政府主导、农民主体、社会力量参与是乡村振兴的各主要方的角色定位，此外，乡村振兴的各界同仁还面临落地执行过程中的具体方式与方法的探索。

2018年，我决定写一本关于乡村振兴的书，针对这本书的主题，我们内部争论了很久，因为我们没有办法用一本书去解决50余万个行政村的振兴发展问题，直到“乡村振兴模块化”原创思维的提出，才最终确定这本书的主题方向。我们总结了十余年农业、乡村产业规划的一线调研、交流、规划经验，用一年多的时间研究、研发、创新，最终采用“九大模块”拆解乡村振兴20个字的总体要求，涵盖研究体系、案例体系、实操体系、经验采集、采访实录五大精要板块，这是一本以乡村振兴为题的良心之作。

这本书写作期间，业界同仁纷纷支援，这里有来自重庆理工大学的研发团队、北京中农汇景的战略合作、四川宏图都市的案例支撑，还有来自塘约村、东掌村、北斗七寨等全国知名乡村振兴示范村的经验支持，更有十余个乡村振兴战略实操者的辛酸历程。在这里，我要向支持《中国乡村振兴模块化研究与实践》图书出版的同仁表示感谢，也向全国即将走上乡村振兴道路的朋友发出邀约：乡村振兴不是一朝一夕之事，乡村振兴不是头脑发热之举，乡村振兴更不是样子工程，这是条全新的长征路，是一条只有齐心协力才能走完的长征路。

写到此，泪润笔。拍拍灰尘，持续走，大步走，自信走。

张亚权

2019年中秋节于北京

目 录
CONTENTS

案例目录

开　篇

用浓郁的深情回归乡村振兴
用理性分模块解构实施路径

2017年，党的十九大报告中首次提出“实施乡村振兴战略，坚持农业农村优先发展”，自此，以实施乡村振兴战略为指导的乡村建设工作全面展开。实施乡村振兴战略，是解决新时代我国社会主要矛盾、实现“两个一百年”奋斗目标和中华民族伟大复兴中国梦的必然要求，具有重大现实意义和深远历史意义。

乡村，是中国社会发展的根基，是十数亿人守望的乡愁，更是中国建设现代化经济体系的重要基础。乡村土地上生活着的5.6亿人，是乡村建设最坚实的承重者与实施者。我国人民日益增长的美好生活需要和不平衡不充分的发展之间的矛盾在乡村最为突出，我国仍处于并将长期处于社会主义初级阶段的特征很大程度上表现在乡村。习近平总书记指出：“如期实现第一个百年奋斗目标并向第二个百年奋斗目标迈进，最艰巨最繁重的任务在农村，最广泛最深厚的基础在农村，最大的潜力和后劲也在农村。”

乡村发展，从来都是一个占据社会发展重心的关键课题。

中国社会100多年前的大转型、大改造时期，乡村经济遭受重创，传统手工业在西方物美价廉商品的冲击下衰弱凋敝，农业技术的落后使得传统的农业大国在国际贸易中节节败退，内乱不断、文化失调，在种种复杂的背景下，中国的乡村建设运动在彼时如火如荼地展开。纵观世界经验，日本、韩国及欧洲的一些发达国家在不同时期，也面临过严重的农村衰退问题，其应对方式和成效各有特色。不论是内部路径，还是外来经验，解决乡村问题都是一项系统、关联而繁复的浩大工程。

一、以学者为代表的中国乡村救治运动实践

早在19世纪60年代，随着资本主义的入侵，晚清政府开展了系列的所谓改良运动，乡村就逐渐成为被遗忘的对象。在国民党统治时期，乡村与城市间的冲突更加尖锐，甚至导致社会出现剧烈动荡。以改善农民的经济状况、生计问题为出发点，以教育、文化、实业等为实施抓手，晏阳初、梁漱溟、陶行知、高建四、卢作孚等为代表的一批知识精英和爱国人士，在中国乡村大地上开始了乡村建设的广泛尝试与努力。

（一）以教育兴村的平教会模式

平教会全称是平民教育促进会，是由近代乡村建设的引领者晏阳初（1890—1990）发起并推进的，其核心要义在于通过对农民进行文艺教育、生计教育、卫生教育、公民教育四大教育，使其从根本上自发改变现状。

平教会模式的实现路径是以“人”为核心要素。一方面，“外来人”是实施乡村建设运动的引燃力量和推动力量。一大批被晏阳初动员和吸引的“洋博士”心甘情愿地放弃当时体面的职位与丰厚的收入，住进了农村，数年如一日

地扎根到真实的乡村生活中。另一方面，原住民的自我成长是实现平教会的最终目的，他们通过自救的方式推动乡村建设的落地。

（二）行政建设和乡村教育相结合的邹平模式

山东邹平的乡村建设实践是以县域为单位，将学术人才培养、乡村建设人员培养以及乡村建设试验区作为三大组成部分，由梁漱溟倡导实现。有人说邹平的乡村建设运动是梁漱溟运用儒家文化思想开展的拯救中国农村的实际行动，充满了儒家的理想色彩。而邹平的实验是将行政系统教育化，以教育力量代替行政力量，政事也与教育相结合，其所构想的实验基础是以伦理来构建并治理社会。

邹平模式在世界其他地方的借鉴意义充分体现在它对于“从理性求组织”的探索，包括以社会伦理及乡村人情世故等角度出发，以人心向上为目的，建立类似乡村内部的合作组织一类的可操作的具体设计，具有深刻的现实意义。

（三）以实业带动乡村建设的北碚模式

卢作孚以爱国实业家的身份主持了重庆北碚的乡村建设，以其完整度和影响度在当时国内外都获得了相当程度的认可，毛泽东甚至高度评价他为四个不能忘记的中国实业家之一。北碚模式的实现路径是“以经济建设为中心”，目的是将乡村打造为一个“经营参考”的样板，以建设新秩序的方式代替救治。卢作孚在北碚二十余年的改造建设中，修筑铁路公路、治理河道、开发矿业、创办学校、开办银行，尤其是创建了中国西部科学院和博物馆。

时移势易，近百年以前的中国乡村救治经验自然不能用来解决现在的乡村问题，但知识精英和实业家们的探索路径值得乡村振兴的践行者们深入思考与挖掘。

二、世界各国乡村发展运动的经验

工业革命后，全世界的城市化进程持续不断，城市化过程中，几乎每个国家都出现过乡村衰落的问题。面对问题、解决问题，不同的国家采取了不同的方式，尤其像日本、韩国及欧洲的一些发达国家，在乡村发展中取得了巨大成就，一定意义上实现了城乡的协同发展。

（一）日本、韩国的乡村实践

1. 日本大力发展“一村一品”

日本经济自二战结束后发展迅速，日本政府在农村实行以小规模自耕农为主的农业经营体系，集中力量发展经济和进行城市建设。尽管在工业化和城市化发展上取得了不错的成绩，但农村适龄劳动力不断涌入城市，造成农村地区空心化现象不断加剧、农村经济发展严重滞后、城乡发展不平衡、农村生态环境污染严重等诸多问题。

为拯救日渐凋敝的乡村，日本政府主导推动了如下实践：

（1）出台一系列法律，为推进乡村振兴提供法律保障。日本政府为了有效促进乡村振兴运动，结合国家的需求和农业农村发展规律，构建了内容完善、覆盖全面、各有侧重的法律法规体系，使农业生产活动有法可依。1961年日本开始实施《农业基本法》，之后又颁布了包括生态环境、政策扶持等方面在内的6部法律法规，以立法的形式保障了乡村、农业的长效发展。

（2）以形式多样的补贴为手段，激励农民从事农业活动。日本的农业补贴均以提高农业生产效率、改善农业发展条件、增加农民收入为目的，一是针对农业基础设施建设、农业保险、农业贷款利息、农业机械设备购买等进行补贴；二是针对贫困山区提供直接补贴，补贴资金一半用于村庄基础设施建设，一半直接补贴农户收入；三是针对环境友好型农业发展专门执行现金补贴；四是土地整理费用和流转促进补贴。

（3）注重教育，大力培养乡村振兴人才。日本政府非常重视乡村教育和人才培养，注重营造留住人才的良好环境，为乡村建设提供人才支撑，包括重视发展乡村教育事业、支持社会力量参与农村教育、改善乡村居住环境并吸引更多人投身于乡村建设等。

（4）大力促进城市与乡村间的融合。在促进城市与乡村间的融合方面，日本大力发展乡村旅游和乡村休闲农业，放宽农户扩建民宿、建设农家乐、完善娱乐设施等方面的限制；拨付专款用于农户修建特色农产品加工设施、体验店和休闲餐厅等；同时在城镇住宅区修建农产品直营店，实行订单生产，加大特色农产品的推销。

（5）“一村一品”下的农村产业融合实践。“一村一品”是日本大分县平松守彦先生于1979年倡导发起的，属于典型的农村产业融合实践。“一村一品”挖掘或创造可以成为本地区标志性的产品或项目，并迅速将其培育成全国乃至全世界一流的产品和项目。这些项目以农特产品为主，也可以是文化和特色旅游项目。

通过引入社会资本，大力发展家庭手工业、农产品加工业、民俗产业和乡村旅游业，实现本地特色农产品生产、加工和销售的专业化、协同化、一体化。日本的“一村一品”路径，是通过各项政策和资金支持深度结合的成果，在实践中也具有一定程度的适用性。

2.韩国政府主导的新村运动

1945年韩国独立。因受到战争毁灭性的打击，韩国成为当时典型的最贫困国家之一，总统朴正熙上台后将发展经济列为头等大事，确立“出口导向型”经济战略，通过重点扶持重工业和扩大出口实现经济快速增长，创造了“汉城奇迹”。但随着工业化和城市化的发展，大量人口离开农村，农业劳动力流失，村庄土地荒废，工农业发展严重失衡，地区发展不平衡，贫富差距拉大，社会矛盾加剧。

在这种社会背景下，从1970年起，韩国政府开始正式实施“新村运动”建设。以村庄为对象，致力于缩小日益加大的城乡差距，克服地方经济困难，提高乡村生活质量。

(1) 政府主导与农民自主精神相结合。“新村运动”通过政府主导、农民参与，自助式努力向前推进。由政府设立的“新村运动”中央协议会确保全国新村建设运动的统一及协调。全国的农村按照区域、发展水平和建设情况被分为不同的类型，政府因地制宜选择适合各村的发展重点，成立专门机构对建设进行指导，同时通过提供技术培训、农业补贴等来调动农民自主建设的积极性。

(2) 物质文明和精神文明建设共进。“新村运动”在使农村的居住环境、生活条件和基础设施不断完善、农民收入不断增加的同时，也使农村精神文明得到同步发展。农民自信心增强，原有的消极、落后意识也逐渐被克服，人力资本质量和国民素质整体上有了大幅提升。

(3) 重视农村人才培养。“新村运动”投入大量的资金和精力用于农民的培训和教育工作，特别是强调政府政策和农业技术的培训，形成了农民文化水平不断提高、政府政策落实和技术推广成效不断提升的良性循环。

(4) 改善乡村人居环境。通过改善农村基础设施和居民居住条件来改善农村生活条件和环境。“新村运动”中，全国大部分农村都组织实施了修建桥梁、改善公路的工程，提高了生活的便利性，加快了生产物资等的流通，政府也积极给予贷款支援农民改善居住条件和环境。

韩国的“新村运动”最初只在农村推行，后来扩展到城市、工厂和学校，工作内容也由单纯的管理改革扩展到政治、经济、社会和文化等诸方面，成为一场席卷韩国的全方位社会改革运动。

（二）欧洲发达国家的乡村实践

1. 英国的农业现代化与田园城市运动

英国首相斯坦利·鲍德温曾说过，“英格兰就是乡村，乡村才是英格兰”。

曾经的英国是欧洲农业最先进的生产国，随着工业革命的开展，重工轻农的政策严重影响了农业的持续发展。二战以后，英国用了近15年的时间进行战略调整，农业现代化的进程因此奠定。

(1) 阶段性农业方面法案的颁布与实施推动农业的全面复苏。1942年，为了应对农产品储备不足的情况，英国发布了《斯科特报告》，对农业发展进行了长期规划。1947年，英国第一部关于农业发展的法案颁布，核心是通过保障价格、稳定市场的方式保障农业从业人员的收益水平。1957年，新的农业发展法案调整了以往过度干预农业市场的策略，在基础支持方面予以加强，包括对土地的整理和农场建筑的修复工程等。1964年，政府在加大农业产业的规模化和市场化方面进行了支持。1967年的农业法案中，对于农业产业内部发生的合并提供实际支持，包括资金、土地整理、贷款等，同时，区域性管理机构乡村发展局设立，全力支持农业内部合并事宜。

（2）“田园城市”运动的同步推进。二战后，英国城市的规划重建及其后英国城市和乡村的建设，深受“田园城市”思想的影响。100多年前，英国社会活动家霍华德提出了“田园城市”构想，率先提出了城市和乡村融合协同发展的模型。霍华德的“田园城市”思想在英国被广为接受，莱奇沃思（Letchworth）和韦林（Welwyn）率先建设了田园城市。在最初的“田园城市”定义中，城市的规模被限定到一定范围，城市的四周则需要有永久性农业地带围绕，但不局限于所围合的中心城市生活所需。霍华德认为，田园城市就是把最有能量和活力的小镇以及美丽愉悦的乡村田园，通过田园城市的项目结合在一起。

总体而言，英国的乡村建设表现出更为丰富的城市、农村融合发展的特色。

2.瑞士乡村生态、业态、形态融合发展

瑞士的乡村建设，处处体现了生态、业态、形态的融合发展，正是在这样的理念指引下，瑞士才有了全世界生产力高度发达的乡村。

（1）乡村风光的保护。瑞士一直十分重视保护天然的乡村风光。以公共交通为例，瑞士在一些小镇内实施无车通行，游客只能搭乘火车或者缆车前往，严控污染源头和体量。现行的环境保护制度，包含了大多数高山植物、动物、林业及矿石开采等方面。在垃圾治理上，一方面，对垃圾进行严格地分类处理，在小镇内设立资源收集中心；另一方面，则由政府制定严格的制度来进行管理，凡是违背制度的居民将会面临巨额罚款。

（2）生态建筑。瑞士的每个乡村小镇都尽可能多维地展示地貌特色和生态特色。瑞士旅游局借助山势做了整体规划和形象设计，尽可能把房屋建筑融入自然之中，并且奉行生态优先的设计理念。用嵌入式开发方式，在保留原始自然风貌的基础上，数代人打造出了一个个特色小镇，让环保、绿色、舒适成为建造小镇的标准。位于瑞士瓦莱州马特洪峰北麓的采尔马特小镇，满街的建筑都以木质为主，当地人都爱在自家房屋的木质外墙上涂鸦，房屋外的小院也都种上了绿植或鲜花，使得小镇处处有美景。

（3）生态产业。特色产业是瑞士小镇的核心内容。小镇通常以单个产业打造出完整的产业生态链，以位于阿尔卑斯地区的洛伊克巴德小镇为例，其最初只是以温泉胜地而闻名，之后在原来的资源里加入了温泉疗养、滑雪等活动，不断壮大康养产业、度假产业、旅游产业，实现了产业价值链的延伸。该小镇目前已是瑞士最大的温泉疗养地。

瑞士乡村的发展以小城镇演进方向为特色，通过资源的挖掘、政府的包装、产业的延伸、基础建设的支持，一个产业化、独特化、美好的生活小镇跃然而生。

3.荷兰的现代化农业发展升级之路

荷兰虽然自然资源并不优越，但摸索出了一条适合本国国情的现代化农业之路。荷兰农产品出口量多年稳居全球第二，2018年，荷兰农产品出口量达到903亿欧元。作为国土面积狭小但农业却高投入、高产出的国家，它的成功经验主要在于利用高科技支持现代农业与绿色生态发展。

（1）专注优势领域，实现精品农业。荷兰的花卉产业年生产量居世界首位，年出口额约50亿欧元，占世界市场的 43%，是荷兰的支柱型产业。荷兰将花卉产业作为核心优势，实施精品化的产业发展战略。整个花卉产业有着完整的产业链，花卉的育种、育苗、生产、交易和流通都有全面科学化的布局和发展。

（2）产学研紧密结合。荷兰政府为促进农业科研、教育和推广的融合发展，构建了以农民为核心的“OVO 三位一体”模式，即研究部门、推广部门与教育部门三者协同发展和运行。农业科研经费占国家科研总预算的19.1%，远超其他部门；在农林领域世界排名第一的瓦格宁根农业大学设有11个国家级研究所，每年都有大量丰富的研究成果；荷兰农业部统一领导科研部门、推广部门和教育部门，由部长负责全面协调。“OVO 三位一体”模式通过权责明确的分工和深度的协调机制，保障了产学研的紧密融合。

（3）高科技的农业技术。从20世纪60年代起，荷兰政府以节约土地资源、提高土地生产率为目标，调整农业生产体系，逐步建立起目前高科技的农业面貌。主要体现在玻璃温室农业、生物防控技术、电子信息技术等方面。例如，通过高标准的玻璃智能温室，提高单位面积的产量；采用自动化控制，对光照、湿度、二氧化碳浓度等进行记录、监测和调控；病虫害防治坚持源头控制和综合防治的理念，以温度、湿度精准调控，通过定期监测预警，保证产品质量。

（4）完整的产业生产链。荷兰拥有一套由家庭农场、合作社、公司组成的产业生产链。家庭农场是以家庭为单位的农业“企业”，农户们根据自身情况选择适合自己的生产方式，并至少加入一家合作社，所有的产品售卖给合作社。荷兰的合作社主要有购买合作社、销售合作社、加工合作社、信用合作社及服务合作社等类型。每个合作社各司其职，并不以营利为目的，而是集中家庭农场的力量，帮助农户们种植和收益。这样不仅能降低生产成本，还便于统一管理。这种完整的产业生产链，可促进农业的高效生产，实现产业的良性循环。

荷兰的国土面积和基底条件意味着其不具备传统农业发展的优势，在各项条件均不利的情况下，荷兰能够长期保持世界农产品出口大国的地位，其经验值得深入研究。

三、中国乡村振兴语境下的现实要求

改革开放带来了现代中国40余年的高速发展，大量农民离开原住地参与到城市的建设中去，2.6亿农民工进城，中国社会结构随之改变，空巢村、老人村、留守儿童村和贫困村等已成为当下中国广大农村需要面对的现状，留给人们的不是乡愁而是“乡衰”。据住建部《全国村庄调查报告》数据显示：1978—2012年，中国行政村总数从69万个减少到58.8万个，自然村总数从1984年的420万个减少到2012年的267个，年均减少5.5万个[①]。

（一）理论思想指导层面

乡村振兴战略在被整体提出之前，相关的理论和实践已有深厚的基础。

2005年8月15日，时任中共浙江省委书记的习近平同志在安吉县余村调研时提出：“我们过去讲既要绿水青山，又要金山银山。其实，绿水青山就是金山银山。”“两山”理论从生态建设与经济发展的协调统一上给出了指导。

2013年12月，习近平总书记在中央城镇化工作会议上指出：“要依托现有山水脉络等独特风光，让城市融入大自然，让居民望得见山、看得见水、记得住乡愁。”他还指出：“要注意保留村庄原始风貌，慎砍树、不填湖、少拆房，尽可能在原有村庄形态上改善居民生活条件；要传承文化，发展有历史记忆、地域特色、民族特点的美丽城镇。”“乡愁”成为在乡村改造过程中的要保留的基本要素。

2015年1月，习近平总书记又对新农村建设提出具体要求：“新农村建设一定要走符合农村实际的路子，遵循乡村自身发展规律，充分体现农村特点，注意乡土味，保留乡村风貌，留得住青山绿水，记得住乡愁。”

在乡村脱贫攻坚的探索方向上，发展乡村旅游成为新路子。2017年10月19日，习近平总书记在参加贵州省代表团审议报告讨论时说：“脱贫攻坚，发展乡村旅游是一个重要渠道。要抓住乡村旅游兴起的时机，把资源变资本，实践好绿水青山就是金山银山的理念。同时，要对乡村旅游做分析和预测。如果趋于饱和，要提前采取措施，推动乡村旅游可持续发展。”

在乡村生活品质提升上，厕所革命成为具体抓手。2017年11月，习近平总书记对旅游系统推进“厕所革命”工作取得的成效作出重要指示：“两年多来，旅游系统坚持不懈推进厕所革命，体现了真抓实干、努力解决实际问题的工作态度和作风……厕所问题不是小事情，是城乡文明建设的重要方面，不但景区、城市要抓，农村也要抓，要把这项工作作为乡村振兴战略的一项具体工作来推

① 资料来源：人民网理论频道，乡村振兴战略的时代意义，范建华，2018年2月27。

进，努力补齐这块群众生活品质的短板。”

（二）行政管理与执行层面

在具体的行政管理及执行层面，美丽乡村建设、社会主义新农村建设、特色小镇建设、田园综合体试点工作等，都是党和国家领导人在推进乡村发展和建设中提出的具体执行方式。通过一项建设任务的提出，配套出台相应的行动纲要、发展意见及试点工作方案等，从行政管理到执行方式，一以贯之，力促大蓝图与落地实现一气呵成。

（三）国情考虑与制度优势

中国是拥有50余万个行政村的发展中大国，是需要解决5.6亿乡村人口生存发展的社会主义国家。乡村振兴战略将乡村作为一个相对独立于城市的文化单元和发展系统，又在原来“以城带乡”的思路上以“城乡融合”进行代替，提升乡村自发展空间，强调城市与乡村的功能分配和融合发展。

中国的乡村发展是不可照搬照抄任何一个发达国家过往经验的现实难题。从文化基底的角度考虑，中国历经40多年快速发展，历经百年以前的乡村救治，历经千年以上的小农治国，乡村文化、乡村治理结构都具有特殊的发展路径；从国情的角度考虑，中国特色社会主义进入新时代，我国社会主要矛盾已经转化为人民日益增长的美好生活需要和不平衡不充分的发展之间的矛盾，乡村的发展需要站在更高的起点上；从社会主义制度的角度而言，乡村振兴的党建引领、政府主导、农民主体、企业参与的形式是高效与落地的统一。

第一部分

乡村振兴方法论
九大模块化设计与实施

对乡村振兴实操任务以模块化方式进行分解，其研究思路来源于各类实施主体的现实需求。将工程学中的模块化思维运用于乡村振兴战略目标中，大的系统性目标包括乡村产业振兴、乡村人才振兴、乡村文化振兴、乡村生态振兴和乡村组织振兴五个方向，相互之间交叉影响，互为支撑与助力。系统化拆解的方式是：以产业兴旺的属性，构建产业主体、产业组织、乡产创新三大模块；以生态宜居的乡村环境为属性，构建靓山美田、人居环境改造、环境治理三大模块；以乡风文明、治理有效为属性，构建新农人才、乡村自治和土地机构三大模块。最终，九大模块作为基础支撑，循环实现健康、持续、和谐的乡村富裕生活。

第一章

乡村振兴模块化设计提出的背景

一、当今中国乡村振兴的六大痛点

实施乡村振兴战略的指导思想从提出至今，各地区在开发上积极对接。近两年的实施过程不长，但关于乡村建设与开发、乡村项目的投资与经营、乡村产业的升级与优化等诸多问题已成为乡村发展的现实问题，具体表现在以下六个方面。

（一）投资与回报关系尚不匹配

乡村振兴过程涉及大量资金的集中投放和专项资金的长效投放，市场化投资主体关注经济上的回报关系，政府投资主体追求社会效益的综合回报关系。目前而言，整体投资与回报的关系尚不能有效匹配。

目前乡村振兴的实施主体大致分为政府主导、乡村集体经济主导、第三方主导（企业、合作社或个人）三种类型。

从长远来说，政府不能也不建议作为实施主体。以过往经验来论，政府参与过多的开发行为，一方面会带来对市场秩序的影响，另一方面则有可能使地方或原住民形成依赖性开发思维，不利于乡村振兴的核心目标实现。目前阶段，一般由地方国有资产监督管理委员会下属的平台公司，包括城投、城建类型公司承担乡村振兴过程中的基础设施建设工程，平台公司严控投融资风险。

以乡村集体经济组织为主导的乡村振兴，受限于组织架构和乡村人才短缺等因素，很可能一起步就是落后的经营思维；另外，乡村集体经济的启动资金是一个比较大的问题。从实现情况来看，要实现村集体经济组织主导乡村振兴还有很长的路要走。

第三方主导的乡村振兴可分为两种，一种是的确可以从乡村振兴角度确定主营业务或重要业务，再由乡村经济组织与其合作，此类由第三方或成长后的乡村集体经济组织主导的乡村振兴可能成为主流，也可能生成诸多解决方案。而另一种纯属追求“外部平衡”“短期赞助”式的第三方主导模式则不可长久。

目前，社会化的第三方主导乡村振兴，投资可以保障，但是回报点却不明晰，缺乏土地、产业、产品等的现实回报渠道。

（二）市场化资金渠道尚不明朗

目前，乡村振兴的主要资金渠道有三种：一是政府财政主导投资，直接进行乡村振兴的改造和产业搭建，大部分作为样板工程存在；二是通过招商引资，由企业自筹资金启动乡村振兴，村民通过“三变”改革（资源变资产、资金变股金、农民变股东）与之合作；三是由企业、村集体经济、合作社或个人筹资启动乡村振兴，再借助各类政策性补贴进行补充。

2019年7月，《中华人民共和国土地管理法》修正案（草案二次审议稿）进行审议并公开征求意见，对集体经营性建设用地入市的条件、程序以及入市办法的制定等作出规定，增加了相应规定以健全集体经营性建设用地入市的民主决策程序等。

国家已经出台了包括国务院办公厅印发的《农业生产发展资金管理办法》、农村农业部和中国邮政储蓄银行发布的《关于加强农业产业化领域金融合作助推市县乡村振兴战略的意见》、农业农村部等六部门联合印发的《关于开展土地经营权入股发展农业产业化经营试点的指导意见》等农村土地入市和资金渠道的相关政策，但政策的落地还需要政府、金融机构、开发单位、实施主体的摸索合作。要使乡村资产通畅进入投融资平台，尚需时日。

与火热的乡村振兴行动相比，资金渠道不够明朗已经成为限制乡村振兴的主要痛点之一。

（三）村域自主振兴先决条件弱

根据中华人民共和国民政部统计，截至2018年年底，全国基层群众性自治组织65万个，其中村委会54.2万个，居委会10.8万个。

近50余万个行政村中，有的村产业基础好，领头人思维广、实力强，可以通过政策扶持、自身发展或招商引资实施乡村振兴。然而大部分乡村不具备自主发展的先决条件，因此如何为乡村振兴定级、分类、划片、联动，已经成为乡村振兴主政领导顶层设计时需要考虑的重要因素。

（四）人才体系建设制约因素多

从世界各国开展乡村建设运动的内因来看，乡村人口大量涌入城市，乡村仅是人们口中“远方的故乡”，少有人愿意再回到乡村。人口基数大打折扣，能作为提振乡村的引导者和执行者自然少之又少，人才体系的建设不完善成为制约乡村振兴发展的主因之一。

首先是人才外流严重。同样作为生产者，在城市务工和在农村务农的回报会有一倍甚至几倍的差异。农村生产保险保障制度不够完善、医疗设施落后、教育设施缺乏，越来越多的青壮年劳力选择城市作为谋生之所，留守儿童和老人的社会问题日益显现。

其次是人才引入困难。随着社会生活物质水平、精神文明的整体提升，越来越多的人萌生了回归乡土的念头，但“新村民”与乡村社会体制格格不入，有时甚至被认为是乡村掠夺者、城市逃离者，人才进入的环境还欠友好。如何营造乡村振兴的创业氛围、孵化条件，让人才能够回流乡村，才是解决乡村振兴人才体系工作的重中之重。

乡村发展没有创新的发展理念、没有年轻的活力、没有可以执行乡村振兴的人才体系，乡村将很难走向振兴。

（五）单村产业振兴支撑力度小

以自然村为基础单位，每个自然村的土地量在一千亩[①]到数千亩，由村民自发形成的种植、养殖体系，以规模而论很难定义为具有竞争力的产业，更难在市场层面上拥有竞争力。

传统的“一村一品”以村为基本单位，规模化、标准化、品牌化是指导原则。其主导产业的选择和培育主要依赖于原住民、村集体经济组织和一定程度的政府干预，市场性的企业单位较少介入。

未来的乡村产业，将会出现明星村落带动明星产业、多个村落共同支撑的众星捧月的局面，从“一村一品”到“多村一品”的转型势在必行。

（六）产业发展行政界限难突破

乡村是中国行政体系中最小的单位，几乎每个乡镇都有自己的乡村振兴体系，即便有顶层设计的格局，但执行过程中仍然很难突破行政界线、实施差异化发展战略，容易产生同质化竞争。

未来的乡村产业如何突破行政界线，通过市场化行为互相联动、相互依存，值得思考。乡村产业，尤其是林果业一旦定位失误、缺乏大数据支撑，很容易造成产能浪费、基础投入打水漂的情况。林果业3～5年的培育期很难掉头，一旦出现风险，对乡村产业和经济来说都是致命的打击。如何抱团取暖、如何对接农业大数据，都是摆在我们面前的突出困难。

二、模块化方法的实操优越性

乡村振兴模块化设计，就是乡村振兴过程中按照工程学的模块化思维，将乡村振兴这一复杂过程细分为若干任务单一、复杂度降低的设计方法。简单来讲，就是将乡村振兴过程中的某些要素组合起来，形成一系列具有独立功能、能够完成乡村振兴某项任务的设计和实施思路。

---

① 亩为非法定计量单位，1亩≈667米^2。——编者注

模块化思维来源于工程领域。例如，通过运用模块化设计方法来设计与开发产品；通过对一定范围内具有共性和个性的产品进行功能分析，总结出功能模块；通过模块组合构成不同产品组合或研发平台。这种设计方法优势在于缩短产品研发周期、增加产品系列、提高产品质量、便于执行。

事实上，模块化设计不仅仅是一种方法，也是一种思维。模块化思维是基于以下两个出发点：

第一，以解构的方式，组合多种发展成果，保留独属性。

区别于传统的结构化开展模式——确定一个框架结构，每一个部分都向中心靠拢，最后整合拼出一套完整的成果，每个环节严丝合缝、环环相扣，解构的方式是打包化独立性工作，整合形成多套可接受的成果。

用实际情况做参照，在乡村建设过程中，许多开发方参观学习完示范村、标杆型项目后，依样画葫芦地搬到另一处乡村开发中后会发现格格不入，原本优中选优的开发模式却变成了水土不服，这大多是由于采取了结构化的经验平移。相反，采用解构的方式是许多大型开发企业在异地复制大型综合项目中所采用的惯常操作方式。通过解构，将项目中的包括文化分析、商业模式、建设流程、渠道建设等内容进行拆解，形成一个核心开发思路后，以组合的方式异地重建一个符合当地需求的市场化运作项目，既能彰显项目独特属性，又能保障项目的可行性。

第二，最小化功能单位，保障不同项目的可操作性。

中国疆域辽阔，东西横跨62个经度，南北纵跨49个纬度，地理环境的差异性也带来中国乡村由南到北的巨大差异。同时，由于各地贫富情况、产业基底等要素不尽相同，一套模式套到底的开发思路显然不可取。

模块化思维，是将实施乡村振兴中所涉及的功能以最优的规格模块进行拆解，不同乡村完全可以根据当地实际情况从中选取适量的功能进行实现，既不要求一动牵全身的全盘布局，又能实现疑难问题各个击破。

三、模块化方法在乡村振兴中的应用方式

（一）拆解乡村振兴复杂任务

实施乡村振兴战略不是单一任务，而是存在复杂因素的多重任务。

乡村振兴是一个多目标的复杂系统工程，包含五大振兴：一要推动乡村产业振兴；二要推动乡村人才振兴；三要推动乡村文化振兴；四要推动乡村生态振兴；五要推动乡村组织振兴。这五个振兴本身就是层层递进的复杂系统工程。面对这样复杂的系统工程，采用模块化设计思路就成为必须、必然的选择。

乡村振兴是一个影响广泛的系统工程。任何一个乡村振兴项目，都会产生广泛的影响，其中既包括文化、生态因素的影响，也包括经济和社会等因素的

影响，都需要尽可能地达到综合效果，以实现多任务协同完成。因此，在实施乡村振兴项目时，可能会感觉牵扯甚广，无从下手。这时候，采用模块化思维、模块化设计就成为必须、必然的选择。

（二）形成快速反馈，促进乡村振兴内生动力

乡村振兴任务艰巨，很多工作需要长期进行方能见到成效。乡村振兴过程中，应尽可能保证每项任务都具有快速的反馈机制，包括生态收益、经济收益、社会收益等多个方面的直观显现，为项目的整体推进产生持续的动力。农民也不需要太长的实施周期，便能够看到发展成果，不断感受到进步，享受其中各个模块化更新所带来的益处，也就会更加自觉、更加积极地支持和参与乡村振兴。

（三）构建普适模型，推动经验复制与推广

乡村振兴工作中，不同地方面临的亟待解决的问题可能都不一样；同时，不同地方资源禀赋、生产条件、区位条件等也都可能存在巨大差别。这也是上文提到的结构化经验平移不适用的原因。模块化思维是尽可能抽取乡村振兴过程中共同的底层要素，构建普适模型。本书提出的九大模块，都是具有普适性的、可以直接实施的具体技术与流程，适用于中国广大乡村。

第二章

乡村振兴的九大模块设计

一、乡村振兴九大模块拆解

（一）模块设计遵循基础

党的十九大报告指出，要坚持农业农村优先发展，按照产业兴旺、生态宜居、乡风文明、治理有效、生活富裕的总要求，建立健全城乡融合发展体制机制和政策体系，加快推进农业农村现代化。

乡村是中国行政体系下的最小自治单位，全国拥有近50余万个行政村落，存在基数大、底子薄、个性多、协调难的困境，每一个村都有不同的现实情况，每一个村都有不同的产业背景和行政班底。要实现乡村振兴，就要从顶层设计角度为乡村发展提供战略性指导意见。我们结合乡村振兴战略的20字方针，采用模块化的方式，将乡村振兴发展面临的共性问题拆解为九大基本模块，并通过模块化的研究和实践，为乡村振兴提供具有实际指导意义的解决方案。

以产业兴旺为目标，从产业主体、产业组织、乡产创新三大模块来进行剖析。

以构建生态宜居的乡村环境为目标，从靓山美田、人居环境改造、环境治理三大模块来进行实现。

以乡风文明、治理有效为目标，从新农人才、乡村自治和土地机构三大模块来进行具体拆解。

以九大模块为基础，最终实现健康、持续、和谐的乡村富裕生活。

（二）九大模块

1.产业主体模块

我们将乡村振兴主体分为政府、社会企业、村集体三大主体。其中政府主体包括政府、金融机构、大型产业协会，承担乡村振兴顶层设计、跨域整合、模板打造、金融保障等重要功能；企业主体包括平台公司、市场型企业、指定帮扶类企业，承担乡村振兴全面对接市场、重点项目打造、一二三产业融合发展、帮扶拉动、产业辐射等重要功能；村集体主体涵盖村集体经济、乡村自筹式金融体系、合作社组织、村民个体，他们是乡村产业实施的主体，承担乡村产业可持续发展、乡村产业对接国家政策和协同企业合作的重要功能。

从长远来看，政府将会逐渐向产业统筹、规划、保障功能进行演变；企业将成为市场化投资主体，一步步增进与村集体的合作关系；村集体作为产业实操主体，将会在政府保障体系下，进一步增进与企业合作，全面提升自身技术、资金、组织、金融体系，最终成为乡村产业振兴的中坚力量。

2. 产业组织模块

过去的40年，是中国乡村集体经济逐渐示弱的40年，作为乡村曾经最有活力的产业组织，我们需要在乡村振兴的时代进一步激活以集体经济为主的实施层面的产业组织者。目前活跃在乡村的集体经济形式主要为产业合作社及其类似组织，其运行模式为“合作社+农户”或“企业+合作社+农户”。与现代企业化的组织不同，合作社在市场、金融、产能、抗风险能力等方面呈现出明显的弱势。要实现乡村振兴，就需要我们孵化更多的乡村产业组织。

跨区域存在的、由政府平台孵化和指导成立的特色产业协会组织，如地理标志产品协会、蔬菜产业协会、鲜花产业协会等，导入全国乃至全球视野，是最高一级的新型产业组织；以单品类或某一特定市场需求为导向的乡村产业联盟（简称乡产联盟），如散养联盟、晚熟柑橘联盟、孕婴市场乡产联盟等，是活跃在乡村产业中的一类新兴组织，其与电商平台相融合，也可实现跨区域甚至是全国联动；新式乡村集体企业，受国家关于农村土地入市政策的影响，是一种以乡村集体土地及相关产业为资产、市场化运作为机制的新型乡村组织，已呈现明显的复兴态势。

产业组织模块，是乡村产业兴旺重要的实施者，为乡村选择合适的产业组织，也是决定乡村振兴内生力量的重要前提。

3. 乡产创新模块

事实证明，过去乡村产业发展的思维方式不能救乡村。要想乡村有活力、有潜力，就需要我们为乡村产业注入新的思路。随着乡村市场逐渐向外界打开，乡村可以从事的产业由单纯的农业种植、生产、传统手工业或资源型工业转向乡村休闲、旅游、康养等新型领域，有效利用新基建规划，对接5G下乡、VR技术发展、网络建设，实现数字乡村创新发展，优化农村电商创新业态，实现农业物联网技术。

旅游型乡村、城乡共享式乡村、自然教育型乡村、防老型乡村、运动型乡村、文创型乡村、数字化乡村、淘宝乡村等多种创新业态如雨后春笋般崭露头角，乡村产业繁荣是乡村产业振兴和联动外界力量的重要途径。

4. 靓山美田模块

用最简单的方式对中国乡村土地进行划分，可分为平原和山丘两个大类。靓山美田模块的提出，紧密贴合“绿水青山就是金山银山”的发展理念，让乡村产业的主要载体（土地），通过整治、整合、创新，更加符合乡村新型经济体的需要，更好地对接社会资本需求，进而实现乡村土地的生态化、现代化、规模化、效益化。

5.人居环境改造模块

国家以“宜居”为标准，为乡村振兴的人居环境改造提供了统领性的指导意见。在这之前，无论是社会主义新农村建设还是美丽乡村建设，都没脱离传统的“外观导向”原则，近乎九成的乡村人居环境改造，都存在表面化的问题。

中国的乡村宜居标准是什么？应该保护什么、拆除什么、强化什么？人居环境改造是改善乡村居民生活环境、提升居住幸福指数、留住乡村人才的重要抓手，人居环境改造以“宜居”为标准的模块化思路和研究，将会为乡村振兴提供重要的理论支撑。

6.环境治理模块

从厕所革命、乡村垃圾分类、乡村水污染治理，再到河长制、“两山”理论的提出，这些执行力度极强的国家政策，都在引导乡村环境整治向着“生态宜居”的方向进行。我们将乡村环境整治拆解为乡村垃圾处理、乡村水体治理及污水处理、乡村厕所革命三个共性的组成部分。如何让乡村的垃圾分类突破“分类难度大、处理组织难度大、分散范围大”等老大难问题，在乡村垃圾问题得以系统化解决的同时，培养村民垃圾分类和处理意识，是标本兼治的环境治理战略。

经历了数十年化学农业的洗礼后，乡村的地表水富营养化问题极为突出。因为不具备污水处理条件及缺乏排污意识，随着乡村经济的发展，乡村生活废水排放问题日益突出。一套适用于乡村的地表水整治、污水处理系统是解决乡村水体污染的重要抓手。

国家已经开启了厕所革命。突如其来的政策和专项资金，让很多人“措手不及”，要真正意义上实现“厕所革命”，是一个硬件和软件并进、时间和意识同步的烦琐过程，要有效区别富水和缺水地区，因地制宜地提出“厕所革命”的实施路径和管理办法，勿让好政策跑空。

7.新农人才模块

乡村的萧条与贫困，是人才外流的原因，也是结果。乡村越萧条，人才流失越严重；人才流失越严重，乡村越萧条。吸引人才回流、鼓励青年到乡村参加实践、选派机关事业单位人才到乡村支援等，成为乡村人才建设的重要途径，但如何解决乡村人才建设的长期可持续机制，仍然是个巨大难题。

乡村人才体系的构建是一个系统工程，未来将涵盖乡村智库建设、乡村企业化人才体系建立、乡村人才奖励政策、乡村人才创业孵化政策、乡村人才自培育体系、乡村社保体系建设、乡村人才融资政策等内容。没有知识和人才，乡村振兴将会很难持续。

此外，近50余万个行政村实现村村都有全面人才的局面本身也拥有巨大的难度，这就要求我们因势利导，创新机制，除自身具备条件的村外，以30 ~ 50个村为单位建立一个人才基站，实现人才系统的一站对多村的人才服务体系。

8. 乡村自治模块

近些年，中国乡村自治问题颇多，因受到外界各种因素影响，乡村的人际信任、养老抚幼、文化传承等均出现不同程度的问题；优秀传统文化、高素质文化人才正在离开乡村，更严重的是乡村整体价值观体系的虚无和混乱。乡村自治模块化研究，将会从基层党建、村民公约、乡贤自治、文化教育等多个层面展开，为乡村文化复兴、乡村自治提供具有现实指导意义的体系化建议。

9. 土地结构模块

中国拥有世界上最严格的土地管理制度，这对于保障国家粮食安全、保证国家长治久安具有重要意义，国家的土地政策红线绝不能突破。土地问题是解决社会资金导入、人才流向的重要因素之一，如何在严格的土地政策下适度创新，并为现行的土地政策开启金融和其他保障措施，进而促进乡村产业发展，是乡村振兴背景下必要的模块化研究课题。“三变”改革、乡村土地确权入市、点状用地等国家及地方试点，已经开启了乡村土地政策由研究到实践的新篇章。

二、乡村振兴九大模块的实践应用方法

不同乡村在乡村振兴过程中面临的紧要问题、关键问题是不一样的。可以根据需要选择九大模块单独推进，也可选择若干模块组合推进。

（一）单独改造、滚动推进

在实践当中，一些任务复杂、难度较大的地方，可以选择某点为突破点，以单一模块带动其他任务实施，逐渐形成滚动推进态势。

产业主体、产业组织、乡产创新、靓山美田、人居环境改造、环境治理、新农人才、乡村自治和土地机构九大模块均可单独进行。所有这些模块均具有溢出效应，例如，产业定位模块实施后，如果产生效益，往往就有进行乡村产业组织改造的需求、村规民约制定的需求，此时，应当抓住时机实施产业组织模块和乡村自治模块，实现单点突破，滚动发展。

（二）特色改造、优势带动

一些拥有某种独特资源优势或条件的乡村，在开发过程中可采用特色改造、优势带动的策略。

乡村振兴要快速推进，必须抓住突破口。乡村可根据自身优势，决定首先实施什么模块。这样，模块实施效果更加明显。乡村资源决定了乡村振兴的发展路径，尤其是要学会用自身优势模块的发展，带动劣势模块的补强。贵州省贵安新区在乡村振兴实践中，针对部分乡村“守着金饭碗乞讨”的现状积极做

出了应对策略，通过策划“偏芯”品牌，统筹包装10万株古树茶，并将产业的销售价格提升到每千克2 000元，成为两个行政村脱贫的重要抓手。因此，我们要对乡村的基础条件进行评估，顺势而为，特色驱动，进而通过单一或几个优势模块带动整个行政村乡村振兴的整体发展。

（三）整体成型、经验输出

对于一些基础较好的乡村，应尽可能实现模块的整体实施、系统推进，形成全面推动乡村振兴的标杆示范。

以江津石门区李家村乡村振兴项目为例，其在项目设计过程中组合实施了多种模块，包括靓山美田、产业组织、环境治理、新农人才、乡村自治等。在李家村实施了芳塘工程，以“多村一品”策略，实现石门（含李家村）产业定位和发展；以乡产联盟优化了李家村晚熟柑橘产业的生产组织；同时，通过举办乡村大学、乡村组织治理等一系列措施，李家村乡村振兴工作在短时间内取得了显著成效。

第二部分

产业兴旺篇

“产业兴旺、生态宜居、乡风文明、治理有效、生活富裕”，在这20字浓缩的乡村振兴总要求中，“产业兴旺”是乡村振兴的重中之重，也是人才振兴、文化振兴、生态振兴、组织振兴的基础与保障。在乡村振兴工程具体推动过程中，产业兴旺与否成为检验成果的第一道关卡。首先，需要明确产业主体，确定产业选择与定位，以此来约束各成员在参与乡村振兴过程中的边界与责任；其次，需要选择有效的产业组织形式，打通生产、管理、销售、推广、品牌等各环节通道，为乡村产业提供现代化的经营管理模式；最后，要对乡村创新型产业和经济体有足够的敏感度和包容性，加强农村内生经济活力。

第三章

产业主体模块

在实施乡村建设的过程中，不同区域特征、产业发展基础、地方人才储备、地方企业发展情况等决定了乡村产业振兴过程中可能有不同主体主导的模式选择，主要包括政府主导式、企业主导式和集体经济主导式。

在进行产业主体模块适用性的设计中，我们主要根据以上三大主体所面临的核心问题进行拆分。在政府主导的产业发展中，以乡村文化旅游产业和农业产业的主导振兴为核心方向。政府在不同产业的发展模式中也承担不同角色，以文旅产业发展为例，政府往往需要在启动和培育市场时充分利用其对所有资源的整合能力，对旅游开发中的公共型产品进行开发和供给；到更高阶发展阶段时，则需要对地方品牌、行业标准等顶层内容进行主导和把控。

从社会发展的经验看，政府向产业统筹、规划、保障功能演变是最可能的路径；企业的投资属性增强，外来资本与当地组织组合孵化，村集体才是最终的实操主体。在这一发展历程中，农业技术、市场资金、组织形式、金融保障体系，都是产业模块内的支撑要素。

一、政府主导的乡村产业振兴

从乡村振兴战略的角度而言，需要根据“政府主导、农民主体”的角色定位实施优势治理。战略主导上，政府一般从政策制定、总体规划、宣传引导，监督检查四个方面来体现角色定位。就乡村产业发展中政府的角色而言，它以引导企业发展的角色为主，传统路径上还附带有市场调节的行政色彩。就政府主导的乡村产业特色而言，一般是以前期投入大、基础建设需要高、具有公共产品特征的战略性产业为主。

（一）政府主导的乡村产业和操作思路

1. 政府主导的乡村文化旅游产业振兴

（1）政府主导启动和培育市场。中国旅游产业具有明显的政府主导型特征。旅游业最初承担的是换汇和外事接待、扩大政治影响的功能，主要面向国际市场，政府以主导者的角色进入，各地旅游接待和服务部门都是政府事业单位。发展至今，受旅游行业跨部门、多行业的特征影响，垄断型旅游资源的开发往往由政府行使行政体制力量，较快地动员所掌握的经济资源，迅速形成较大的产业规模和供给能力，促进旅游业快速发展。

（2）政府主导提供公共产品与服务。以旅游开发过程中所涉及的文保单位为例，地方政府一般通过保护性开发、控制性详细规划等来实施资源的可持续化经营。在由市场主体承担的开发过程中，区别于企业行为中经济效益首位原则，政府会对综合效益关注度更高。

（3）政府主导整合品牌与营销。对于“原产地”品牌产品、“地理标志”品牌产品、“地方文化类”品牌产品，政府一方面进行旅游开发的约束性条件制定；另一方面还需要对品牌的使用情况进行监督，确保品牌价值不被短视性利用。

品牌的整合型营销可通过各地电视台、交通枢纽、媒体杂志等播放的形象宣传片、广告软文等方面进行，背后的支撑者一般是政府，这也与公共型产品的特征相似。

2.政府主导的农业产业振兴

（1）“寿光模式”下的农业生产产业化。建立政府主导的信用担保机构业务运行机制。“寿光模式”的核心在于其针对区域性支柱产业提供的金融创新模式，由政府建立中小企业协会和政策性担保公司，银行创新信贷制度和金融产品，为相关微小企业和农民提供贷款。

产业扶贫项目构建项目矩阵。寿光通过政府主导、资金注入、企业参与、收益分红的模式，保持产业扶贫项目的市场化运作。

（2）“杨凌模式”下的农业产业园区建设。以国家级农业科技产业园为例，2017年的统计数据显示，政府主导型的数量占比高达87.0%，并有向农业高新技术产业培育和产城产镇产村融合发展的趋势。“杨凌模式”是代表，其核心是强调高新技术产业在现代农业生产、经营体系中的引领、带动和示范作用，由要素驱动向创新驱动转变。

杨凌国家农业高新科技开发区通过校、村共建和产学研一体化，大力推动科技成果的转化，是“大学带城”发展的典型方式。除此之外，“公司+农户”的龙头带动、配套资金信贷政策支持、服务型政府定位等是促成“杨凌模式”在全国范围内广泛推广的组合动力。

（3）政府主导的区域特色餐饮快消品牌模式。区域发展中，具有快速传播特质和典型地方品牌特征的首属餐饮类产业，“沙县小吃”“重庆小面”“毕节山珍”等一些餐饮快消品牌已经具有极高的市场认可度，并带动了大批当地居民就近创业或外出创业，由政府主导对产业进行规范、对品牌进行统一包装、对行业进行监管，属于政府主导的特殊性质的乡村振兴模式。

以“沙县小吃”为例。1997年，沙县县政府设计并申请“沙县小吃同业公会”的集体商标；2006年，沙县被评为“中国小吃文化名城”，沙县小吃同业公会及图形集体商标经国家工商总局核准注册；2008年，沙县政府主导设立了沙县小吃集团；2013年开始，沙县小吃同业公会制定实行了有关沙县小吃经营管理的一系列规范。截至2011年，有逾4 000家餐馆获沙县小吃同业公会授权使用“沙县小吃”的商标，成为“沙县小吃”的官方门店；至2015年年底，官方统计的授权门店已超过2万家；2017年，媒体估计的门店总数已有6万～8万家。“沙县小吃”由政府主导打造，既带动了当地产业振兴，又成为可标准化输出的产业模式。

3. 政府主导的农业产业保障体系

（1）政策性农业保险。政策性农业保险是以保险公司市场化经营为依托，政府通过保费补贴等政策扶持，对种植业、养殖业等农业产业因遭受自然灾害和意外事故造成的经济损失提供的直接物化成本保险。政策性农业保险将财政手段与市场机制相对接，可以创新政府救灾方式，提高财政资金使用效益，分散农业风险，促进农民收入可持续增长。为世贸组织所允许的支持农业发展而不引起贸易扭曲的政策。①

（2）政策性保险+商业险的联合保障模式试点。以安徽黟县为例。作为农业保险转型升级试点县，黟县在全国率先探索实施大宗农作物“基本险+大灾险（补充险）+商业险”三段式风险保障模式。其中基本险按照中央政策性保险模式开展，适用于各类农业经营主体，保额为406元/亩；大灾险只针对水稻种植规模50亩以上的大户，保额为394元/亩；商业险适用于各类农业经营主体，保额为400元/亩。基本险和大灾险（补充险）各级财政予以保费补贴80%，水稻、油菜保险亩均最高金额分别提高至1 200元、500元。②

黟县的保险承接单位是国元农业保险股份有限公司，是经中国保险监督管理委员会（保监发改〔2008〕54号）批准成立的第一家总部设在安徽的财产保险公司。公司由安徽省金融资产规模最大的国有大型金融控股企业安徽国元控股（集团）有限责任公司等23家国有企业共同设立，其主营业务即为农业保险。

在进一步解决农业规模经营主体在无抵押、弱抵押，无担保、弱担保情况下的融资难、融资贵等问题上，国元保险实施了农业保险保单质押贷款、采取“保险公司+风险基金+银行”风险共担的“五三二模式”助农保贷款。可以说，黟县农业保险的转型升级，实现了从直接物化成本保障向生产成本保障的探索和跨越，有效提高了农业主体的生产积极性。

（二）地方政府融资平台公司参与乡村振兴

地方政府融资平台（简称平台公司）是由地方政府及其部门和机构、所属事业单位等通过财政拨款或注入土地、股权等资产设立，具有政府公益性项目

① 孙访竹．发展我国政策性农业保险的问题及对策微探[J]．商业现代化．2010(6)：171。
② 资料来源：中华人民共和国财政部网站。

投融资功能，并拥有独立企业法人资格的经济实体，包括各类综合性投资公司，如建设投资公司、建设开发公司、投资开发公司、投资控股公司、投资发展公司、投资集团公司、国有资产运营公司、国有资本经营管理中心等，以及行业性投资公司。[①] 平台公司在近些年成为地方政府主导开发建设的重要通道，包括城市建设、土地整理、公共设施服务提供等。总体看来，通过平台公司把资金优势、政府信用优势和市场力量相结合，对促进地方发展，特别是对基础设施的建设起到积极作用。但同时也滋生了一些包括举债融资规模过大过快、地方政府违规金融操作的问题，平台公司风险加剧，转型势在必行。在参与乡村振兴过程中，可考虑以如下方式实现转型。

1. 通过PPP模式参与乡村基础建设

在乡村振兴任务中，补齐乡村短板是地方平台公司介入的最好切入点。乡村基础设施建设落后、新型基建创新导入、环境治理、生态建设等均成为平台公司可发力和必须考虑进行发力的点。受限于总体投资规模大、运作周期长、总体利润水平不高等因素，PPP模式可有效整合土地、资本和产业三要素，放大平台公司优势，提升乡村基础建设类项目的市场化及效率化。

2. 平台公司实施土地增减挂钩优化土地利用

土地增减挂钩，即城镇建设用地增加与农村建设用地减少相挂钩，将若干拟整理复垦为耕地的农村建设用地和拟用于城镇建设的地块等面积共同组成建新拆旧项目区，以保证项目区内各类土地面积平衡。区域性平台公司通过增减挂钩，一方面将地区土地资源进行整合、整理，获取收益；另一方面，通过借助自有的开发经验，在参与片区基础设施建设上实现自身价值。

3. 农投公司平台化作用实施

农投公司统一收储流转农民、村集体的闲置用地，通过包装园区、打造项目、招商引资等模式，直接参与基础设施开发，简化社会企业进入乡村投资的环节，提升效率。例如，贵州省贵安新区农投公司，通过自身平台流转土地，对外招商引资，有效避免了企业与村民的无效沟通，减少了项目前期土地的收储时间；同时，农投公司包装农业类园区，投资基础设施，整理后的土地直接对外招商引资；农投公司投资重点为农业项目、农旅项目、品牌农业，通过自身运营来获取收益，带动乡村产业发展；农投公司投资园区和生产用厂房，通过租赁的形式对外招商引资，实现了孵化作用。

总体来说，农投公司在地方政府的农业产业开发、农旅类项目开发中以服务者、管理者、沟通者的角色发挥了多重重要作用。

---

① 财政部、发展改革委、人民银行、银监会关于贯彻国务院关于加强地方政府融资平台公司管理有关问题的通知相关事项的通知（财预〔2010〕412号）。

二、工商资本（企业）带动的乡村产业振兴

2015年4月，针对在农村土地流转中，工商资本下乡租赁农地呈加快发展态势的情况，《农业部 中央农办 国土资源部 国家工商总局 关于加强对工商资本租赁农地监管和风险防范的意见》发布，对工商资本长时间、大面积租赁农地、加剧耕地“非粮化”“非农化”倾向存在的风险防范进行意见指导。

2018年中央1号文件提出，应“加快制定鼓励引导工商资本参与乡村振兴的指导意见，落实和完善融资贷款、配套建设补助、税费减免、用地等扶持政策，明确政策便捷，保护好农民利益”，正式明确工商资本参与乡村振兴的鼓励性意见。

可以说，以企业为代表的工商资本在乡村振兴中发挥了必不可少的作用，政府正积极引导其参与的意义与价值。

（一）工商资本参与乡村振兴的两大模式

1.产业扶贫模式

在目前社会不平衡不充分发展的背景下，产业扶贫在国家乡村振兴中具有重大的战略意义。工商资本通过结对共建、经常型扶贫、项目捐赠等践行企业社会责任，也是工商资本参与乡村振兴的主要模式。2018年，中国社会科学院发布的《企业扶贫蓝皮书（2018)》从顶层设计、谋篇布局、向上向善、民企主力、责任立身、主业扶贫、创新模式、家国情怀、十年十镇、外企典范方面评出当年企业精准扶贫十大事件，其中，碧桂园启动全面推进精准扶贫乡村振兴行动；万达丹寨扶贫一周年效果发布暨二期项目启动仪式举行；华润在延安启动第11个希望小镇建设项目，既体现了大型房企社会担当的身份，又含有企业转型布局的含义。

以万达丹寨扶贫项目为例，其采用“企业包县，整体脱贫”模式，将人才教育、就业、旅游产业开发、基金建设四大要素整合，形成长、短期相结合的整县脱贫的典范项目。万达集团2014年开始对丹寨县实施整县帮扶，累计捐款21亿元，通过长、中、短期结合的方式对丹寨全面帮扶。其中，3亿元建设职业技术学院，13亿元建设丹寨万达小镇，5亿元设立产业扶贫基金。截至2019年，项目创造税收2.7亿元，每年拉动丹寨县GDP增长1.2个百分点；全县5.65万贫困人口实现脱贫，贫困发生率下降到1.63%。丹寨万达旅游小镇建成两年，游客超过1 150万人次，也带动了当地茶叶、大米、蔬菜等土特产以及蜡染、银饰等手工艺产业的发展。

在整个产业扶贫布局中，职业技术学院立足长远，通过教育提高丹寨人口素质、创造优质就业机会，彻底阻断贫困发生路径；丹寨万达小镇侧重中期，通过旅游拉动丹寨产业转型升级；专项扶贫基金立足脱贫目标，为丹寨脱贫托底。

2. 市场行为下的企业投资转型式

工商资本下乡参与乡村振兴市场型吸引因素有二，即优惠政策吸引和转型发展需要。受国家补贴政策吸引、企业产业布局要求、乡村土地开发契机等因素的影响，一部分非农企业战略布局、涉农企业区域布局，形成了市场行为下的企业积极参与乡村振兴的态势。

（二）工商资本参与乡村产业振兴的重点领域

1. 农业产业化经营领域

从工商资本参与乡村产业振兴的经营领域来看，从事农业产业化、涉农产业延伸开发内容占据了绝大多数。在以上领域中，主要从事包括农产品加工、精细农业、科技农业、乡村旅游、涉老产业等农业及“农业+”业务内容。受市场导向影响，工商资本经营业态呈现多重结合的方式，一般都会将两种或两种以上的业务进行结合，其中以“农业种植养殖+农产品加工”“农业种植养殖+乡村旅游”等组合业务居多。工商资本下乡随着时间和产业摸索，一般也会经历从农业生产，到全面进入产+销环节、再到盘活农村资产从事休闲度假农业、一二三产业融合的各个阶段。

2. 基础建设、生态修复、资产盘活等领域

工商资本参与乡村振兴的重点领域还涉及农村资产盘活、生态修复、基础设施建设等具有一定外部性的公共性事务领域。

以乡村空闲农房及宅基地资源为例，《关于支持深度贫困地区脱贫攻坚的意见》《土地管理法》修正案中对其都有较为明确的发展意见，现阶段公司资本虽然无法直接作为盘活主体，但通过与农村集体经济组织的有效合作，可将空闲农房及宅基地改造成为可以直接面向客群市场的养老产品、休闲度假产品、民宿旅游产品等。另外，在生态修复上，运用“两山”理论，将环境投资与经济效益相结合也是较为常见的业务形式。

（三）工商资本参与乡村振兴合作模式

工商资本参与乡村振兴的实际开发，土地、人力资源、政策补贴、乡村产业特点等均与以往工商资本等运作模式不一样，需要探求与农户、村集体经济组织、地方政府的多种合作模式，在此基础上发展壮大村级集体经济，并通过就业带动、保底分红、股份合作等多种形式，让农民作为乡村振兴主体的地位得以实现，保障其参与价值链的利益分享。

1. “公司+农户”模式

单纯的“公司+农户”模式集中在农业产业化领域，具体表现为工商资本收购农民的农产品或租用/流转土地。“公司+农户”模式呈现简单的购销关系或租赁关系，存在标准化难、沟通成本高、信任风险大等问题，在进一步的演

化下，“公司＋村集体或农民合作社”的模式发展起来。

2.“公司＋村集体或农民合作社”模式

该模式常见于工商资本对乡村进行资源开发业务中，比如开发农村闲置宅基地、集体产业用地等。在这一模式中，由于涉及农民仅有的资源型资产，在利益联结上村集体或农民合作社会提出更高要求，比如在闲置集体用地的开发中，要求“土地保底价＋分红”的利益回报。虽然相关利益共享机制还未形成主流，但随着土地改革的深化，更多的工商资本参与到乡村资产资源开发中，更市场化的利益机制将逐渐成形。

需要注意的是，村集体组织在参与资源资产开发中，一般要求以控股身份保障集体利益不受侵害，而实际资产机制与开发投资量的比值不能满足集体组织控股地位，如何突破这一限制还有待政策的完善与市场的发展。

3.“工商资本＋地方政府＋村集体”模式

“公司＋地方政府＋村集体”常见于企业代替政府提供公共产品的情形。虽然前文已经提到此类事务多由地方政府国资平台公司进行承担，但也有部分非国有企业凭借其超强的专业型及合理的成本控制承拒类似业务。在这种模式下，业务的运用模式根据业务种类的不同选择PPP、BOT、BT等不同类型。

（四）工商资本下乡的“三大红线”

针对工商资本下乡，各地政府根据实际情况选择性地出台关于鼓励引导工商资本参与乡村振兴的相关指导意见，以设置外来主体参与乡村振兴开展相关业务的“红线”。以中山市为例，政府出台的《关于鼓励引导工商资本参与乡村振兴的实施意见》中，对市场准入负面清单和具体支持措施进行了明确。通过负面清单两大类共25项（包括禁止准入类15项和许可准入类10项）对工商资本在乡村振兴开展过程中的“红线”范围进行了明确划定。

工商资本下乡属于典型的外来开发者，利益协调不一致容易引起群体冲突，进而严重影响实际项目推动情况。总的来说，以下三大“红线”将成为工商资本参与乡村振兴尤其要注意的。

1.耕地“红线”碰不得

新一轮《土地管理法》修正案已发布，在坚持现行土地管理法关于土地所有制的规定中，全面强化了对永久基本农田的管理和保护。耕地“红线”不仅仅是项目开发不能触碰的底线，更是国家粮食安全、世界战略格局所不容改变的根本。在以往开发案例中，有开发商曾寄希望于调整土地规划与项目设置、与土地性质“打擦边球”（如在农用土地上以临时建筑的方式承载项目等）的做法，而实际上，在时下“多规合一”的执行标准、政策层面的绝对控制下，耕地“红线”容不得半点虚假与套路。在具体开发过程中，若开发商所涉项目产生与现有“红线”范围不可调和的冲突，可考虑通过规划调整的方式实现适当需求，并要求开发商在调规没有完成前不轻易进行投资，有效协调企业开发与“红线”的关系。

2. 土地流转“红线”踩不得

土地流转“红线”是一项双边制约的内容。一方面，坚持土地公有制是国情的必然选择，农民所流转的土地是经营权的流转，而不是土地买卖，土地流转还必须在承包期以内进行；另一方面，土地流转过程中工商资本与农户签订的流转合同规范合法，明确了土地流转用途、风险保障、土地复垦、能否抵押担保和再流转，以及违约责任事项等内容。

3. 农民利益“红线”占不得

工商资本下乡，一般会以租用或合作形式一次性较长时间承包或流转土地，其中涉及公平性和合理性问题。包括土地价值是否完全被评估体现出来、土地“溢价”是否考虑其中、土地其他潜在收益是否考虑等。农民作为乡村的原住民，考虑相应土地为其仅有的资本资产和生产保障，应充分保障农民利益不受侵占。在外来群体介入乡村开发过程中，农民的弱势对话能力和强势对立形象矛盾而统一，项目开发只有保障农民利益，才能够全面保障企业在乡村中的经营行为得以稳定和具有可持续性。

“案例”

巴彦淖尔“河套·彤锣湾”

——龙头企业助力孵化农旅特色小镇

引言：位于巴彦淖尔市临河区干召庙镇永丰村浩彤集团的河套·彤锣湾园区，是农业园区向农旅特色小镇升级的典型代表。它以产业为核心，以龙头企业撬动当地产业活力、带动周边经济发展、融合第一二三产业的现代农业循环经济产业链为模式，于2018年获得内蒙古自治区首批特色小镇评选第一名。

项目背景

浩彤集团的河套·彤锣湾园区位于内蒙古西部的巴彦淖尔市，这里地势平坦、自然条件优越，适合农业种植，隶属河套平原，是膏腴之壤的“塞上粮仓”。在浩彤集团进驻之前，永丰村和大多数乡村一样特别荒凉，环境脏乱，空地杂草丛生。产业主要集中在小麦、玉米等粮食作物上，人均收入较低，贫困户比例较高。身为当地龙头企业的浩彤集团，在原有行业积累了一定财富，以回馈农业、改变家乡为初心，通过土地流转，将村里2万亩土地进行了统一治理、统一规划，用了6年时间，斥巨资建立浩彤农业产业示范园，以其卓越的综合实力被认定为国家3A级景区，为复苏本地经济、改善当地乡村风貌、解决周边农民就业问题做出了巨大贡献（图3-1）。

图3-1 园区规划图

项目整体思路

产业升级转型角度

随着时代的发展、国家政策导向的转变以及自身内化升级的要求，园区的发展遇到了瓶颈。在二次规划升级时，园区就以乡村振兴战略为理论指导进行规划，确定了以河套·彤锣湾为引领IP，挖掘自身发展特色，由农业园区全面升级为集现代农业、休闲旅游、田园社区为一体的特色小镇。以产业为核心，以龙头企业撬动当地产业活力，带动周边经济发展，凭借生态农业与乡村旅游发展的契机，充分发挥优越的地理区位，以生态农业生产为基础，以环境健康、产业循环、旅游消费为导向，结合现代农业科技、文化创意、休闲娱乐，打造现代农业生产区、美丽乡村住宅区、文化旅游观光体验区、农村劳动力转移就业区四大园区，开创融合一二三产业的现代农旅典范。

（1）农业品牌打造：浩彤集团进驻之后，村里2/3的土地都改种经济作物，并通过产业整合，打造了一批农业品牌，在价格上具备了一定优势。村子里80%以上的农产品都依靠浩彤集团进行品牌打造及统筹管理，从包装、销售渠道到推广平台，获得了特别好的效果，近两年的农业订单激增。

（2）主打特色产业：一是现代农业生产园区中10 400平方米的智能温室，使用国内先进的无土化栽培，保证一年四季不间断地持续生产，并与农业科学院合作在温室中建立了流动研究站，水肥一体化、种苗生产及病虫害绿色防控技术都走在了行业前端。二是在文化旅游观光体验区中设立了丰富多样的娱乐设施，如水世界、垂钓赛场、冬季的冰雪乐园，以及汽车、摩托车赛车基地等。不论什么季节，这里都有娱乐项目可供游客游玩。这些娱乐设施不仅丰富了旅游资源，也为当地居民的文化娱乐生活增添了新的活力。

政府支持角度

浩彤集团河套·彤锣湾园区的所在地永丰村在实干策略上的定位与步骤十分明晰，明确提出“一园四区五基地六提升”工程：以浩彤集团河套·彤锣湾园区为核心，打造现代农业生产区、美丽乡村住宅区、文化旅游观光体验区、农村劳动力转移就业区四大园区，每年为当地农民提供创业就业岗位450人左右；同时，由浩彤公司牵头，永丰村集体和村民共同投资，以股份制形式成立了覆盖全村的绿色瓜果蔬菜种植基地、肉牛养殖基地、肉羊养殖基地、生猪养殖基地、种鸡养殖繁育基地五大基地，每个基地都成立了专业合作社，走出了一条支部引领、党员带头、合作社推动、企业助力、群众积极参与的互惠共赢的发展道路。国家近几年大力推行多项惠农护农的政策法规，当地政府及市区两级政府在惠农项目及园区建设上都给予了大力的支持，在项目申报上也给予了很大帮助。

从基本实施战略中可以看出，村子的发展与浩彤集团紧密相连，经济的增长、村容村貌的改善、农民就业率提高及收入的增长几乎完全依托园区。园区以IP为引领，撬动当地产业活力，充分体现了龙头企业的效应及价值。

当地村民就业及增收

河套·彤锣湾园区现有员工总数500多人，其中有400多人是当地及附近的农民。这些农民过去每年的人均收入在15 000元左右，全部是小农农耕式经济，收入无法得到保障。浩彤集团通过土地流转，把所有的土地集中供应给企业，当地每年每亩耕地的流转费为800～1 000元。另外，企业集中种植生产，开发或者建设了一些农业设施，再把农民招聘回来当产业工人，使农民获得了另外一份工资收入。现在农民每年的人均收入在25 000元以上，而且是完全有保障的收入。农民的生活水平比过去要提高许多。

结语

集团的核心骨干皆从农民中来，他们对农村过去的生存状况有着最为深切的体会。他们率先致富之后，正是因为回馈农业的想法根深蒂固，渴望与乡民一起共同致富、彻底改变农村的整体环境，才会花大力气、下大决心对园区进行全方位地升级改造，以龙头产业的责任感去带动周边村镇共同发展。国家的政策及规划也更加坚定了他们的信心，给予了他们最坚实的保障。自彤锣湾建设以来，给当地带来的影响是巨大的——产业结构牢固，原本分散的农业产业有了统一的品牌，农民不再单一依靠初级农产品维持生计；随着农旅及特色小镇的深入挖掘，收入稳步上升，返乡人数也在逐年上涨；生活环境得到了极大改善，文化休闲娱乐生活也明显丰富了许多。我们有足够的理由相信，河套·彤锣湾的升级之路，将是内蒙古乡村振兴战略基层实践道路上浓墨重彩的一笔。

（感谢供稿：河套·彤锣湾项目组）

三、集体经济主体带动的乡村产业更新

1986年中央1号文件正式提出了“统一经营与分散经营相结合的双层经营体制”，农村集体经济以“土地集体所有，农户承包经营”形式获得新的生机和活力；作为农村集体经济组织的成员，农民享有集体土地承包权、宅基地使用权、集体资产收益分配权。1987年中共中央发出《把农村改革引向深入》的通知，通知指出，兴办集体企业以增强为农户服务和发展基础设施的经济实力。1991年《关于加强农业社会化服务体系建设的通知》指出，发展农业生产服务，是壮大农村集体经济的重要途径。中共十七届三中全会通过《中共中央关于推进农村改革发展若干重大问题的决定》，要求“发展农村集体经济、增强集体组织服务功能，培育农民新型合作组织，发展各种农业社会化服务组织，鼓励龙头企业与农民建立紧密型利益联结机制，着力提高组织化程度”。2012年中央1号文件指出：“壮大农村集体经济，探索有效实现形式，增强集体组织对农户生产经营的服务能力。”2013年11月中共十八届三中全会通过的《中共中央关于全面深化改革若干重大问题的决定》和2014年中央1号文件进一步强调，要推进集体经营与家庭经营、合作经营、企业经营的共同发展，发展壮大农村集体经济。

中国乡村的集体经济曾在很长一段时间内创造过惊人的成绩，随着改革开放的推进，集体经济组织更像是一个服务者与保卫者的角色，农民自发的积极性被完全激活。随着大规模开发中与个体对话的难度日渐加大、单门独户的农业开发难以应对市场需求，集体经济组织的主体作用似乎又再次凸显。

（一）“三变”改革

1.“三变”改革的渊源

农村“三变”改革发端于贵州六盘水市，即“资源变资产、资金变股金、农民变股东”。资源变资产是指村集体将集体土地、林地、水域等自然资源要素，通过入股等方式加以盘活；资金变股金是指在不改变资金使用性质及用途的前提下，将各级财政投入到农村的农业生产发展资金（补贴、救济、应急类资金除外）、农业资源及生态保护补助资金（直接兑现给农户的除外）、扶贫开发资金、农村基础设施建设资金、支持村集体发展资金中去，量化为村集体股金投入各类经营主体，村集体和农民（贫困户优先）参与分红；农民变股东是指农民将个人的资源、资产、资金、技术、技艺等，入股到经营主体，成为股东、参与分红。[①]

2.“三变”改革的适用性

“三变”改革有力地促进了新型农业经营主体（家庭农场、合作社、企业）与农户联产联业，有效地激活了农村发展的内生动力。“三变”改革的核心宗旨是首先要让农民有资产性收入，在此基础上还得让农民的资产增值。

① 刘远坤：农村“三变”改革的探索与实践[J]，《行政管理改革》2016年 第1期。

结合“三变”改革所涉及的资金、运作方式，其适用性的达成需要有如下前提才能被满足：

(1) 承接来自各方发展资金、补助资金的各类经营主体需要有良好的项目库支撑，村集体股金的投入属于保本、保底性求偿，用于项目投资的资金必须保障风险可控。

(2) 接受个人资源、资产等的经营主体必须能保障有效的经营管理，有将农户资产进行保值增值的经营能力。

(3) 资源变资产中则要求保障村集体成员对项目的同等决策及收益权，公平、公开、公正是推进资产有效利用的前提。

3.“三变”改革的流程与步骤

根据六盘水市委副书记魏雄军的讲话及相关材料的整理，起源于贵州的“三变”改革有一套完整的执行流程，大致包括：摸资产，包括存量资产及可变资产，并在此基础上开展确权登记；选产业，在选定产业的基础上组织专家论证，编制产业发展规划指导；引企业，储备好一批满足产业发展方向的重点项目，以外引内联的方式确定好龙头企业、合作社等经营主体；同步引导农户加强对“三变”改革的认识和参与；根据村集体资产、财政可变资产、个人资本三个层次确定好入股对象；区分财政支持项目、自筹资金入股项目、无自有资金项目等资金来源；在资产评估的基础上，确定好商股比并最终公示；依法签订合同；制定合作方案，联动各业务部门技术指导共同推进项目；及时验收与兑现项目资金，做好总结评估。

（二）乡村创新金融

1.乡村金融发展的情况

2009年中央1号文件强调，“农村金融是建立现代农业的核心”。在实际发展中，农村金融的开发一直跟不上农村产业的发展。

农村金融体系的支撑单位由农村信用社、农业银行、农业发展银行三家银行构成，但由于传统的商业银行金融体系不能满足农村金融需求（原因包括农村普遍缺少抵押担保物品、可抵押资产评估难度大、金融服务对象规模小等），因此农村金融等的开发实际上一直处于落后状态。

农村资金外流明显。一方面，受固有习惯等的影响，农户习惯于将手头资金直接以定期存款形式存在当地银行机构；另一方面，有研究证明，农户习惯于在乡村内部发生借贷，包括物物借贷、还本付息等，有借贷需求时亲戚、同村村民等都成为可借贷对象。

整体来看，农户的资产性回报低，农村资金外流也极大地限制了农村经济的发展。

2.村集体金融创新及其他乡村金融的创新模式

(1) 内化金融收益及支持。以村域土地村民集体所有制和统分结合的双层经营体制为前置条件，通过村社内部合作社形式实现金融职能的方式，将村民需求与资金进行对接，同时为村民的集体成员权、土地承包经营权等提供充分实现抵押、流转、储存、变现、退出的平台。合作社金融职能的实现，主要是利用乡村归拢的闲置资金，属于内部资本融通形式，以村社为边界，主权属于村社成员，收益归村社成员共享。此一类金融模式属于村集体金融的有效创新。以郝堂村为代表，规模相对较小，独立性明显。

（2）涉农产业数据支撑的农村金融。这一类创新金融的共同点是基于农业产业数据分析的信用评价体系的建立。数据类型来源有两类，一是拥有积累产业链模式的三农服务商企业，以大北农集团为例，依托自有的交易数据评估信用，从而搭建资信管理平台；二是以阿里巴巴、京东电商平台为基础搭建的蚂蚁金服、京东金融一类的创新金融平台。

（3）传统金融组织的创新。政府、银行、担保机构三方深度合作，通过打包信贷需求，由政府或担保机构背书，直接面向金融组织。其好处在于政府可通过担保公司放大资金杠杆、转嫁银行风险等。目前，国家农业信贷担保联盟有限责任公司已挂牌成立，33个省（自治区、直辖市、计划单列市）的农业信贷担保公司已组建并开始向县市延伸，27个省级农业信贷担保公司已开展实质性业务。

（感谢供稿：河套·彤锣湾项目组）

案例

东掌村集体经济转型

——“东掌九院”助力煤矿村转型乡村旅游明星村

引言：山西长治县东掌村，因煤而兴，走集体经济道路，从煤炭村转型为生态宜居、度假旅游的明星村；依靠集体经济的优势积累，切实为村民谋取福利，改善生活，激发村民的能动性以回馈家乡。

项目背景

多年前，东掌村还是山西一个普通的煤炭村，村领导班子意识到不能单纯依靠不可再生资源的不断开采来致富强村，维持发展，决心依凭优异的自然资源与绿化成果，向生态旅游村转型。

项目整体思路

乡村民居及生态环境改善：

在煤炭产业上积累了一定的财富之后，东掌村党总支书记毕永刚决心为本村百姓谋福利。原先东掌村环境较为荒芜、垃圾很多，环境脏乱差。毕书记就从改善民居环境入手，建设内部设施完善的住宅小区。根据村民原有住房的各项条件，制定了非常细致的换房补贴原则，逐步完善了集中供暖、24小时持续供水等公共设施，切实改善了村民的生活条件。

住房稳定后，村子里就着手开掘土质不好、不易耕作的荒地荒坡，在山上建成了风景如画的松山公园，村民们前往游玩嬉戏，络绎不绝。后来又在住宅区旁边建了更加方便活动的文体广场，除了为村民提供日常活动场所之外，更有利于开展各种大型文体活动。随后，小学、篮球场等也逐步完善起来，加强了生态环境建设，村庄植被覆盖率达到了73.6%，彻底改善了村民的生活环境，成了远近闻名的生态宜居村（图3—2）。

图3-2 村民住宅

IP引领：

转型期间，规划团队以乡村振兴战略为理论指导，以本地厚重的“老院”文化为灵感提出了“东掌九院”的特色IP，确立了重点打造以“东掌九院”为核心的休闲农业与乡村旅游产品的发展思路。

图3-3 东掌九院LOGO

实体的九院，依凭在整合村镇、新起高楼的新农村建设当中，有意识保留下来的以毕家新房院、西东掌缨权楼院、老窑新家院为代表的明清古建筑，重建的佛光寺、南海观音寺等四座古寺，集合了自然资源与历史遗存并风格各异的蚕姑衔月、果山撷香等八处景区，以及合六为一的东掌新村，组成了东掌人口中的“一村四寺八景九院”。九院将本地院落文化有效放大，大幅度提升了东掌村旅游产品的特色和亮点，孕育出了无可复制的核心IP（图3—3）。

在突出核心IP东掌九院的基础上，规划团队又构建了以“九院九艺、九院农舍、九院家宴、九院童玩”为核心产品的乡村旅游体验，以秦皇遗址系列产品再现传说的观光体验双核心的旅游产品格局（图3-4～图3-6）。

图3-4　九院民宿——窑洞式民宿让游客体验不一样的居住环境

图3-5　民宿内部精致典雅，复古又清新

图3-6　传承传统工艺的聚宝盆——九院工坊

多路协同：

为进一步弥补东掌村乡村旅游产品的不足，规划团队还增加了互动型体验式产品，升级了现有的农业园区和采摘公园。东掌村森林、山泉水等自然资源颇为丰富，野生植物资源种类较多，秦皇台、战国古长城、蚕姑塔、石屋岭、三峻庙、传统院子遗存、庙宇文化等旅游文化资源为东掌村的文化发展提供了有利条件，最终东掌村被打造成了品牌个性突出、契合市场不同需求的产品。

村民就业与福利：

村里的村民原先只进行务农，挣钱的门路较为单一，收入微薄。后来，村里煤矿升级改造以后，村里的主要劳动力不分男女，只要身体允许、个人有意愿，都会根据职位需要以及个人特长被安排在煤矿工作，就业率很高。所以村民的收入比较稳定，比原先种地务农的收入高出几倍不止，几乎没有人外出打工。

旅游转型之后，以九院工坊为例，工坊的手艺人与经营者，基本上都是当地村民以第二职业在经营工坊。九院工坊生产的农产品种类丰富，有礳面粉、原浆豆腐、玉米淀粉、红薯粉条、菜籽油、纯粮酒、槐花蜜，还有来自肥沃红土地的小米、黍米、大豆、高粱等生态绿色健康产品。经营工坊的盈利，是村民在煤矿工作以外的第二份收入。自从村里产业转型，将产业重心逐渐向旅游业方向发展以来，村里妇女的就业范围不断扩大。原先因为家庭原因或者个人身体原因无法到矿上工作的妇女，现在都可以在旅游业方面找到适合自己的工作。从九院工坊的蚕姑乡绣坊、九院客栈，再到旅游公司，骨干成员全都是女性。

因为产业稳定，整体趋于良性循环，村里的福利也一直搞得比较好。尤其对退休的老人，除了每个月有稳定的养老金之外，逢年过节也都有很丰厚的过节福利，每逢大寿还有额外的贺寿奖。村民的收入多了，花销却在减少：小学和幼儿园实行学费全免政策，集中供暖、集中供水也全部免费，高校学生的奖学金福利也非常丰厚。村民只要有工作意愿，就有合适的工作，收入的构成多样化、稳定化，过上了真正安心的日子。

丰富的文化生活

除了对物质生活的追求，村子里对乡风文明、精神文明建设也非常重视。村里会针对村民的不同需求进行有针对性的培训，提升他们的职业技能；课程范围越来越广，除了岗位技能培训之外，也进行传统文化的培养与熏陶。村子里专门建了一个能容纳500多人的大礼堂，每月两期，号召全村村民参加，培训的内容涉及习近平总书记的系列讲话、国学系列等，范围非常广泛。刚开始会对村民提出参加培训的硬性要求，之后村民自发参加的意愿越来越强烈。通过培训，村民素质有了很大提升。

此外，东掌村的文化活动非常丰富，每逢佳节都有内容丰富的文艺晚会，2018年还举办了近500人参加的诗词朗诵大会（图3–7）。

图3-7　东掌村诗词朗诵大会初试

结语

IP的引领及旅游资源规模化、整体化的升级，不仅为村里带来了可观的经济效益，形成了绿化村庄、美化田园和生态效益为一体的绿色产业，也为乡村旅游的后续发展奠定了坚实的基础。通过村集体经济的有效带动，村民的生活切实变得富足了，而村民也将这种富足通过劳动反馈给了集体。林下放养、林间采摘，将自然风光、农耕体验与民俗文化紧密结合，为广大游客营造了一处亲山、亲水、亲绿、亲氧的度假休闲养生胜地。东掌村现已被评为全国文明村镇、全国生态文明村、中国避暑小镇、中国美丽休闲乡村、中国绿色村庄、全国一村一品（休闲农业）示范村、全国民主法治示范村、北方最秀美山村等。

（感谢供稿：东掌村项目组）

第四章

产业组织模块

有效的产业组织模块可能直接影响产业结构的重心转移、推进产业的高级化进程，产业组织对资源配置的有效性决定了产业结构调整的动力，以及推动新、旧动能转换的进程。

本书对产业组织模块的阐述，从传统农业合作社成长形成的各类农民专业合作社、合作社与其他产业组织之间的联动出发，到跨区域的联盟型产业组织，再到引导片区实体产业整合的“多村一品”，探索乡村产业组织发展的多种可能性，为产业的优化升级提供保障支持。

一、传统农业合作社的与时俱进

（一）传统农业合作社深化提质升级

农业合作社的早期是由农民自发组建的小型合作、互帮互助的组织，合作社内的村民最初只是在农忙季节互相调配劳动力。随着新中国成立初期社会主义三大改造的完成，农业合作社向高级社、人民公社演进，在自然乡村范围内，将所有的生产资料（土地、较大型农具、耕畜）投入集体所有，由农民进行集体劳动，各尽所能。

1983年，中央1号文件正式对人民公社体制进行政社分设的改革，同年10月，中共中央、国务院发出的《关于实行政社分开、建立乡政府的通知》中对工作进行安排，到1985年春，全国农村人民公社政社分开、建立乡政府的工作全部结束。

2006年，《中华人民共和国农民专业合作社法》（以下简称《合作社法》）颁布，用于规范农民专业合作社的组织行为，保护农民专业合作社及其成员的合法权益，促进农业和农村经济的发展。2017年，《合作社法》修订新版，调整的内容主要有六大方面，包括：对于合作社主体地位的明确，保障农民专业合作社享有与其他市场主体平等的权利；扩充了合作社的出资形式，其成员可以用土地经营权、林权等可估价并依法转让的非货币财产出资；对盈余分配机制进行了完善；增加了专门关于“农民专业合作社联合社”的相关规定；对合作社可以进行的经营范围进行了扩充；最终进一步规范了农民专业合作社的组织和行为。

2018年《农业农村部办公厅关于组织申报农民专业合作社质量提升整县推进试点有关事项的通知》农办经〔2018〕11号文件下发，推动了全国范围内的农民专业合作社的提质升级。

（二）九大类引领型农民合作社建设模式

2019年6月，《农业农村部办公厅关于推介全国农民合作社典型案例的通知》下发，通过总结的方式，在全国范围内遴选了九种类型的典型农民合作社建设案例，以生动实践和先进经验引导全国农民合作社高质量发展。

1.党支部领办扶贫类农民合作社

通过村党支部领办农民合作社发展乡村产业，带动整村脱贫是我国农民合作社助力脱贫攻坚的特色实践。例如，内蒙古扎鲁特旗玛拉沁艾力养牛专业合作社采用村党支部领办农民合作社的做法，发挥基层党组织在人心凝聚、资源整合方面的作用，推动农民合作社做大做强，带领整村农户脱贫致富。

2.粮食规模经营类农民合作社

目前，粮食类农民合作社占总数的21.6%。例如，河北南和县金沙河农作物种植专业合作社以主粮生产为主业，创新和加强与成员之间的利益纽带，发展大规模托管服务，推动农民合作社跨区域发展，实现了粮食产业化、规模化发展。

3.农产品加工销售类农民合作社

目前，提供产加销一体化服务的农民合作社占总数的53.4%。例如，福建清流县嵩溪爱珍豆腐皮专业合作社积极带领农户成员实施标准化生产，参与制定地方行业标准，统一加工成员产品，努力开拓国内外市场，实现了农产品加工业质量和效益的明显提升。

4.三产融合类农民合作社

农业供给侧结构性改革要求农业综合发展，农业结构调整要求拓展农业多功能和增值增效空间。目前，有7 300多家农民合作社通过整合土地、闲置农房、资金、技术和人才等资源要素，进军休闲农业和乡村旅游领域。例如。北京奥金达蜂产品专业合作社立足当地资源特色，因地制宜发展绿色循环产业和乡村旅游业，推动了当地生态环境改善。

5.农机服务类农民合作社

目前，专门从事服务业的农民合作社占总数的7.7%，其中60%以上是农机服务合作社。例如，山东郯城县恒丰农机化服务农民专业合作社采用智慧管理服务系统、全程托管与菜单式服务、“划片管理”+“三次分红”模式，为农户提供农机等社会化服务，把小农户引入现代农业发展大格局。

6.品牌果蔬经营类农民合作社

走质量兴农之路，要求农业品牌化发展。目前，种植业农民合作社数量上占据全国农民合作社的半壁江山，果蔬类农民合作社是其中重要组成部分。例如，山西临猗县王万保果品种植专业合作社以品牌兴社，引导农户选育良种，推广绿色、有机、标准化种植，实现了产得优、卖得好。

7.“三位一体”类农民合作社

2017年，中央1号文件要求积极发展生产、供销、信用“三位一体”综合合作。浙江瑞安市梅屿蔬菜专业合作社等从最初的单一农业生产服务，发展到生产、供销、信用综合业务合作，通过市场机制和经济纽带，实现功能拓展、服务能力提升。

8.“三变”改革类农民合作社

贵州盘州市普古银湖种植养殖农民专业合作社等在农户筹资入社基础上，探索以农户承包地、集体林地、集体水域等资源资产作价出资入社的模式，推动整村入社，激发农村资源活力，推动了产业振兴、农户增收和村集体经济发展壮大。

9.农民合作社联合社类

农民合作社依法自愿组建联合社，有助于提升小农户合作层次和规模。例如，浙江台州市台联九生猪专业合作社联合社通过社际产业联合，建立行业标准，统一开展服务，实现了产业和服务的规模化、现代化[①]。

二、乡产联盟技术与跨区域联合平台

（一）乡产联盟的概念

乡产联盟是乡村产业联盟的简称，它旨在集聚优势资源和多方力量，构建高效的农业产业协同发展机制，深入实施质量兴农战略，推进三产融合，实现乡村产业兴旺，为乡村脱贫振兴提供有力的支撑。

乡产联盟注重的是产业、产品的优良程度与专精程度。品牌是乡产联盟不可或缺的元素，打造具有IP属性的乡产品牌，是联盟的最高目标（图4–1）。

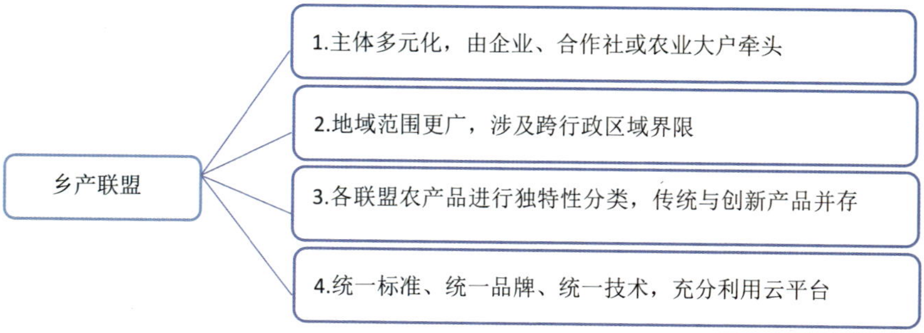

图4-1　乡产联盟特色

（1）乡产联盟类型多样，不仅改变了农产品流通方式，而且随着产业互联网的发展，逐渐向产中、产前等领域扩展，从根本上推动了农业供给侧结构性

① 信息来源：中华人民共和国农业农村部官方网站，农业农村部办公厅关于推介全国农民合作社典型案例的通知。

改革，多渠道增加农民收入，促进农村一二三产业融合发展。

(2) 乡产联盟模式能够积极与农村资源、经济基础相结合，进行要素导入和产业对接，建设高效的农业产业链，进一步完善优化供应链，提升价值链。

(3) 能够更广泛地发挥联盟成员之间技术、市场、装备、资金、资本等优势，进行生产合作、技术合作、人才互通，使联盟价值最大化，极大地推动了乡村经济的发展繁荣。

(二) 乡产联盟建立要解决的关键问题

(1) 确立联盟战略目标。乡产联盟最根本的目的是联合各产业主体，打造具有IP属性的优势产业、产品品类，树立产业创新意识、品牌意识，明确乡产联盟发展的方向。

(2) 确立优势产业。联合产业内主体，对当前产业情况、规模、类型、市场进行调查研判，结合当地资源条件、地域特色或地方文化，确定联盟打造的优势产业或产品类别。

(3) 建立稳定的联盟运营机制。依据产业形式，确定各联盟主体在产业中不同的位置与角色，制定合理的组织协作模式、产业合作形式、利益分配方式，实现乡产联盟长久稳定的发展。

(4) 促进资源多向流动。乡产联盟的优势之一即整合多方资源，解决单个企业、合作社、农户资源单一、薄弱的问题。

(5) 实现技术有效共享。乡产联盟发展的关键在于，乡产联盟中各主体能否开放各自技术，进行有效的技术共享、交流，激励技术创新，共同推动乡产联盟技术标准提升。

(三) 乡产联盟的几种形式

乡产联盟是活跃在乡村产业中的一类新兴组织，既可以根据产品的种类进行划分，在产业链上下游进行合作，也可以按照功能类型进行划分，联动区域产品的生产、销售、宣传等。将乡产联盟与电商平台相融合，还可实现跨区域甚至是全国联动。为了更好地组建乡产联盟，本书提出了如下分类。

1. 研发型乡产联盟

研发型乡产联盟，是指企业、协会间为解决乡村产业技术问题而进行的组织联盟，是通过合作形式以解决产业共性技术问题的常见组织。随着技术研发投入的加大，单个企业往往难以承担独立研发时高昂的成本和风险，因此会寻求同产业企业进行联合以降低研发成本、分担研发风险、缩短研发周期。除此之外，各产业主体之间还可以进行研发资源互补，共同学习。

2. 产业链合作联盟

产业链合作联盟，是通过同一行业不同产业链端口的企业之间的合作，打造具有竞争力的产业链，以促进创新产品快速形成竞争力，依赖整个产业链获得上下游产品配套。

3. 市场合作联盟

市场合作联盟，主要是共同开发市场。这对中小企业十分有利，通过联盟合力开拓市场、降低成本、节省资源。具体体现在联合拓展新用户市场、联合采购降低生产成本、共用设施设备节约资源、相互进行市场叠加等方面。这样可大大降低中小企业市场进入门槛，并提高企业存活率。

4. 技术标准联盟

技术标准联盟，顾名思义，是制定产业或行业技术标准的联合组织。通过产业技术标准的制定，可以实现产业良性运转。技术标准本身具有公共产品的属性，但是许多技术标准涉及知识产权及商业机密，拥有巨大的商业价值，成为许多企业争夺的对象。联盟制定技术标准，可有效减少恶性竞争，有利于新技术的保护与应用，有助于整个产业的发展。

（四）“乡产联盟”运作模式（图4—2）

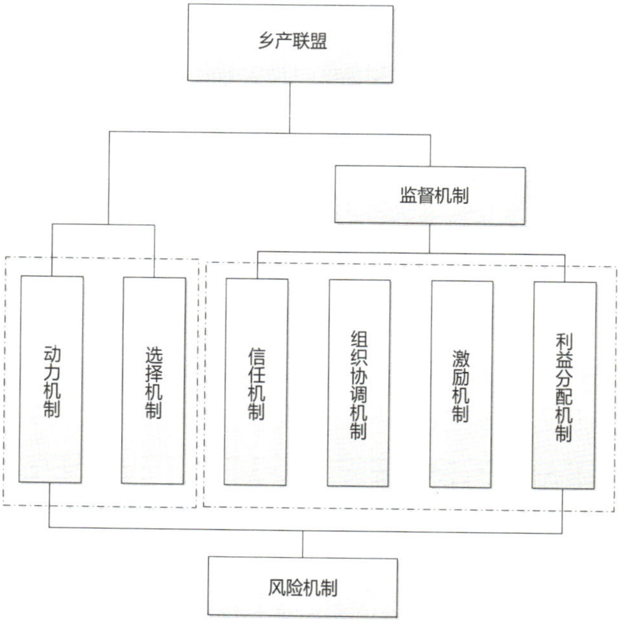

图4-2 乡产联盟运行机制概念框架图

1. 动力机制

乡产联盟的动力机制也是催生联盟产生的原因。外部动力主要指来自于外界的推动力量，包括技术进步、市场变革、政策宣传等因素；内部动力指联盟成员间自身合作的内在驱动力，包括共享技术、共担风险、降低成本、优势互补、市场竞争等因素。如江津李家村，为带动乡村产业发展，实现乡村脱贫，由政府牵头，企业、合作社发起晚熟柑橘联盟，它的产生主要源自于外部动力。

2. 选择机制

联盟伙伴的选择，是依照产业兼容性、资源互补性、协调成本最小原则进行的。遵照一定的程序与规则，科学地选择合作伙伴。联盟伙伴是否具有趋同或相似的目标、文化，是联盟稳固的基础。选择具有弥补自身短板的合作伙伴，可实现优势互补。李家村晚熟柑橘联盟成员主要是当地的农业企业、合作社、种植大户，他们都以柑橘为主要产业，成员之间拥有不同资源优势，并且在政府的主导下，协调起来较为容易，联盟成员的目标都是为了做大晚熟柑橘产业，振兴当地经济。

3. 信任机制

信任是合作的前提。联盟在运行过程中，如何构建长久的信任机制，并使联盟中各成员遵照且认同，尤为重要。合作中，信任的产生很大程度上依赖于合作者自身的行为。然而，建立一套完善的信任保障机制，可以充分避免合作过程中因为行为不当而产生的信任危机。李家村晚熟柑橘联盟中，政府做信用背书，企业、合作社进行实际担保（也就是联盟负责人），种植户加盟，构建了政府、企业／合作社、种植户三方信任机制。

4. 组织协调机制

组织协调机制是对联盟内部各成员单位进行统一管理、协调和分工的整套体系。它通过明确联盟体的各项管理职能，对重大事项进行集中决策和项目管理，同时优化联盟成员之间协调沟通渠道，实现权责平衡。

5. 激励机制

建立一套理性化的制度实现激励联盟成员的目的。内部激励侧重于内部考核、评比、荣誉等方式，建立合理的绩效评价体系，为联盟成员颁发荣誉证明，对知识成果、技术创新进行奖励，加深合作。外部激励主要指国家对行业或联盟的鼓励政策、措施，形成对联盟的技术、资金支持，从而发挥政策的激励和引导作用，增加联盟成员的积极性。如对产量高、质量好的种植大户进行表彰，授予“种植能手”“种植达人”等荣誉称号；再如对一些不达标的种植户实行淘汰、清退制度，保持联盟活力。

6. 利益分配机制

利益分配贯穿联盟合作各个阶段，直接影响到联盟的稳定性与伙伴间的信任度。对联盟在合作时期内产生的利益进行精确的评估与预测，经联盟所有成员的协商一致，制定合理有效的利益分配方案，有助于联盟利益的合理分配，联盟中，企业、合作社、种植户利益分配主要有两种方式：一是按照实际发生销售量分配，联盟抽取一定管理费之后，根据种植户各自生产量与总销售量之比进行分配；二是按照比例分配，规定企业、联盟体、种植户各占多少比例，进行分红。

7. 监督机制

联盟运行过程中，需要建立一套简洁有效的监督机制，保障各种规章制度、契约承诺、组织分工、利益协调等有序进行。其具体体现在敦促各联盟成员履行职责、防止破坏规章制度行为、落实奖惩办法的实施、维护联盟利益不受损失等方面。

8. 风险管理机制

激烈的市场竞争中，联盟仍然面临解散的风险。识别风险、评估风险并应对风险，建立完善的进入退出机制，是保障联盟利益的最后一道屏障。

案例

泸州老窖青梅全产业链

——一瓶青梅酒，开启20万亩青梅种植

引言：2018年9月12日，泸州老窖·大自然青梅全产业链综合开发项目落户大邑，该项目总投资56.5亿元，大邑县与泸州老窖股份有限公司分别签署了《泸州老窖·大自然青梅全产业链综合开发项目战略合作协议书》《泸州老窖青梅果酒业及生物制品加工基地项目投资协议书》《泸州老窖·大自然青梅一三产业综合开发项目投资协议书》。

近年来，我国大型酒企开始关注健康酒领域，泸州老窖将健康酒定格在青梅酒这一类文化属性较高、品味及口感俱佳、具有较强群众基础和跨越式发展潜力的酒品上（图4–3）。对比日本和韩国动辄上千亿的青梅酒产值，中国青梅酒的市场潜力很大，泸州老窖与大自然、梅鹤酒业“圃田冰青”结合，可以在最短的时间内酿

图4-3　冰青青梅酒（图片来源：冰青青梅酒官网）

造出青梅酒，再借助泸州老窖在业内的美誉度、品牌效应和营销渠道，势必会全面提升青梅酒的销售业绩，进而进入健康酒产业尤其是果酒产业的第一阵营。

泸州老窖·大自然青梅全产业链综合开发项目，是由泸州老窖股份有限公司携手成都市大自然生态农业有限公司、四川梅鹤酒业有限公司在大邑县共同打造而成，是以青梅种植为基础，以青梅酒业、青梅生物科技、青梅休闲、健康食品加工为主体，以青梅文化、田园、康养、旅游为重要产品组成部分，以“一镇、两心、两园、三基地”为支撑的青梅全产业链条。它将辐射带动全县20万亩优质青梅种植产业，擦亮“川字号”品牌，打造非葡果酒行业第一品牌、世界青梅文化交流中心和世界级青梅酒产区。

借泸州老窖的品牌优势，发展以青梅为主的果酒全产业链，建设内容包括以下几个方面：

1. **打造一个青梅全产业链**（图4–4）

图4-4　全产业链空间结构图

整个产业链由“一镇、两心、两园、三基地”为主要支撑。其中：

一镇：青梅（英雄文化）特色小镇，位于大邑县邮江镇，总投资约为21亿元，整合了大旅游集散中心、青梅核心产业村、特色集镇、青梅田园综合体等项目，至少达到省级标准，争取达到国家级特色小镇标准（图4–5）。

两心。一个是青梅产业研究中心。该中心以青梅全产业链科研、人才、技术引进、更新、成果转让为核心功能，是泸州老窖青梅全产业链的大脑（图4–6）。一个是世界青梅文化交流中心。该中心在提炼青梅文化的前提下，提振中国青梅文化自信，是国际青梅文化交流版块，也是青梅文创、青梅旅游商品研发机构，是青梅全产业链的国际化宣传平台和名片窗口（图4–7）。

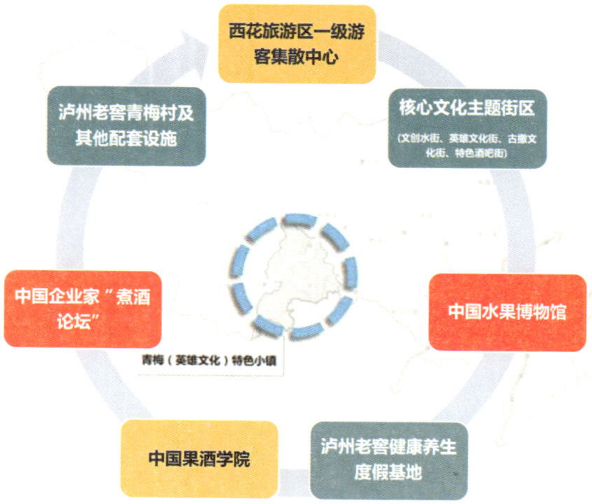

图4-5　青梅（英雄文化）特色小镇建设内容

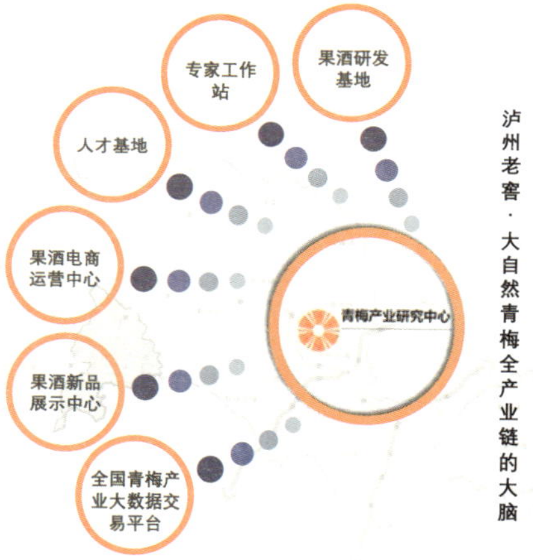

图4-6　青梅产业研究中心建设内容

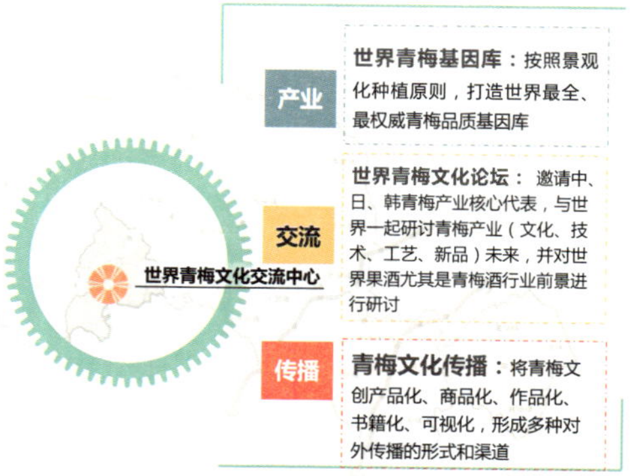

图4-7　世界青梅文化交流中心

两园：一个是泸州老窖青梅主题田园综合体。它是在大自然梅花产业园的基础上，按照三代农业标准规划，强化青梅一二三产业尤其是一三产业的融合发展，满足国家4A景区、田园综合体双标准的一个以青梅IP为核心特色的田园文旅综合开发项目。一个是泸州老窖青梅果酒庄园。它是青梅酒产业庄园化、休闲化、田园化的重要表现形式，是与果酒行业相匹配的一个标志性产品线（图4–8、图4–9）。泸州老窖将在大邑县境内建设2 ～ 3个个性化高端品牌非葡果酒庄园，其中，以青梅果酒庄园为灵魂引领，另外打造1 ～ 2个其他品类（非葡）果酒庄园。

图4-8　青梅主题民宿

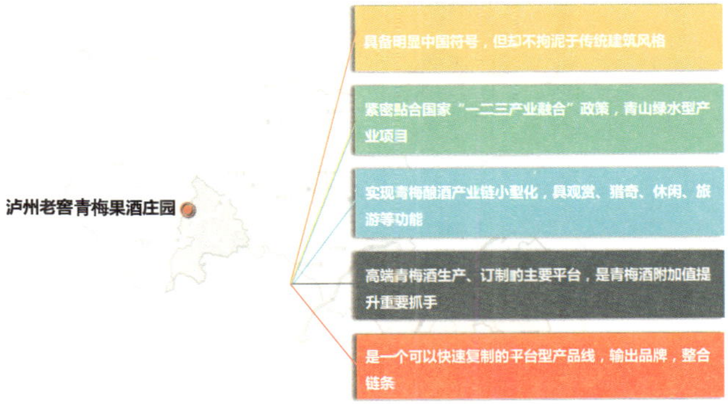

图4-9　泸州老窖青梅果酒庄园

三基地：一个是泸州老窖青梅原产料产业基地。它以大邑县䢺江镇为主，采取“公司+专业合作社+农户”的经营模式，建立符合国际标准的县、乡、村三级青梅科技示范种植园，5年内全县计划打造20万亩优质青梅原料基地，保底收购种植户青梅30万吨（图4–10）。一个是青梅酒业及生物科技制品加工基地，项目选址大邑县王泗镇（原王泗食品园区）。它承载泸州老窖青梅酒生产

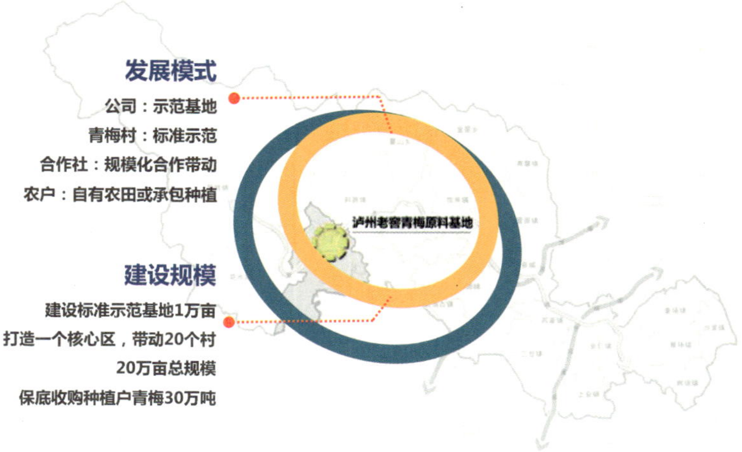

图4-10　泸州老窖青梅原产料产业基地

线、青梅生物科技制品生产线和青梅健康休闲食品生产线（图4—11）。一个是青梅乡产联盟总部基地。它设置在大邑县青梅小镇，通过乡产联盟带动大邑县乃至更远地区的青梅产业（图4—12）。

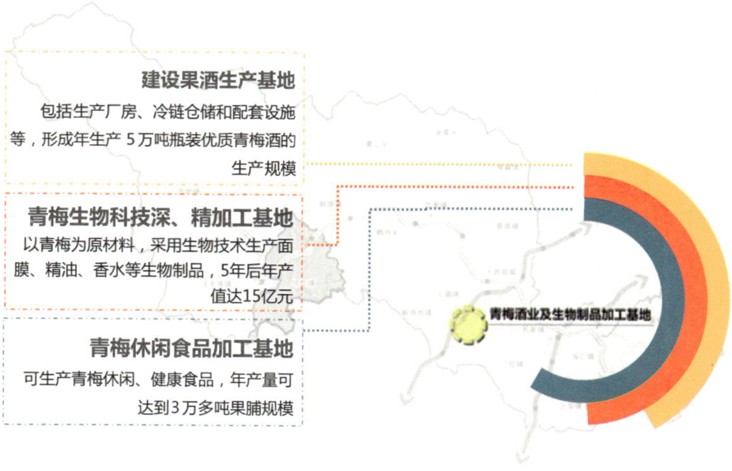

图4-11　青梅酒业及生物科技制品加工基地

2. 创建两个乡村新型经济体

中国青梅乡产联盟：发起成立中国青梅乡产联盟，并将联盟打造成一种乡村新兴经济体。青梅乡产联盟，是基于大邑县目前青梅种植规模和发展品牌，由企业或合作社作为发起人，通过农产品生产的标准化、品质检测标准化以及农眼工程的远程监督等来保证青梅产品品质。青梅乡产联盟涉猎范围更广，涉及四川省乃至全国其他地区的青梅产业，辐射带动周边更多乡村共同振兴。

图4-12　青梅乡产联盟总部基地

泸州老窖大自然青梅村：结合国家乡村振兴战略，打造一个标准的“泸州老窖大自然青梅村”，并通过青梅村的示范带动作用实现“多村一品”工程，进而最大限度地加快并推动大邑县乡村振兴的进程。泸州老窖大自然青梅村选址于邮江镇三坝河村。老窖大自然青梅村与其他种植青梅的村落的不同之处在于，它是一个青梅产业样板明星村，除了传统青梅种植产业外，还具有乡村独特的文化、风貌和体验，例如青梅宴、青梅院落农家乐、青梅手工坊等内容。青梅村能够更好地引领和带动大邑县青梅产业的发展壮大。

3.形成三条可输出式产品线

泸州老窖青梅酒庄（果酒庄园）：泸州老窖将青梅酒庄按照产品线的模式进行打造，未来将形成“酒厂＋酒庄”并行的青梅酒产业。

老窖青礼——礼青情义重，打造四川农礼品牌第一阵营：通过青梅文创打造青梅农礼，并将青梅农礼打造成为成都乃至四川省的旅游商品，通过“礼轻情意重”的形象定位，将其最终打造成为来四川不能不买回去的礼物。

泸州老窖大自然孺果竹马童年田园综合体：孺果竹马童年田园综合体是大自然公司与东方创美联合开发的一个以青梅竹马的童年文创为灵魂，以田园教育、亲子娱乐、陪伴度假等功能为主的，具有IP和自主知识产权，原创设计率达到80%以上的三代亲子教育产品线。将目光关注到亲子教育，是泸州老窖青梅全产业链的未来战略之一（图4–13）。

结语

泸州老窖对青梅酒产业的投入，势必会拉动其上下游产业链的发展和跟进，尤其是依托大邑县最优质青梅产区优势（地理优势、文化优势、技术优势等）打造大邑主产区青梅酒，这将开启大邑县20万亩青梅种植规模。而且，这些青

图4-13　孺果竹马童年效果园

梅原材料均是由当地村民种植提供，按照保护价格收储，会大幅度提振乡村产业、增加当地老百姓收入。

（感谢供稿：青梅大自然项目组）

案例

三大乡产联盟助力贵安新区，实现“买全省卖全国”的农业产业总部经济格局

引言：贵州贵安新区乡村产业联盟依托大数据和云平台建设，使贵安农业辐射贵州、辐射西部，依托互联网，带动产业跨区域发展。

项目基本情况介绍

贵安新区将农产品进行分类发展：具有地方优势的农产品和农业类型，可以采用乡产联盟的形式进行发展；不具备优势的，则可以采用加入其他地区乡产联盟的形式来提升产品的品质和价格。

贵安将打造三大乡村产业联盟（图4–14）：

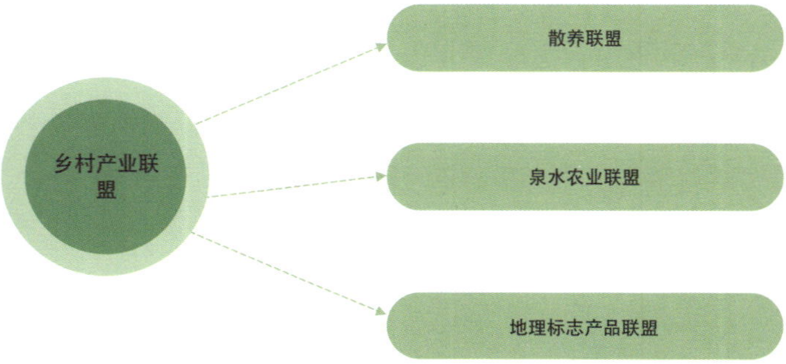

图4-14　三大乡村产业联盟

1. 散养联盟（基于村落现有的养殖结构）

散养联盟，基于现有的农业养殖结构，由企业或者养殖大户作为发起人，通

过搭建网络平台聚集若干散户养殖资源（既包括本地的散养户，也包括省内其他地方的散养户），一方面通过平台的标准认证，可以确保散养的品质；另一方面散养户也可通过该平台获得相对较高的产品价格（以散养鸡为例）（图4–15）。

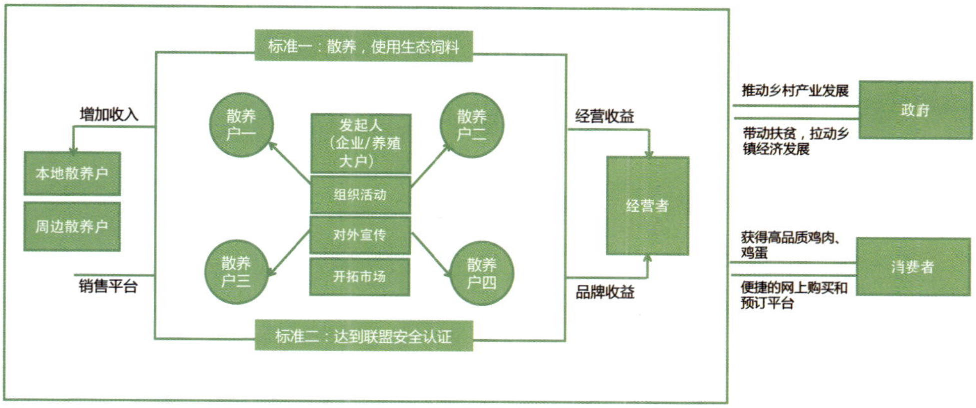

图4-15 散养联盟解析图

2. 泉水农业联盟（基于本地特色）

泉水农业联盟，基于贵安新区丰富的泉水资源而成立。泉水农业是贵安新区发展山水农业中水农业的核心体现。企业或合作社作为发起人，依托两大标准设置泉水农业门槛，保证农产品品质（图4–16）。

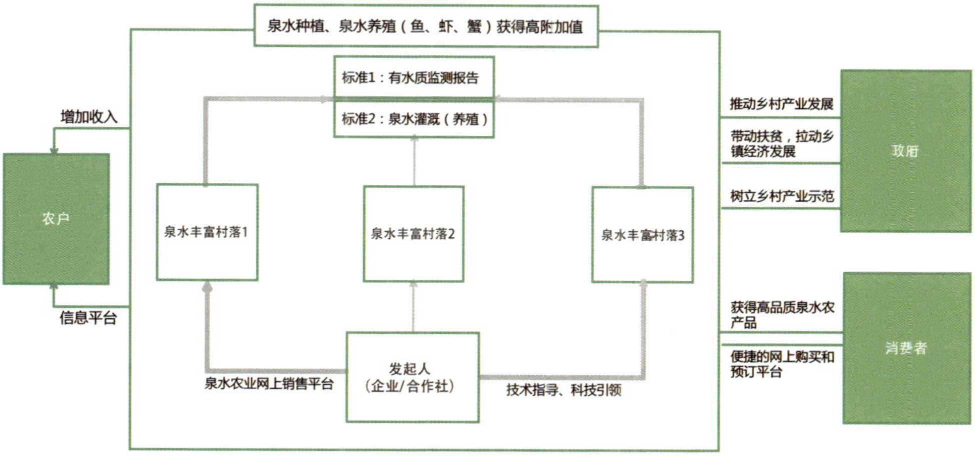

图4-16 泉水农业联盟解析图

3. 地理标志产品联盟

地理标志产品联盟，基于贵安新区既有的多个地理标志产品而成立。企业作为发起人，依托地理标志产品认证证书和联盟的农产品生产标准，将贵安新区、贵州省乃至整个西部地区的地理标志产品通过云平台以联盟的形式进行销售（图4–17）。

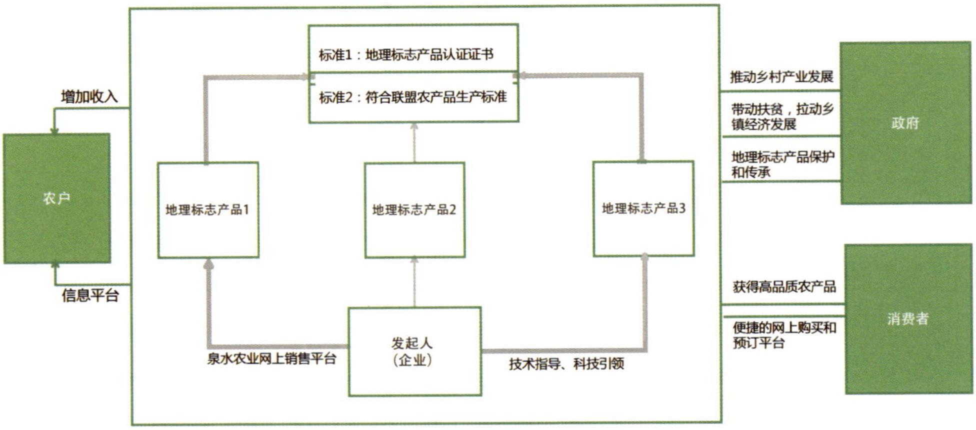

图4-17　地理标志产品联盟解析图

贵安新区以优质山地农业为基础，抓共性、创品牌、建联盟，依托互联网大数据平台提升涉猎范围，通过农产品生产的标准化、品质检测标准化以及“农眼工程”的远程监督等来确保联盟产品的品质，通过订单化的农业生产提升农产品价值。未来，其将逐步完善成为一站式综合农产品集散中心，朝着“买全省卖全国”的大流通产业格局发展。

（感谢供稿：贵安新区项目组）

三、“多村一品”技术与片区产业整合

（一）“多村一品”概念

所谓多村一品，是围绕一个中心村，根据自身的特色和优势，在区域内选择并布局某种产业品类；同时通过深度挖掘、文化附加、宣传推广、符号加强等系列手段，打造该村或多村的品牌，让受众全方位感知该产业、产品的品质；进而，围绕该品类产业和品牌，构造该村或多村的产业系统和产业链条，实现乡村产业振兴。

“多村”具体到数量上，完全依靠产业的特色分布、产业链延伸范围，没有具体限制。其强调的是地方性、村与村之间的协作关系以及创新型的片区产业整合。

“一品”的实现具体将从产业到产品，实现品类、品牌及品质三大关键要素（图4–18）。

“多村一品”是强调以地域优势为出发点，深度挖掘本地资源和优势而形成片区产业整合的开发形式。同时，“多村一品”还具有如下优势：

第一，规模优势。通过规模来提升产品的市场竞争力，规模越大，产品的生产、运输、销售环节就越具有规模效益，而产业的优势也就越明显。

第二，宣传推广优势。由于多村涵盖范围广，便于统一开展系列宣传推广

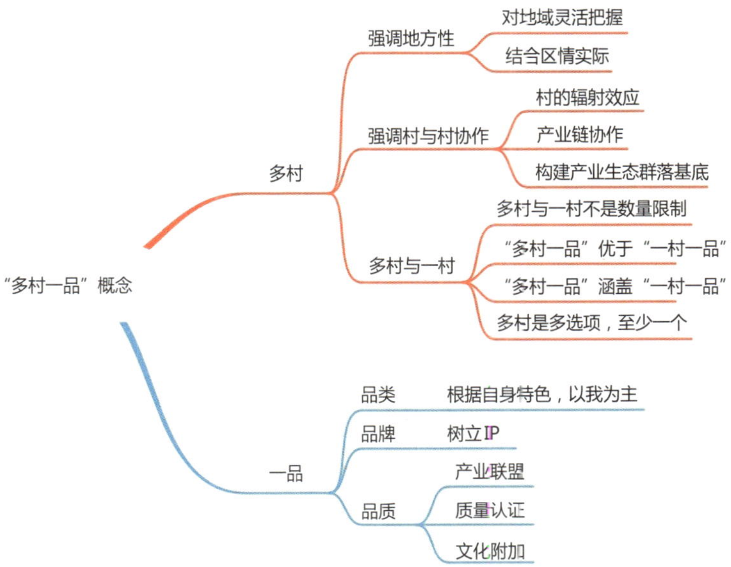

图4-18　“多村一品”概念图

活动，便于在受众中树立统一形象，便于搭乘已有的地域优势。例如，奉节脐橙是著名品牌，奉节县依托该品牌，众多村（辐射范围覆盖若干乡镇）参与脐橙种植，植面积达30万亩。奉节县委、县政府每年拨出专项经费，宣传奉节脐橙品牌，支持营销；还举办“中国三峡·奉节脐橙文化节”“诗歌节”“摄影节”“全国汽车拉力赛”“亚洲篮球邀请赛”等大型节庆活动，宣传奉节脐橙品牌。

（二）“多村一品”下的品牌、品质关键技术

在“多村一品”的产业组织模块中，为化解同质恶性竞争、梳理具有竞争力产业组织下的质量标识、催生新业态并最终实现农业现代化成就，乡村产业品牌是第一步，而“高品质”是现代农业的特征之一。

1.独特型品牌IP打造的三大步骤

（1）横向比较，了解自己的优势。每个村落的发展，都有着不同的历史文化、地理环境、风俗习惯，而不同乡村的美食、手工艺、景观、农产品等，都可以作为一个乡村的差异性特征，衍生出不同的历史文化型乡村、特色产业型乡村、生态保育型乡村等各类特色乡村。各乡村不同的资源使得每个乡村都可以是一个独特的品牌。“多村一品”思想的核心，就在于发现自我区别于其他地方的特点。

与其他地方比较，可以从历史、地理维度，也可以从资金、技术、人才、文化等要素维度，甚至可以从名字、名人等偶然因素着手。以四川犍为为例，作为知名的茉莉花之乡，在茉莉花种植、加工等方面具有技术、人才等优势，可以紧抓这一比较特色，设计以茉莉花为核心的IP体系。

很多时候，一些偶然因素，也可以成为塑造IP的方法，例如，重庆最早开

发观花旅游的乡镇就是九龙坡区走马镇，它以“走马观花”之名，打响了走马镇的“观花”品牌。

（2）多变组合，挖掘自己的优势。仅凭一个单项因素，树立独特优势可能性很小。但通过各种单项因素组合，则可产生无穷的特性，在这些特性中寻找优势，则相对容易很多。

以贵安新区为例，其农业体量相对较小，但区位优势突出，拥有高品质的山水资源，农业环境的山水优势明显。虽然这些优势在贵州省相形之下还有诸多可比项目，但是依托贵州省政府大力发展的大数据产业、大健康产业，通过资源特点组合，可以实现“农业+”大数据、大健康的独特型产业定位策略。

（3）强化特点，确定自己的优势。在产业品牌的打造上，首先是发现特点，其次是组合优势，最后还需要不断强化、丰富特点元素，在目标市场和产业体系架构双方面形成品牌性。

2.四重附加下的“多村一品”“品质”体系

（1）地理标志附加，与其他工业产品不同，乡村产品的地理标志性非常重要，地理标志直接传导顾客对产品优质的感知。同时，由于其带有强烈的地域属性，能直接实现“品牌+品质”的二重性。

中国地理标志，是我国政府为保护原产地优质产品，向经过相关部门认证的原产地产品颁发的产品地理标志。凡通过认证的产品，均可在产品表面贴上官方图标。目前，我国主要有三种地理标志认证类型，包括证明商标和集体商标、原产地域产品和原产地标记；有三个部门对地理标志进行注册、登记和管理。一是中国地理标志，认证机构为国家知识产权总局下的商标局，此认证仅限于商标知识产权，而不涉及产品质量，地理标志的注册者获得的是地理标志专用标识的专用权；二是中国地理标志保护产品，认证机构为国家质量监督检验检疫总局，目的在于规范地理标志产品名称与使用，保障产品质量、声誉或其地理特性来源；三是农产品地理标志，认证机构为中华人民共和国农业农村部，同样是为规范地理标志名称与使用，保障特定地域产品质量与特色，但只涉及初级农产品。

地理标志的认证标准：一是地理名词必须实际存在。可以是一国的名称，如中国丝绸、中国陶瓷、苏格兰威士忌等；也可以是某一地区的名称，如新疆葡萄、西湖龙井、伊犁苹果、安山大米等。二是必须是当地种植、养殖或经过当地特有的传统工艺生产出的产品。“贵州三宝”之一玉屏箫笛，因其选料讲究、工序严格、工艺精巧，成为久负盛名的地理标志保护产品。国内外市场享有盛誉，并具有一定特色与品质。需经过国家有关部门根据规定程序审核、批准，并得到相应地保护。

地理标志的认证程序：其审批过程一般有三道程序。以中国地理标志保护产品为例。由申请人按照流程向地方质检局、检验检疫局提出申请，国家质检总局组织专家委员会初审，若通过，则予以公示。公示期最短为三个月，如无异议，国家质检总局将会正式批准，并确定保护区域。最后，将会针对该产品制定出强制性国家标准，生产企业按国家标准通过评审后，可获得地理标志产品专用标志的使用权。

（2）文化属性附加。乡村文化产品既要有大文化产业具有的独特性，也要有在地性与创意性。在地性是指要体现出地方特色、地域特色；创意性是指要新奇、引人入胜。注入了文化创意的乡村产品，价值才能最大化。具体操作方法：①依托地域文化培育特色文化产品品牌。通过文化寻根、文化活化、文化挖掘、品牌延伸、品升华等手段，为乡村产品品牌注入文化，提升品牌号召力与感染力。如贵州塘约村衍生出的芳塘、乡约民宿、黔塘宴等乡村品牌；山西东掌村的“东掌九院”品牌IP，通过文化挖掘与品牌延展，使产品的文化性极大提升。②乡村产业品牌标识设计。乡村产业需要设计品牌标识，注册商标，从而具有知识产权与不可复制性。如“清见李家村”品牌主导的晚熟柑橘产业，“先锋花椒”品牌主导的花椒产业，都是将产业与乡村自身紧密结合后设计而成的品牌标识，富于传播力。

（3）多维度质量认证。

生物认证：所谓生物认证，是指对一些以生态、绿色为质量特征的，但不方便申请国家绿色或有机认证的产品的一种特殊认证方式。该方式的主要思路是通过和产品共生的一些生物的生活状态表现产品的生态和有机属性。如江津清溪沟木皮槽社区，海拔1 200米左右，至今不通公路。该社区种植水稻完全采用传统方式，不施加农药和化肥。由于申请绿色认证或有机认证程序烦琐，创意采用了生物认证的方式，以自然教育项目进行认证背书，组织青少年观察稻田中的鱼、虾、泥鳅等。鱼、虾、泥鳅等良好的生活状态正好印证了该水稻的生态和有机。

权威机构认证：如“无公害农产品”“绿色食品”“有机食品”“农产品地理标志”“地理标志保护产品”“生态原产地保护产品”等认证途径。

口碑认证：通过网络口碑传播、直接口碑传播，可以简单、便捷、低廉地实现质量的被感知。为了实现口碑传播，必须保证产品品质便于口碑传播。例如，同样是柠檬，很难通过柠檬的大小、柠檬的味道来实现口碑传播。重庆巴南区云篆山便通过“红柠檬”这一便于感知和传播的方式，实现了口碑传播的目的。

（4）质量保证体系。

加强质量监管：建立农产品透明的追溯体系和农业互联网监测平台。研究“互联网+”农业，从各方面保障食品安全、农业安全；通过农业监控体系、农产品检测体系的建立，从各个方面保证农产品的品质；成立农产品质量安全监管工作领导小组，协调解决重大农产品质量安全事件，督查农产品质量安全工作情况；完善“农林水”监管云平台，建立农产品质量标准体系和农产品质量追溯体系，确保农产品质量安全。

强调质量准入：为规范“多村一品”产品的品质，需制定统一的产业标准体系。通过和企业对接合作，由企业提供技术指导并主导参与，加快农业标准化体系建设，注重从农产品生产储运及加工标准、生产技术操作规程上提高农业标准化意识；建立产销挂钩机制，建立质量安全承诺制，规范农产品质量追溯和安全管理。完善区域公共品牌的生产、产品质量及分级、包装标准，推行品牌基地标准化生产，做到各环节都有技术标准和操作规范，实行从生产到市场的全过程标准化管理，夯实品牌质量管理基础。抓好农产品生产源头管理，强化对农业资源、农业生态环境、农资投入品的使用监管，加强对农产品生产、收购、加工、包装、储运、保鲜、流通、销售等各环节的全程质量监管和出境检验检疫，确保产品的质量安全。

（三）产业生长方法，产业生态群落关键技术

1. 构建抗脆弱的乡村产业生态群落

乡村产业生态是指由乡村各种产业、各个产业链共同构成的相互影响、制约、发展且不可分割的系统，是产业集群的高级形式。

（1）为什么要构建乡村产业生态群落。单一的产业、产业链十分薄弱。自然界因其足够庞大、高度复杂、物种丰富，才能稳定持续数百亿年。组成生态系统的成分越复杂，生态群落越丰富，生态系统也就越复杂、稳定和可持续。只有构建产业生态群落，才能保障产业的多样性、丰富性，促进各产业、产业链协同，增强产业抗风险能力，实现高质、高效发展。

（2）乡村产业生态群落特征。

丰富稳健。产业丰富多样、系统稳健持续是乡村产业生态群落最典型的特征。区别于普通的产业集群，产业生态群落对产业之间的协同要求更高，组成生态系统的各个部分相互关联、影响、协作，构成产业生态循环圈层。

抗脆弱性。乡村产业具有投资回报周期长、不稳定性、高风险性等特点，十分脆弱。乡村产业生态群落是对各种产业、产业链的有机组合，可大大增强产业的稳定性与抗风险性，实现产业合力发展。

2. 确定乡村产业生态群落优势产业

与自然界的真实生态群落一样，产业生态也存在优势种。所谓优势种，是指群落中以其体大、数多或活动性强而对群落的特性起决定作用的物种。

产业生态群落中的优势种，也同样具有体量大、数量多、影响强的特征。确定产业生态群落中的优势种，对整个产业生态群落具有重要作用。一般来说，应该根据如下要求，确定产业生态群落中的优势产业：

第一，产业体量大、数量多。只有体量大、数量多的产业，才可能成为优势产业。产业可能是历史形成的，也可以是通过设计、规划重点打造出来的。

第二，优势产业，必须是对当地其他产业具有明显带动作用、辐射作用的产业。如重庆武隆赵家乡的乡村旅游产业，带动了全乡的种植业、养殖业，并培育了方兴未艾的自然教育产业。

3. 增强乡村产业生态群落抗脆弱性

自然界中的健康生态系统，具有如下特征：一是生态系统持续保持活力。二是系统组织结构长期稳定，并具有自我运作能力，能维持其组织的完整性和自主性。三是面对外界破坏性的影响力，具有抵抗力和恢复力。

自然界中的生态群落要维持健康，需要如下条件：一是具有稳定的、合理的组织结构。二是具有相当程度的多样性。三是外界破坏力在可承受范围内。

同样，增强乡村产业生态群落的健康和抗脆弱性，应该做好如下工作：一是打造稳定的、合理的乡村产业结构，特别是第一二三产业融合，可以有效增强乡村产业结构的稳定性。二是增加乡村产业生态群落的物种多样性，即增加产业的多样性。三是应尽可能弱化外界对乡村产业的破坏力。例如，对某些重要产业引入商业保险，就是降低外界破坏力的一种方式。

4. 优化乡村产业生态群落的结构

选择具有相关性、互补性的产业。乡村产业发展要“抓大放小”，处于同一产业生态系统的各个产业，应选择具有高度关联的产业；对于一些薄弱产业、关联性不强的产业，可以舍弃。

通过乡产联盟、专业合作社、行业协会促进乡村产业主体协作，共同维护乡村产业的稳定、健康、有序发展。制定有效的产业规则，共同遵守，营造良好的生产经营环境。村民是产业发展的主体，通过制度改革与市场体系的培育，让村民参与进来，并且建立良好的利益联结机制，让村民与参与产业发展的各个主体都能获得相应利益。

案例

先锋镇花椒全产业链

——践行“多村一品”工程，打造花椒全国主产区

引言：先锋镇位于重庆市江津区，辖8个村2个社区（绣庄、麻柳、保坪、大塆、金紫、永丰、石鱼、香草8个行政村，辖椒乡、夹滩2个社区），是全国农业产业强镇示范镇，享有中国“花椒之乡”美誉，是中国三大花椒之乡之一。2018年，根据江津区委、区政府的统一部署，推动先锋镇乡村振兴综合示范镇建设，精准打造乡村振兴先锋样板，是区委、区政府确定的首批乡村振兴综合试验示范镇两镇之一。

目前，先锋镇花椒种植面积达12.8万亩，2018年鲜花椒产量达9.6万吨，

实现产值12.48亿元；花椒加工企业达17家，全镇花椒人均收入达1.9万元，其中，花椒收入10万元以上的农户超过了5 000户，占全镇农户总数的25%以上。先锋镇是全国最大的九叶青花椒种植基地，率先实施“九叶青花椒矮化丰产方法”，获国家知识产权局发明专利，建有西南地区最大的青花椒交易市场，花椒已成为先锋镇农民增收致富的支柱产业（图4–19，表4–1）。

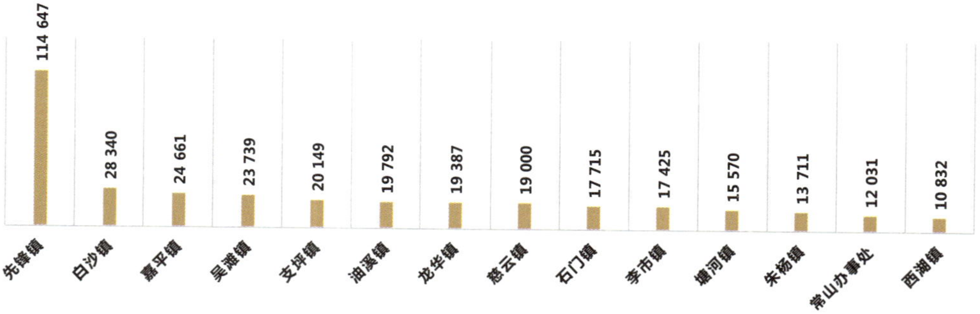

图4-19　江津区2016年花椒主产镇种植情况（单位：亩）

表4–1　先锋镇各村花椒种植面积统计表

单位：亩

村名	花椒种植面积	村名	花椒种植面积
保坪村	10 676.2	麻柳村	11 040.9
大塆村	10 936.0	石鱼村	14 797.6
夹滩社区	15 904.5	香草村	12 017.6
椒乡社区	13 012.3	绣庄村	16 855.9
金紫村	10 987.9	永丰村	11 770.6

先锋镇是花椒产业第一镇，在花椒产业的基础研发、种植规模、配套水平等方面都走在了同行业的前列，但是品牌化和产业深度不足。那么，如何通过创新，将花椒产业打造成先锋特色，实现从花椒产业大镇到全国花椒产业强镇的转变，在全国独树一帜？经过多次全镇调研、村民交谈、镇村座谈、企业访谈，先锋镇明确了聚焦花椒产业，紧密围绕“花椒+X”，构建一个以高品质花椒种植为基础，以健康调味品产业、花椒健康食品产业、花椒生物科技产业、花椒大数据、花椒集散为核心，以花椒主题文创农创旅游、花椒特色农礼等为重要补充的，体现花椒主题一二三产业融合发展的花椒全产业链特色镇的定位，并巧妙依托花椒乡产联盟和“多村一品”工程，打造中国最优质花椒主产区，带动先锋花椒种植户脱贫致富、花椒乡村产业振兴。

花椒全产业链及国家级花椒主产区建设

围绕一产，建设笋溪河国家级花椒产区、世界花椒基因库、优质花椒苗木繁育基地，成立中国花椒乡产联盟总部，孵化花椒合作社及种植大户，促进花椒新品研究等（图4—20～图4—22）。

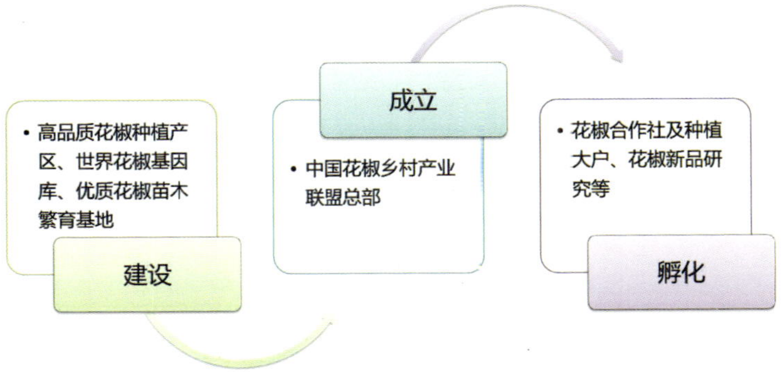

图4-20　花椒产业一产定位

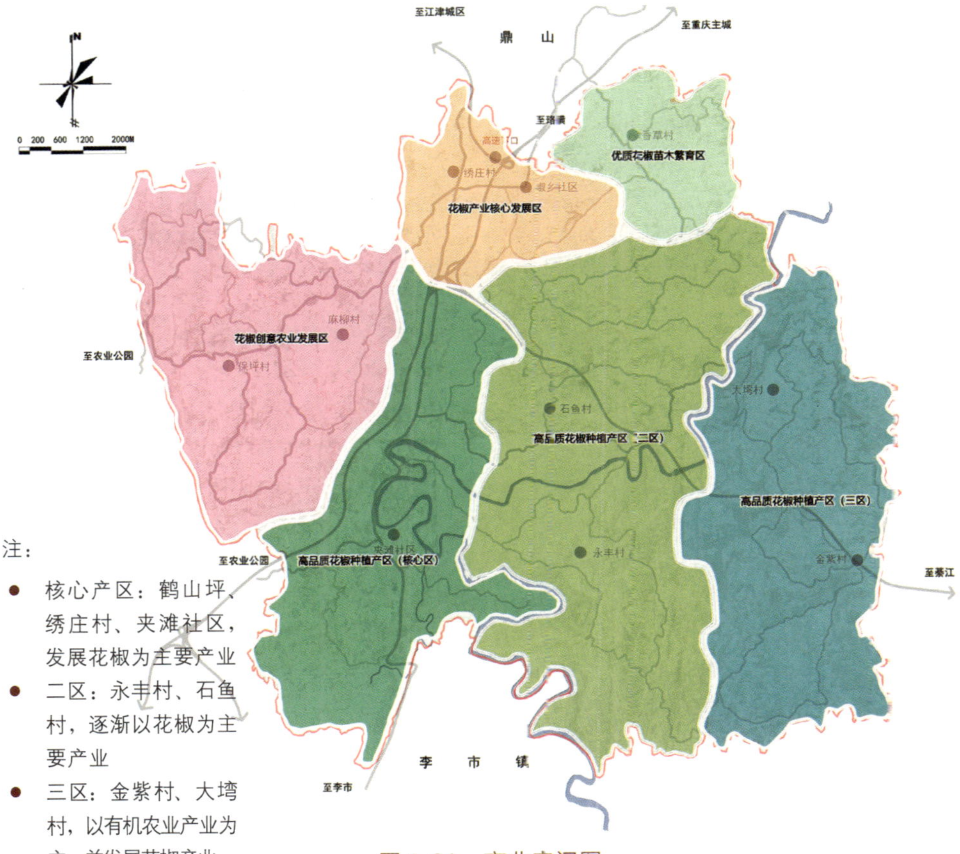

注：

- 核心产区：鹤山坪、绣庄村、夹滩社区，发展花椒为主要产业
- 二区：永丰村、石鱼村，逐渐以花椒为主要产业
- 三区：金紫村、大塆村，以有机农业产业为主，并发展花椒产业

图4-21　产业空间图

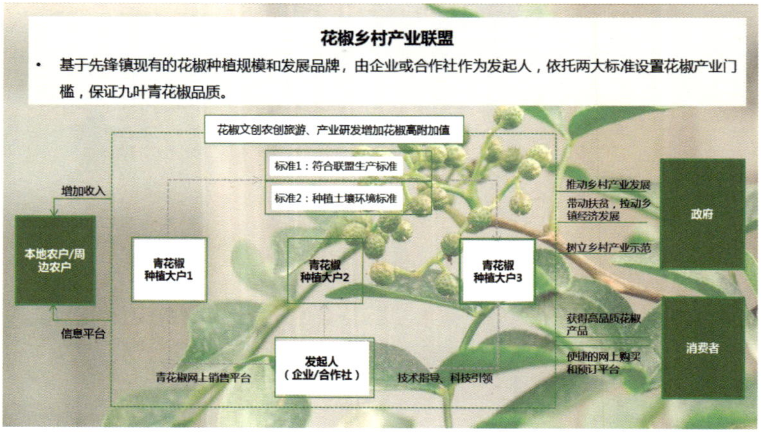

图4-22 中国花椒乡村产业联盟总部

围绕二产，升级花椒交易市场，建设西部调味品产业园（包括调味品研发中心及人才创新基地）、花椒产业研究中心、花椒期权交易中心、花椒食品加工基地、花椒生物科技加工基地、花椒枝木回收处理中心等，孵化好运先锋花椒、先锋调味品、花椒文创产品、花椒衍生品等系列品牌（图4–23）。

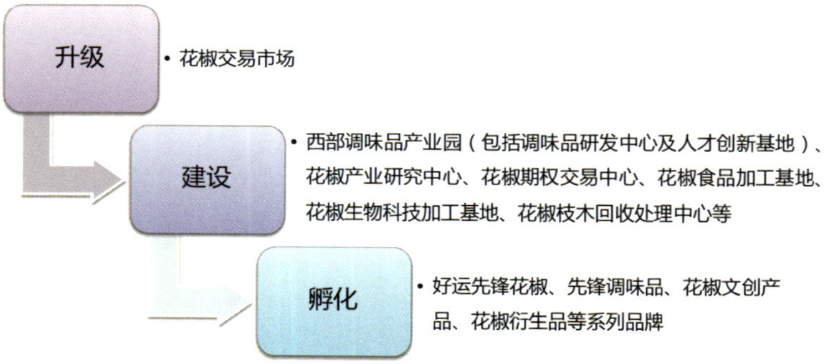

图4-23 花椒产业二产定位

围绕三产，建设中国（西部）调味品博览会、中国花椒集散中心、花椒农民学院、花椒主题文创农创旅游等，设计花椒品牌形象、花椒全新包装，制定花椒区域标准（图4–24）。

塑造品牌IP

第一，保留传统手工艺品的制作方式，创造花椒乡土产品，利用文创产品和当地特色产品为乡村旅游增加附加值。第二，通过花椒品牌提升、花椒交易市场升级、西部调味品产业园区打造、花椒主题文创农创旅游开展等工作，解决先锋花椒产业的价值增量问题，让“先锋花椒”站在花椒产业最前沿。第三，

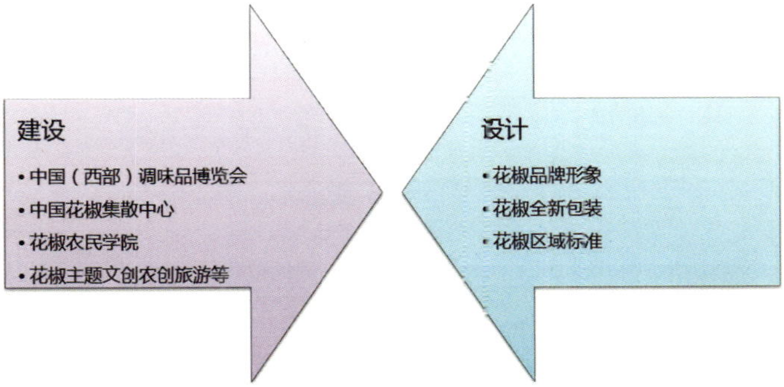

以会展、培训为特色，融合花椒特色乡村旅游的特色三产格局

图4-24　花椒产业三产定位

设计先锋花椒形象标识与吉祥物，增强品牌感知。整个江津区乃至重庆地区的花椒都可以用先锋品牌。该品牌也可输出，在全国范围内建设自己的“先锋花椒”基地，加强品牌与地方的关联。

依托花椒乡产联盟，建设花椒农民学院，形成技术输出。建设集观赏与研发为一体的世界最大、最全的花椒基因库，为中国花椒产业发展提供内核支撑。在先锋现有花椒苗木品牌效应的基础上，做大做强“先锋花椒”苗木产业，依托花椒基因库研发名优新特品种的力量，进而建设优质规范化花椒育苗基地。通过乡产联盟带动先锋镇、江津区乃至更大范围内的花椒产业。

先锋花椒吉祥物设计（图4—25～图4—27）：

图4-25　先锋花椒吉祥物——先锋官（倌）

图4-26 吉祥物兄妹表情包

图4-27 青花椒油

（感谢供稿：先锋镇项目组）

第五章

乡产创新模块

2019年6月底，国务院印发了《关于促进乡村产业振兴的指导意见》，其中对乡村产业具体发展方向提出了明确任务："做强现代种养业，做精乡土特色产业，提升农产品加工流通业，优化乡村休闲旅游业，培育乡村新型服务业，发展乡村信息产业。"结合任务指示和市场发展趋势，我们对乡村产业创新模块进行分解，从以下五大方面进行乡产创新的探索。

一、乡村防老产业联合开发

2018年中央1号文件对利用闲置农房发展民宿、养老等项目提出研究便利市场准入的相关举措。在国家供给侧结构性改革的战略引导下，以关注当前中国养老事业发展痛点为出发点，对接全社会追求健康的迫切诉求，我们提出了"防老"的全新概念。防老产业，倡导"不老人生"，是一种面向家庭全生命链的防老生活方式。它比传统的养老养生思路更具包容性、系统性、落地性、指向性，更符合中国社会健康一族的核心追求，更能体现供给侧结构性改革旗帜下养老产业的发展方向。

（一）"防老"概念的创新提出背景

1.打破传统养老观念，树立防老思维

从受众的视角看，由"养"到"防"的转变更加关注人的尊严。以理念更新的方式从"养儿防老"到"主动不老"，提倡老年人自由。相比被动"等老"，主动"延老"则提倡老年人享受生活，乐活人生，以达到延长健康生命的核心目标。

从社会养老事业的视角看，"防老"促进家庭与社会共同担负责任，利于"421"家庭赡养困局的解决。同时，也有利于促进社会养老机构加强对养老人群精神健康方面的建设。

2.防老需求群体呈现扩展化

关注身心健康已成为目前的热点话题。经统计，我国有2/3以上的人处于亚健康状态，尤其是如今承受较大压力的中年群体，身心亚健康程度高，更愿意去追求能够"不老"的生活方式。

防老应是所有人共同的需求，本质上也是追求更健康、更科学、更符合生

命特征的生活方式。

（二）“1+3+X”田园防老模式（图5–1）

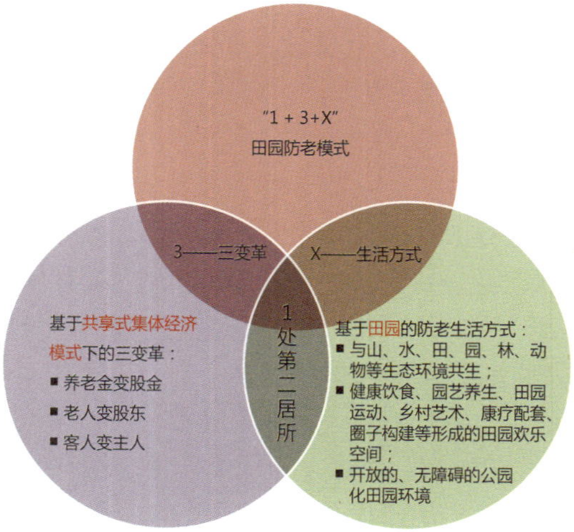

图5-1 田园防老概念图

“1+3+X”田园防老模式是对接市场特征、有效利用乡村条件提出的创新型防老产品开发模式。其中“1”即“一居所”，是指充分利用乡村田园优良的生态环境资源，在乡村建设的第二居所。“3”即“三变革”，是指养老金变股金、老人变股东、客人变主人。乡村第二居所的用地和房屋由村集体提供，城里老年人以养老金或其他资金参与合股，城里人和乡村集体（或农民个人）共同经营。城里人也成了乡村的一分子，成为新村民的组成部分。“X”即生活方式，是指城里人可以选择多样化的防老养生方式，优质的生态、空气和水，有机的食物均成为“X”的组成部分。人们可以根据自己的兴趣，从事园艺、艺术、农耕等活动，享受田园之乐，过上“采菊东篱下，悠然见南山”的诗画田园生活。

（三）田园防老产业运营模式

1. 从需求出发的共享式集体养老

田园防老产业可采用多种商业模式。其中，如图5–2所示的自给供养型防老体系是一种创新的、具有较强的可操作性的防老产业运营模式。

参与该模式的对象主要为“轻老群体”，年龄大约在60～75岁，身体健康，具有较强的自理能力。

该模式通过一种共享式集体养老模式，将老年人组织起来，形成在乡村的健康防老园区。该园区兼具防老与投资功能，可以通过购买房屋或入股防老园区，获得直接积分或园区经营分红积分。同时，老年人可以通过参与防老园区

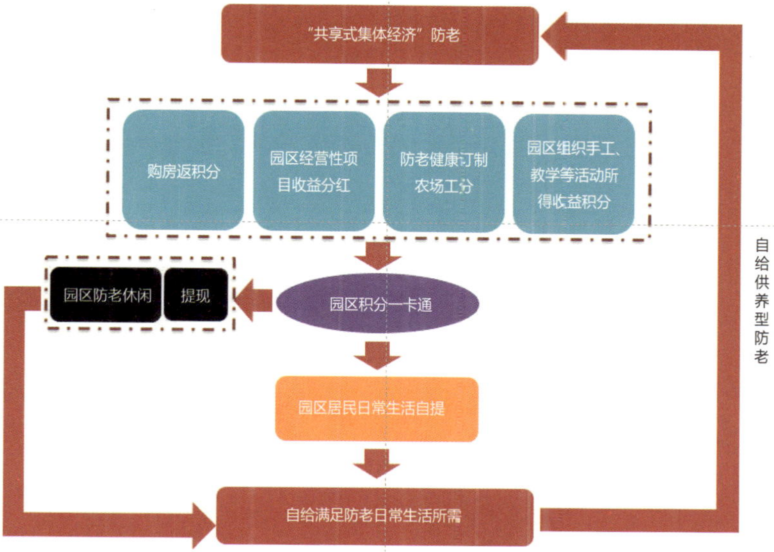

图5-2 田园防老运行机制图

活动，如农场、手工、园艺等，获得积分。积分既可以变现，也可以在园区内消费，包括购买各种日用品或参与各种休闲活动。通过这种模式，入驻园区的老年人不再是被动的养老状态，而是主动实现价值的防老状态。

2. 从供给出发的城乡共享式防老产业

由村集体统一租赁闲置农宅或原住民主动搬出的农宅，形成一个新型经济体。

通过统筹空余民居，吸引城市居民投资闲置农宅改造，并以租赁的形式向所有者支付租金，既可解决人气问题，也可以提升原住民的收入水平。

由城市居民出资改造民居，进而获得一定的免租期，折合成本后，按照实际租期按年度向集体经济支付租金。

将本村闲置土地流转至集体公司，通过整理后，为新村民提供耕种土地，并负担起管理维护职责，城市居民按年度付地租。

（四）田园防老产业体系的构建

以"食、居、事、医、享、养、投"七要素构建起全生态链的防老产业体系。

食有机。园区自有农场生产，保障实现健康有机食材自给率50%。建立食材生产标准，带动当地及周边百姓生产土特食材，解决另外50%食材的供给。

居有所。依托山、水、园、林等现状条件，以生态为基础，养生为目的，设计研发具有情结黏性与环境共生的特色居所。

事有乐。开辟园艺养生基地，激发老年人回归田园、回归共享式集体经济时代的情怀，设计工分制，以工分换物需；配套手工作坊、老年人教育、圈子社交、娱乐休闲等环境，打造田园乐土，实现真正有所事并有所乐。

医有管。设置现代高标准、完善的医疗管护系统，实际布局一个医院的功能体系；有效利用前沿科技，实现与城市高端医疗条件的互联，接通24小时在线生命通道。

享有趣。享受与生物、生态互换型的奢侈养老，生态保护区级别的养生环境，人与动物共生。

养心态。通过绿色、健康的养生环境，乐活轻松的养生氛围，全方位的人性化生活支持体系，菜单式的管家服务，提升老年人生活状态，达到延长老年人健康生命的核心目标。

投有利。开发物业共享机制，开放园区经营性物业股权，业主与物业共同持有，以收益反哺养老，提倡自给型养老模式，真正实现老有所依。同时，也给予老人发挥余热的想象空间，打造二次创业的热土。

案例

江津李家村

——防老产业创新解决乡村闲置宅基地利用问题

引言：李家村位于重庆市江津区石门镇，地处江津西北长江之滨，是江津区委、区政府确定的首批乡村振兴区级示范片区之一。李家村总人口1.05万人，常住人口7 860人，随着外出务工人数逐年增加，村域内常住人口呈现逐步减少的态势，村内闲置、废弃的农房也逐渐增多。

2017年中央1号文件支持闲置宅基地做休闲旅游养老产业。文件指出，通过村庄整治、宅基地整理等节约的建设用地采取入股、联营等方式，重点支持乡村休闲旅游、养老等产业和农村三产融合发展。重庆市以及江津区积极响应政策，鼓励使用农村集体土地发展乡村旅游，探索农村集体组织以出租、合作等方式盘活利用空闲农房及宅基地，增加农民财产性收入。

那么，探索盘活利用闲置宅基地和农房的办法，对于实现李家村生态宜居、安居乐业是一个需要解决的关键问题。李家村拥有生态田园、公园化环境、淳朴民风、佛道修养等资源，无论从生态环境还是人文精神上来看，都是一个适合归田园居的养老之地。项目组经过深入研究，创新性地提出田园防老模式，将村民宅基地、农田经过创意整合，为城里人提供田园防老、园艺养生空间和服务，同时，融合“三变”改革，创设养老新型经济体，构建互助式养老、陪伴式养老。

李家村田园防老模式构建

在不改变农民所有权的前提下，李家村田园养老服务公司牵头，将农户闲置住房与城市养老需求群体对接，住房由养老者根据自我需求，定家定户对农户住房进行改造。同时，根据养老者的不同选择，给予配套小型化田地，形成一房一院一田地，最终形成政府、农户、田园养老服务组织、城市养老需求者“四位一体”共赢（图5–3 ～图5–5）。

图5-3　“1+6+X”田园定制养老模式

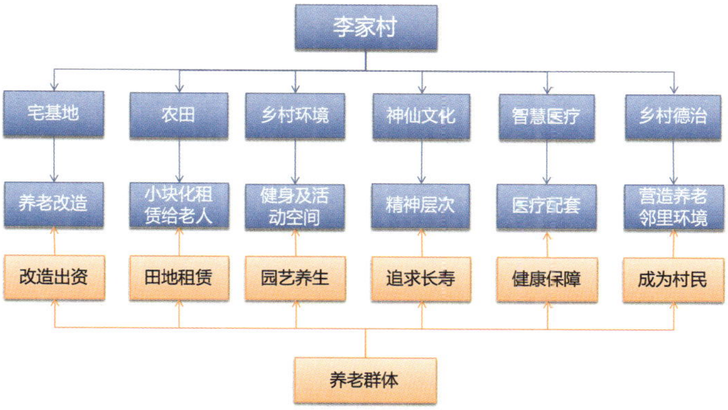

图5-4　李家村田园防老产品模块

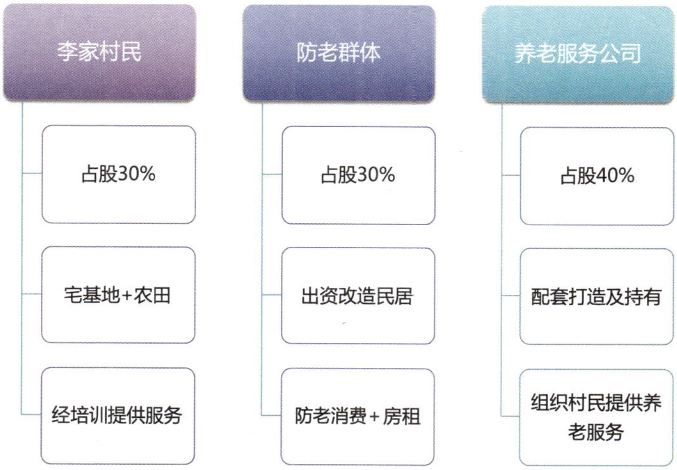

图5-5　李家村基于“三变”模式创新的组织架构

李家村快乐湖田园防老基地建设

通过对市场规模及李家村现场环境的分析，项目组选取快乐湖片区，打造李家村田园定制防老样板。样板区按照500人养老规模进行打造，有300户参与居民改造，使用田地规模200 ～ 300亩。整个项目以快乐湖周边村组打造防老产业主体，围绕快乐湖公园打造防老运动公园，依托外部田园打造防老产业的基础和园艺养生部分（重点以原润忠休闲农庄为核心配套区）（图5–6 ～图5–10）。

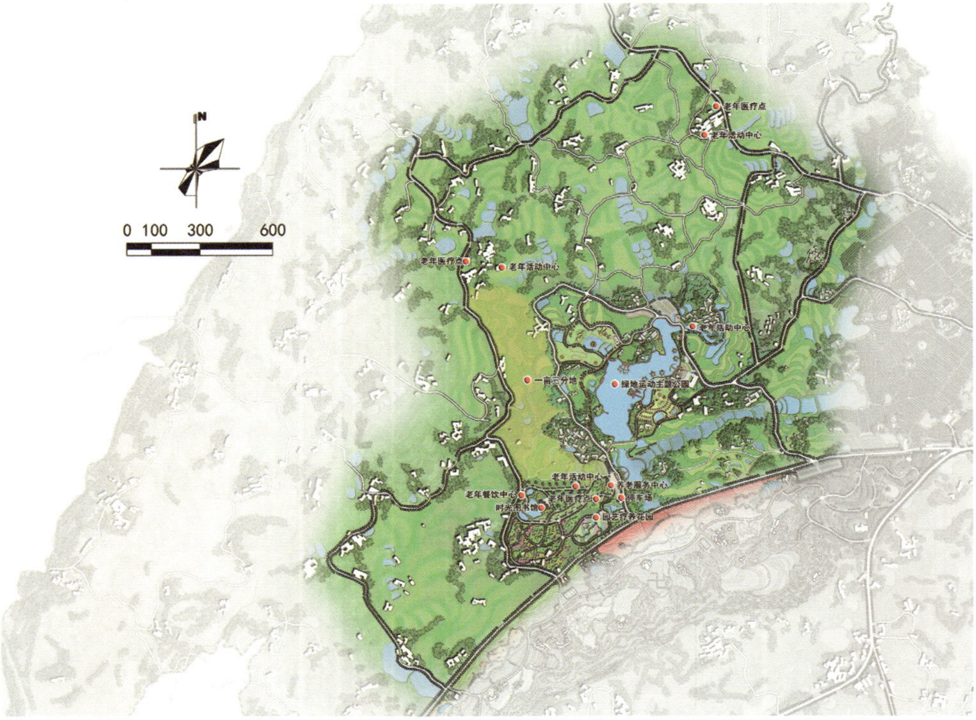

图5-6　田园定制防老样板区平面图

图5-7　田园防老民居改造示例

图5-8　田园防老民居改造前现状图

图5-9　田园防老民居改造

园艺疗养花园	• 园艺疗法是一种辅助性的治疗方法（职能治疗、代替医疗），提供园艺、植物学的实践知识，同时又是一个优美宁静的游赏花园；引进专业园艺治疗师，指导防老人群在此进行一系列园艺和农业活动，从播种到收获，直至产品加工售卖，从而对身体、心理、精神、社会全方位的康复产生促进效果
一亩三分地	• 针对田园养老防老的乐活理念，将样板区内农田、菜地、水塘、果园等田地作为田园定制养老的园艺配套，根据养老者的不同需求，划分为不同规格大小的单元，为养老防老人群提供认养服务。田园养老服务公司可提供其他一切生产所需的采购及运输服务，如统一购好种子、肥料等，收获时提供拉车
智慧化医疗体系	• 医疗中心与江津医院智能物联，实现智能化、视频化联动
多样化社区养老服务	• 最重要的是医疗服务，保障急救车供应、急救服务24小时能及时到位； • 通过对农民进行培训，让农民提供专业化养老服务； • 丰富的社区老年活动：棋牌、阅读、餐厅、茶室休闲、草地运动、慢步健身等； • 给养老人群多种选择，可选择认养菜园、果园、农田、水塘等田地类型
养老村民制	• 实行养老村民制，不管谁来养老，福利等同村民　包括可以参与“三变”，将资金变股金，让外来养老者有归家的感觉
绿地运动主题公园	• 围绕快乐湖公园，基于生态田园、森林，打造适合老年人身体、心理机制的绿地运动场所； • 建设包括老年健康步道、老年门球运动、草地滚球运动、草地瑜伽、户外健身、滨水休闲等设施

图5-10　田园防老产业配套

《李家村防老公约》

为促进李家村防老事业的健康发展，加强乡村文明建设，共建共享和谐、美丽的家园，更好地发挥村民委员会自我管理、自我教育、自我服务的作用，使全体村民在日常村务管理、生产生活中有章可循，根据《中华人民共和国村民委员会组织法》等规定，制定了《李家村防老公约》。公约共196字，主要内容为前六条，简称“防老六约”。

《李家村防老公约》

先来后到皆村民，义务权利均平等；
集体事务齐参与，共建共享一家亲。
尊老爱幼是美德，团结友爱树新风；
邻里之间要和睦，互助互让互体谅。
诚信正义明事理，少壮扶持老来养；
老吾老之幼吾幼，老年莫算糊涂账。
爱护村庄与公物，杜绝浪费水电粮；
健身器材不私占，公共场所不吸烟。
作息规律不扰民，破除陋习不迷信；
早睡早起常锻炼，鹤发童颜百年康。
发生危险莫慌忙，救助电话第一桩；
原地等待救护员，有备无患急救箱。
既来则为主人翁，何论他乡与故乡；
人人都有老年时，防老公约常思量。

（感谢供稿：李家村项目组）

二、创新的村集体物业管理

建设“生态宜居”型乡村，改善生态环境是第一步，除此之外，长效的保持机制及管理机制也将提上议事日程。城市精细化管理的理念已推广到农村，让“物业进村”以推进村庄服务与管理，此项工作在部分发展较快的村落已经开展起来，由此衍生出乡村物业管理创新产业。

随着越来越多的集体资产、闲置农宅、产业用地等进入市场体系，未来农业产业园、田园综合体、农业公园、旅游综合体、特色小镇等项目将在中国乡村遍地开花。与城市项目不同，乡村地理空间各有差异，项目配套的物业管理人才又难以招募，对接此类项目的物业管理需求也将衍生出新业态。

为了对接市场需求，村集体成立相应物业管理公司，从乡村原住民中招募员工，为本村及相关项目提供物业管理服务。资金来源不同，管理模式也不同。

（一）服务本村的村集体物业管理模式

1. 乡村物业工作具体举措

将通村公路、小型水利设施、公厕、公共文化设施、体育健身设施、养老院、卫生室等农村公共基础设施的管理权属下放到村，再由村委托的村集体物业公司代管。

优先聘用有劳动能力的贫困群众，助力贫困户脱贫。

由物业公司与每位管护员签订聘用协议，明确岗位职责、工作要求、工资待遇，定期开展技能培训，确保专业化“物业管护服务”。

制定管理考核评价办法和具体工作标准，实行定期检查、量化考核，推行差异化兑现。

2. 资金来源

村集体自服务的物业管理公司，资金来源以财政为主、分级负担的形式作保障，将农村公共基础设施管护资金纳入年度县财政预算，鼓励各镇、各部门积极争取补助资金，支持农村通过村集体经济收益、争取企业或个人捐助、引导群众投工投劳等方式，多渠道筹措管护资金。

（二）服务于综合开发项目的村集体物业管理公司

未来乡村空间成为大型综合类项目的发展空间，相应的配套服务将衍生出巨大的市场空间，其中配套的物业服务是最有可能作为村集体型公司可承接的业务范围。

以村集体企业形式成立的物业管理公司，根据村集体内参与成员的出资及其他资料投入情况登记股权比例，优先带动村内贫困户脱贫。面向本区域及临近区域的农业产业园、田园综合体、农业公园、旅游综合体、特色小镇等项目提供物业服务，包括安保、绿化、设施维修及养护、园区观光车队等服务。

区别于常规写字楼物业、家居物业等，村集体物业管理公司有专门的服务范围和特色开发服务体系。在积累足够经验的基础上，物业管理服务将在全国范围内的其他乡村综合开发项目上进行输出，逐渐成为专业化和职业化的乡村大型综合开发类项目物业服务公司，属于创新型的物业服务管理。

三、数字乡村下的创新发展

2019年5月，中共中央办公厅、国务院办公厅印发了《数字乡村发展战略纲要》，并发出通知，要求各地区各部门结合实际认真贯彻落实。结合2018年中央经济工作会议精神来看，在补齐农村基础设施和公共服务设施建设短板的基础上，以新技术、新科技为主要方向的新型基础设施将分阶段进入乡村领域。《数字乡村发展战略纲要》提出，首先要满足数字乡村建设的基本要求，推动“互联网+政务服务”的发展，在此基础上，推动4G深化的普及和5G的创新应用，建成一批兼具创业孵化、技术创新、技能培训等功能于一体的新农民新技术创业创新中心，培育形成一批叫得响、质量优、特色显的农村电商产品品牌，基本形成乡村智慧物流配送体系。

（一）农业物联网

2009年，物联网在中国兴起后，其被列为国家战略性新兴产业，物联网技术在各个领域取得了全面进展。2015年，《国务院办公厅关于加快转变农业发展方式的意见》发布，属于国家层面首个系统部署转变农业发展方式工作的重要文件。目前，我国提倡现代农业精细化生产与物联网技术结合，加快转变农业发展方式，孕育了巨大的市场空间，农业物联网成为最有代表性的重要领域之一。

1.农业物联网的技术应用层次

（1）供水管理。有研究显示，农业物联网下的供水管理有可能在一年内节省1.89亿吨的淡水。网络地图服务（WMS）和传感器观测服务（SOS）集成的农业物联网提供了一种管理用水需求或供应作物灌溉的解决方案，同时减少了水资源浪费，在干旱地区的水管理尤具经济和社会价值。

（2）精准农业。天气预报的准确度和其他动态数据可以在很大程度上影响作物生产力。精准农业就是通过收集动态农业过程（如天气预报、种植、收获、土壤质量、可用劳动力成本等）实施精准的农业管理。

（3）综合害虫管理或控制。农业物联网通过监测和扫描环境参数、植物生长的系统，以及来自有害生物控制的传感器信息，有效预测有害生物行为。农民可以利用这些信息较大程度上减少虫害造成的经济损失。

（4）农业物流控制。农业物联网通过生产大数据的监控、市场需求信息的输入，通过监测系统对运输时间、储存温度等的记录，在不同层次上确保食品快速、无损地抵达市场。

（5）牲畜管理。通过监测工具加强牲畜健康管理，比如用牛的耳标能够监测呼吸道疾病等，如果监测到牛患有疾病，它便会发出警报，使生病的牛能够与牛群分离，防止疾病蔓延。

2.农业物联网基础架构

农业物联网架构模型大致可分为感知层、传输层（网络层）及公共处理与应用层三个层次。其中，公共处理与应用层又包含了处理层和应用层两个层次。

感知层主要包括各类传感器，如RFID、RS、GPS及二维条形码等，用来采集各类农业相关信息（包括光、温度、湿度、水分、养分、肥力、土壤墒情、土壤电导率、溶解氧、酸碱度和电导率等），实现对“物”的相关信息的识别和采集。

传输层，是在现有网络基础上，将感知层采集的各类农业相关信息，通过有线或无线方式传输到应用层；同时，将应用层的控制命令传输到感知层，使感知层的相关设备实现相关动作，如开关打开或关闭、释放氧气、增加温度或湿度及设备重新定位等。

公共处理与应用层包括各类中间件及公共核心处理技术，实现信息技术与行业的深度结合，完成物品信息的共享、互通、决策、汇总和统计等，如完成农业生产过程中的智能控制、智能决策、诊断推理、预警、预测等核心功能[①]。

① 秦怀斌，李道亮等．农业物联网的发展及关键技术应用进展（A）．农机化研究．2014，4。

3. 农业物联网介入的必备支持

（1）电、网类基础设施建设完备。农村电网承载力、农村4G/5G铺设尚不完备，尤其在遇到用电高峰期时，常有农村呈现电力短缺的情况。农业物联网的基础实施条件就是电力的保障，农业物联网介入前需对此做好充分的准备。

（2）有效控制成本，实现物联网设备介入价值。发展物联网技术的目的是提高农田的效率。如果增加的成本超过产出价值，农民不可能愿意参与物联网的推进。一方面，我国缺乏国产、价格低、运行稳定的传感器；另一方面，我国农民文化程度还比较低，对于复杂的物联网设施推广还有一定难度。成本支持是农业物联网介入的重要因素。

（3）高标准农田整治。我国农业存在耕地高度分散、生产规模小、时空变异大、量化和规模化程度差、稳定性和可控程度低等问题，导致物联网技术在农业生产中的应用规模小、技术水平相对低下、感知设备通用性不足、信息实时性不够和农场间信息割裂等问题。通过高标准农田整治技术，提供农业物联网大面积应用的基础，提高规模效应和产出，扩大经济价值。

4. 农业物联网助力设施农业的升级发展

我国设施农业起步较晚，但发展较快，主要以玻璃温室、塑料棚温室、塑料日光温室、活动屋面温室形式为主。随着科技的发展，农业物联网中的尖端技术应用于设施农业，在光照系统、加温系统、液体肥料灌溉施肥系统、二氧化碳补充装置以及机械化采摘、监测系统、病虫害预防系统等方面均可大幅度提升效果。

设施农业以高度自动化、机械化、信息化的方式运作，整体运营管理费用降低、劳动生产率上升、单位面积产量上升等诸多优势随之凸显。

（二）农村电商平台

中国商务部数据显示，截至2018年年底，全国农村网络零售额达到1.37万亿元，同比增长30.4%；全国农产品网络零售额达到2 305亿元，同比增长33.8%。农村电商迅猛发展，急需开辟农产品上行新通道。

1. 农村电商主要经营模式

目前农村电商的经营模式主要有四大典型模式：

（1）农产品网站对消费者B2C模式，典型平台以京东、苏宁易购为代表。

（2）集合竞价订购C2B模式，典型平台以拼多多为代表。

（3）农产品供应链S2B2C模式，典型平台以中农网为代表。

（4）农民对消费者C2C模式，典型平台为农村淘宝。

阿里巴巴集团的农村淘宝，是我国目前最大的农村电商平台。农村淘宝的服务站点已经覆盖了700多个县，近3万个村点，有3万名“村小二”和3万名“淘帮手”在村里帮品牌商卖货，帮农民卖农产品。2017年天猫“双11”时，农村淘宝实现了近2 000万笔订单，成交额近32亿元，比2016年同期增长了8倍。

这些订单中，既有农产品上行，也有网货下乡。

2. 中国农村电商产业链

根据资料整理，中国农村电商产业链大致包含五大类11子类的产品。

（1）农资电商：云农场、农一网、农村淘宝、大丰收、丰收侠、七公里、草帽网。

（2）农产品电商：

食材：链农、甫田网、美菜；

鲜花：roseonly、胡须先生、花礼网、小丑鲜花、爱尚鲜花、花点时间、花加；

生鲜：易果生鲜、本来生活、中粮我买网、顺丰优选、沱沱工社、菜管家、光明都市菜园、甫田网、优菜网EMS极速鲜、U掌柜、两鲜网、农家兄弟、俺的农场、味道网。

（3）网络品牌商：三只松鼠、百草味、楼兰蜜语。

（4）信息服务电商：村村乐、中农网、农村中国、中国惠农网、中国农产品网、农技云、农管家、土地资源网、土流网。

（5）支撑链：

支付：支付宝、银联、Apple Pay、微信支付；

物流：顺丰、圆通、德邦、申通、EMS、DHL、黑狗；

金融：翼龙贷、乐钱、农发贷；

外贸：一达通、世贸通。

3. 电商在乡村成果的四重关键因素

（1）高度普及的智能手机和网络是电商发展的基本条件。其中，政府对基础设施的持续投入是至关重要的。

（2）电商平台赋能农民。电商平台提供的交易、支付、物流、信用等服务，使农民足不出户就可以将产品行销至全国各地。同时，电商平台提供用户友好使用界面，让文化程度不高的农民能够轻松上手，进行网络店铺运营与管理。

（3）政府对电商的宣传、培训、基础设施投资等功不可没。

（4）各利益相关方共同参与，营造了一个丰富、多元、开放、竞争的生态系统，是实现可持续发展的关键因素。

（三）远程医疗体系

中国乡村医疗资源匮乏，乡村看病难、大病覆盖面窄、医疗救助不完善是现实问题。2019年7月底在国家卫健委的第一场例行新闻发布会上，“消除乡村医疗空白点”成为高频词条。随着国家卫健委会同有关部门制定印发了《解决贫困人口基本医疗有保障突出问题工作方案》，乡村医疗工作的推进节奏及强度加大。

数字乡村下，远程医疗或可有更多针对乡村医疗分层的支持模式。从已有的市场数据来看，远程医疗市场规模已达36亿元，随着移动医疗终端普及、医疗物联网发展及医疗机构参与度提高，国内远程医疗市场快速发展，预计到2019年年底将达到200亿元。

结合5G技术、VR技术的推进，远程手术、远程医疗教学、健康档案跟踪管理等都成为可以实现的医疗推进工作。同时，还可以将乡村养老、休闲康养类的产品与远程医疗相结合，提升乡村环境附加值，创新相关产业聚集。

四、"进阶民宿"关键技术

（一）农家乐、民宿与"进阶民宿"

农家乐起源于20世纪90年代。随着城市化程度提高，城市居民重新燃起对乡村生活的向往，同期涌现出一大批以农事体验、乡村美食、乡村生活体验等为主题的接待服务业态，这种业态被称之为农家乐。

民宿的概念来源于中国台湾，是指利用自用的住宅空闲房间，结合当地的文化内涵，为外出郊游或远行的旅客提供个性化的住宿场所。在很多时候，民宿与农家乐是同样的概念，同时有人认为民宿是相对于农家乐更高级的形态，核心在于民宿的文化内涵可能更加浓厚。

本书所述的"进阶民宿"是在经营模式、经营主体、产品类型等方面相对于传统意义上的民宿来说都有显著提升的接待服务型业态。

（二）民宿所有权形式的进阶：从本地居民到外来投资者或混合型

民宿按照所有权人的类型可以分为由本地居民开设的民宿、外来投资者开设的民宿和混合型民宿。

早期的民宿或传统意义上的民宿，都是居民利用自住房屋，用于住宿、餐饮接待，民宿的所有权人是本地居民。随着民宿产业的发展壮大，民宿已成为一项效益可观的产业。越来越多的外来投资者参与民宿产业，可以通过独资或合资的方式进行。

外来独资的民宿，如大理、丽江的大量民宿，就是外来独资民宿的典型。这些外来投资者部分是为了盈利、部分是为了情怀，通过租赁或购买当地人的房产建设民宿。外来独资民宿的投资规模一般比本地居民更大，设计更加精美，运营模式更加现代化。但外来独资民宿也存在一些问题，如：①对地方带动作用不大；②与地方融入不够，难以体现地方特色；③对当地生态、文化可能产生负面影响。

混合型民宿，是外来者和本地人共同投资的民宿。如一些地方农民以房屋入股、外来者以资金或技术入股成立的民宿企业就是典型的混合型民宿。混合型民宿具有如下显著优势：①对地方带动作用较大，农民以房屋入股，受益明显；②体现地方特色，农民以房屋、土地、其他资源入股，意味着这些资源将会得以保留并加以充分利用，地方特色因而得到彰显。但混合型也存在如下问题：①持续经营问题，由于投资主体复杂，投资持续经营存在较大风险；②利益分配中如何保证利益分配的公开、公平、公正，一直是这类民宿面临的重大难题。因此，目前混合型民宿多用于公益性质的民宿或启动项目中。

（三）民宿功能的进阶：单一功能型、综合农庄型、文化主题型、轰趴团建型以及其他特定功能型

单一功能型民宿，主要是指住宿型、餐饮型、餐饮住宿型等传统功能的民宿，占据民宿产业的绝大部分，相当于普通的旅舍功能。

综合农庄型民宿，就是民宿设置在乡村，不仅仅只有住宿功能，还具备度假村的功能，如拥有采摘、垂钓及其他休闲度假的配套功能。

文化主题型民宿，是指以某一种文化体验为主题，从民宿景观、民宿餐饮住宿、民宿休闲等多环节整体强调特定文化主题的体验。如台南的“毛屋”民宿，是建筑大师毛森江亲自设计的。民宿以清水模为材质，以干净的建筑线条为特色，体现了毛森江的建筑美学思想。

团建型民宿，近年来成为都市周边一种盈利良好、市场反响热烈的民宿类型。这种民宿以团建、聚会为主要功能，类似于乡村俱乐部的形式。

特定功能型民宿，主要强调某一特色功能，如台中的潜立方旅馆，以潜水学习为主要功能，在民宿中设有十多米深的潜水池，用于潜水学习和训练，吸引特定市场群体前往消费。

（四）乡村选址的进阶：区位优先、景观优先和文化优先

1.民宿选址的时空距离

一般而言，城郊或著名景点的周边位置是民宿选址的优势位置。随着交通条件的改善，特别是乡村道路的改善，高铁、高速公路等快速交通的飞速发展，1～3小时的时间距离成为民宿选址的另一标尺。

2.景观优先型选址

景观正成为特色民宿选址的首要之选，一些景观优美但距离遥远的民宿也广受市场好评。

如选址于黄河边、沙漠旁的大乐之野·中卫，除了选址独特外，还创意式遵循中卫本地建筑风格，在保留原始建筑肌理和道路脉络的同时，引入玻璃材质墙体，室内外视野贯通，苍茫沙漠自成一体。这种全新的独特体验更强化了景观的核心。

再如建在悬崖上的朴语山居，坐落于贵州省独山县影山镇瓮台大坪坡。这里有一望无际的辽阔景色，高山台地、原始森林、群山云海、梯田日落、浩瀚

星空等景观就是民宿最好的体验。

3. 文化优先的选址

深度文化体验，是民宿发展的趋势。具有丰富文化资源的地方，由于其自带的文化基因也成为民宿选址的另一重要因素。

浙江丽水“曼山居”修建在考坑古村，村里有土屋、石墙、青石桥，是浙江保存最为完好的高山古村。整个村子并不大，全村的古屋都是用不规则的溪石砌成，砌墙石大小不一、长圆扁方、形状多变。每块石头紧密相连，友好相处，共同抵抗风雨相守几百年，依旧屹立不倒。它们与纵横交错的石子路相互映衬，拥有浓郁的古老乡村气息。曼山居就位于这样的“石头村”，坐落于高山上，一派幽静。房间以白色和原木色为基调，有中式的典雅，也有日式的清新。建造者在最初设计时，就抓住本村石头建筑的独特特色，充分用石头布置院景。粗粝的石头与浸润时间的老木头相得益彰，窗外的风景毫无遮挡地映入眼帘，新与旧的交替在这个空间里竟显得意外和谐。

（五）民宿质量管理的进阶

1. 国内民宿现存问题基本相似

基础配套不够完善。由于民宿经营的个人化特色明显，经营者在选址、开业基础判断等方面尚不具备精准的把控能力。一些民宿经营者完全凭着个人情怀或者纯粹是投资跟风，在不具备成熟的基础设施等条件下开设民宿，最终不只影响了游客对区域民宿的好感度，还会亏本经营。

民宿标准不够明确。由于民宿属于非标准化住宿，千万个民宿主能提供千万种经营产品，因而对其经营属性也出现了监管难的局面。由于缺乏装修标准程序，装修中存在的隐患及不舒适比比皆是；由于缺乏集中管理，民宿服务品质不到位，消费者投诉无门；由于缺乏评级制度，低价恶性竞争、线上平台刷好评等成为业内常态；由于缺乏营销渠道和企业经营管理思维，靠景区吃饭、靠天吃饭的经营方式比较普遍。整个民宿行业的标准体系建设尚需时日。

2. 国家政策监管

目前的民宿仍处于开发的起步阶段，相关政策主要关注引导行业秩序、鼓励业态发展等。

2016年，关于民宿出台了相关管理办法：国家发展改革委员会制定了《关于促进绿色消费的指导意见》；各地相继颁布了地方关于民宿的管理办法和补贴扶持方案，支持发展共享经济，鼓励个人闲置资源有效利用，有序发展民宿出租等。

2017年，政策主要侧重于积极培育民宿行业规范、分类细化管理。国家发展改革委员会发布了《分享经济发展指南（征求意见稿）》，提到要创新监管模式，合理拟定不同行业领域分享经济的业态属性，要进行分类细化管理，防止所有行业一刀切。同年，国家旅游局发布了《旅游民宿基本要求与评价》，这是关于民宿的首个国家级行业标准，从2017年10月开始实施。

随着农村土地上市途径的多重探索，闲置农房的共享式开发可能成为民宿的井喷式开发时代，相关政策和法规必将迭代更新。

3. 民宿运营管理

在民宿质量管理上，虽然国家出台了相关的办法和规定，但具体到每个乡村，其质量管理办法还需要根据乡村的自身情况，由当地的专业合作社或行业协会统一制定补充。

在民宿的价格管理上，体现出高度的市场化特征。同时，为避免区域的民宿采用降价手段进行恶性竞争，可以由专业合作组织或者行业协会出面，制定行业指导价进行价格与质量的监督，以确保本区域民宿处于良性竞争状态。

4. 民宿联盟（协会）支持

民宿联盟团结当地民宿，通过联盟的规范要求以及他们之间的交流合作，提高整体服务水平，做大当地产业，做强民宿经济。同时，由于民宿的个体化特征，民宿联盟可通过集中代理的形式进行品牌把控、宣传营销及发展咨询，以提高当地民宿的可持续发展。民宿联盟还可通过业内监管的方式，防止区域破坏性事件发生，快速处理负面影响等。民宿联盟对独自经营的民宿业态具有极好的服务、管理功能。

（六）乡村民宿经营的进阶

1. “民宿公司＋农户”模式

“民宿公司＋农户”模式中最典型的是巴渝民宿项目。该项目是政府牵头建立的乡村新型产业运营模式。民宿公司与农户共同打造新式民宅民宿，在保持自身原真性特色基础上坚持“一宿一品”，农户以民宿所有权入股获得分红。民宿的日常管理与经营由农户作为具体执行人，民宿公司负责营销和市场培育。这种模式不仅可吸引城市游客，也让农村资源被充分利用起来。

2. 乌镇式统一平台模式

乌镇作为中国古镇开发的代表性产品，其资本运营管理方分成两类：一类是保护性资本，比如乌镇的桥、房子，百分之百属于国有资产；另一类是经营类资产，比如酒店和民宿的经营，由引入的投资开发方中青旅控股股份有限公司负责。

在乌镇开办民宿采取的是资格申请制，对经营者的要求是必须是乌镇本地人。资格申请有一套严格的标准，不仅要核查有无犯罪记录，还要摸清家庭关系是否和谐。审核通过之后，才能经营这里的民宿。游客预订房间，无论酒店还是民宿，全部都从乌镇游客服务中心一个入口进行，然后由游客服务中心统一分配，不能私下接待游客。

乌镇民宿采用完全统一的标准化管理，包括配套设施、用品洗涤、餐饮价格、换卡退房、奖惩制度等，都制定了统一管理标准。

平台统一操作的优势在于保障了民宿的质量和统一的风格，以民宿的形态为消费者提供酒店式的舒适体验。

3. 政府管制+自由竞争模式

该模式是由政府对区域内民宿的质量管理、价格管理制定一般性约束，以确保区域内的民宿符合一定质量标准，同时也使民宿处于良性竞争环境中。在政府指导之下，各民宿自由竞争，其设计、经营、营销、品牌都完全独立。

该模式的典型案例是重庆武隆区赵家乡的民宿。该区域内民宿经营旺季在夏天，客户群主要为消暑的重庆城区居民。赵家乡政府对辖区内民宿的基本质量标准进行了规定，并规定了民宿的最低价格（每月每人1 200元），对最高价格没有规定。这种松散式的管理方式便于激发区域创业动力，引导产业聚集，同时也行使了政府的监管职能。

案例

独山县叶上黔坤

——茶产业和乡村民宿高效融合的运营典范

引言： 本案通过茶田艺术、乡村美学、新式茶文化创意打造净心谷景区核心吸引物，在贵州构建原创IP——叶上黔坤，策划“黔坤叶子”茶叶品牌，打造高品质休闲度假空间，通过靓山、美田、秀水重塑艺术级的度假环境；通过创艺、活化，再造艺术级度假产品；通过改造老宅，搭建茶、田、宿的形式构建以民宿为主的乡村度假氛围，打造西部首屈一指的艺术级度假小镇。

项目背景

此项目位于贵州省黔南州独山县影山镇独山城乡统筹试验区内，地处贵州最南端，与广西南丹县接壤，占据了正在建设中的净心谷景区的核心位置，是整个净心谷景区重要的组成部分。本项目规划范围包括一个核心茶田、多个村落（如拉洗村和达头村），其中核心茶田占地约1 000亩。村寨中依然可见保存完好的由十几户老民居形成的聚落，以及一些散落存在的保存完好的老院落。这里虽然不具备大山大水大奇观这样的鲜明资源优势，但茶园、古村、古木、巨石这些保存完好的生态聚落和人文资源，以及身处山谷中所形成的相对安静闭塞的环境，都为打造一个高品位的艺术级度假区提供了天然的条件（图5-11）。

图5-11　项目总鸟瞰图

项目主要思路

此项目以国家大力促进旅游的政策为引领，以自然生态为理念，以净心谷景区的核心组成部分为背景，以保育良好的山、谷、水、林、田、茶、石等资源为根本，采用创意化、艺术化、景观化的规划手法，通过靓山、美田、秀水、创艺茶园、活化村寨、点石成金来重新塑造一个涵盖自然、人文、产业等不同功能的精致化的高品位、艺术级度假项目，目的是将其打造成中国知名艺术级度假区。整个景区以“叶上黔坤 · 黔坤叶子”为形象进行定位和项目命名。

按照园区资源分布的特殊形态，功能布局巧妙独特，通过导入茶品种，形成“三山五叶”的空间结构[三山即“茶山、红豆杉（山寨）、水族山寨”，五叶为“茶叶、花海、药草、红豆杉、有机果蔬”]，从而构筑起“四区一基地”的功能分区，即百叶乾坤 · 万茶园创艺景观区、山家 · 茶田休闲度假区、墨守 · 传统生活体验区、南国 · 石渡养生区和泉水种养产业基地五大功能分区。

百叶乾坤 · 万茶园创艺景观区是景区的第一印象区，涵盖了世界上百种茶叶品种，在其百亩的范围内将其分为绿茶、红茶、黄茶、乌龙茶、紫茶、黑茶、白茶、药茶八个种植板块，并沿路打造花茶景观种植带，形成九大茶叶品种的汇集；并创意打造“红妆浮桥”“阶绿”等茶园景观节点，使其成为一条集茶文化科普体验、景观观赏、休闲娱乐于一体的世界茶品种的基因库和中国首个景观创意茶园（图5–12）。

山家 · 茶田休闲度假区是本项目休闲度假体验的精神主旨，也是项目的核心区。项目将打造一种茶田生活劳作、主题静养修行的全新主题生活方式，提供在多种茶田中休闲度假的体验，并配套驻茶营地、茶毛虫的家、茶 · 汤匙儿等多样化的茶主题乡村度假产品。

墨守 · 传统生活体验区是以现有水族村寨为载体，复兴传统水族生活方式，以水族餐饮、建筑、服饰、生活习惯和文化风情为本底，形成相对高端私密，

图5-12 万茶园

以餐饮、民宿为主要业态的生活化体验区。体验区结合“净心谷”大旅游区进行延展创意，将净心谷与叶上黔坤有效结合，将拉洗村水族寨子里十几个老宅打造成“净夜思”民宿品牌。一首《静夜思》虽有几分深夜独居的伤感，但是其幽静的环境仍让现在喧闹的都市人异常向往（图5–13）。

图5-13 净夜思民宿

南国·石渡养生区以千年对望红豆杉树为资源优势，充分挖掘红豆杉药用价值，并以村庄现存巨石为创意灵感，保留村落现有肌理，结合村内保存较为完好的传统建筑打造野奢酒店，并与达头村私密幽闭的环境相结合，对村内景观环境进行重塑，为游客提供高端配套服务，将达头村打造成高端健康养生疗养区。同时依托达头村良好的生态环境，将其作为紫茶培育基地和有机蔬菜的种植基地。

项目以茶主题为核心，以乡村民宿为抓手，重点凸显茶生活体验与茶田休闲度假功能，创立独有的乡村民宿品牌，打造核心吸引力。并结合原有的乡村茶产业基础，构建了一条从茶产业种植，到茶主题度假产品，再到农产品的完整产业链条，有效地解决了乡村产业在旅游中的深度融合问题。

五、“自然教育”关键技术

（一）自然教育的含义

自然教育包含森林教育、田园教育多类，发展于乡村的自然教育是集农耕体验、乡村文化体验、生态科普为一体的，在乡村开展的主要面向青少年、儿童的活动。很多地方也会基于此开办自然学校，自然学校就是链接人与人、人与自然、人与社会的组织和场所，学习自然，也学习如何保护自然、体验自然。

（二）中国自然教育现存问题

1.产品的雷同

由于中国自然教育起步较晚，从业者水平参差不齐，真正理解并进行自然教育研发的团体并不多。例如，很多田园教育项目都会提供滑草、溜索、玩泥巴、推豆花、滚铁环等活动，但结合本地环境的项目几乎没有开展，本地的乡村文化没有被充分挖掘和活化。自然教育本身应该因地制宜，根据周边的环境和田园自身条件，开展多样的教育活动。

2.成人视角

自然教育下的田园教育以青少年群体为主要市场，但设计者、经营者多以成人视角进行项目设计和运营。由于年纪的差异性，设计者以自己的青少年经验代替现在青少年的体验，这样设计出的产品很难在当下青少年群体中形成共鸣。

3.基础设施简陋

有人以为田园教育就是农村环境的直接呈现，农活工具就是教具、农民用房就是教室。实际上，未经修缮整理的基础设施会直接影响到孩子与家长们的体验感，代入感大打折扣。

另外，由于田园教育机构往往采用租用和流转的方式取得土地使用权，田园教育机构设施投入临时化趋势明显，田园教育设施简陋化较为明显。

4.过分依赖学校市场，对家庭市场开发能力不强

目前市场上亲子农场的客源以中、小学生为主。田园教育机构通过与学校合作，进行课程的设计与实践，特别是国家将研学旅行纳入中小学教育计划后，学校市场需求非常旺盛。很多田园教育机构的主要收入就来源于学校的团购市场。

但过于依赖学校团购市场会导致一系列问题：

（1）学校市场具有较大的时间波动性。学校市场的旺季是在4～5月，很多田园教育机构主要收入也来源于这两个月，其他时间几乎没有或很少有市场。过于强烈的市场波动，导致很多田园教育机构不但设施临时化，人员也临时化。进而导致田园教育质量长期停滞不前。

（2）学校需求过于强调大规模团队的组织，很难考虑到田园教育的精细化、个性化需求。田园教育针对大规模团队和小规模家庭的设计差异性明显，包括交通组织、基础设施、活动设计等。过于依赖学校市场，必然导致对家庭市场的忽略，还会进一步增加田园教育的时间波动性，增加产品的转型成本。

（三）自然教育的发展趋势

就自然教育的发展趋势而言，时下正面临着市场和政策同时推动的发展机遇。

亲子出行是现在城市人群休闲度假的主要方式之一。在很多中国家庭，孩子是家庭的中心，据有关方面统计，中国家庭在孩子身上的花费，平均占据家庭收入的30%左右。自然教育由于兼备教育功能、亲子功能以及怀旧功能，成为能够满足中国家庭大人、小孩共同需求的最佳项目。同时，由于田园教育往往可以就近参与、费用较低、时间要求宽松，因此更具发展前景。自然教育为生活在城市的孩子提供了一个走进田园、亲近自然、找寻童趣的机会。

2016年，《教育部等11部门关于推进中小学生研学旅行的意见》颁布，提出“将研学旅行纳入中小学教育教学计划”，由此，中国的研学旅游市场将会势不可挡，而自然教育是目前研学旅游的主要形式，各种自然教育机构纷纷涌现。

（四）自然教育学校对地方发展的推动

自然教育学校为更多青少年提供一个比较正规的、系统的学习自然、亲近田园的场地。对于乡村新业态打造而言，其主要作用包括以下三个方面：

1. 引流

自然教育学校吸引青少年来到当地乡村感受生活、体验与亲近大自然，这也就吸引了一定数量的学校资源、社会志愿者资源等。关联群体的进入，将会带动自然教育周边产业的发展，旅游业属于其中核心的一类。就业人员的增多、旅游人员或专才人员的考察活动及志愿者的流动，都体现了引流的成功。

2. 调峰

自然教育学校高峰时间与普通旅游时间具有一定的错峰属性。自然教育学校是以教育为主的旅游项目，时间的安排上可以与普通旅游的时间交错进行，不但可以降低乡村旅游的接待压力，还能推动市场淡季、旺季的收入平衡。

3. 推广

自然教育学校的主要群体为青少年，他们会在教育中铭记自然的意义，同时铭记品牌的价值。群体交流品牌的形式便于形成区域性品牌，并有利于进行对外推广与传播。

（五）典型自然教育项目

典型的自然教育即以自然为主题，强调学习者的亲身体验，充分了解当地特色资源与生态保护的知识，提升知识储备，刺激学习者的积极性，提升学习者的生态环境保护意识。

自然教育的项目种类非常丰富，目前开展最多的包括农耕体验项目、森林教育项目等。

1. 农耕体验项目

如台湾富田花园农场，以认识“农场动物”为特色项目，让儿童近距离与各种家禽、家畜接触。又如美国，依托其大面积的玉米田，在全国开设了近百家玉米迷宫，儿童可以在玉米迷宫中尝试探索的乐趣；与玉米迷宫配套的，还有参观各种农业机械、近距离接触马匹等活动。

2. 森林教育项目

森林教育是依托森林资源，开展认识自然、野外生存训练等教育体验活动，涉及的项目包括野外徒步、露营、野外生存技巧、观鸟、昆虫观赏等活动。如重庆巴南区熊猫亲子农场，可开展穿越丛林、泥战、丛网迷宫等趣味性和体验性结合的自然教育项目。

（六）自然教学开办者

1. 政府

自然教育作为现代环境教育的重点发展方向，政府将成为发展平台的提供者。在政策的支持下进行自然学校的开设是有保障的，由政府开设并进行宣传，与当地周边中小学校进行合作，开设自然教育课程，推动当地发展。

2. 教育人士

自然教育的魅力巨大，拥有自然教育理念的人士越来越多，他们通过开设学校的方式将个人理念灌注其中。“台湾自然中心之父”周儒，强调人类的生态价值与判断会影响环境与社会的长久发展，要培养具有生态良知与行为的公民，提供终身的户外环境学习与自然经验。他在《自然是最好的学校——台湾环境教育实践》一书中提到了台湾地区自然学校的发展历程，强调了自然学习的重要性。

3. 乡村社区

乡村社区可以和政府合作，也可向有意、有能力创办自然教育学校的个人发出邀约。乡村社区可以着重在当地筛选自然教育学校教师人选，当地人更加了解本地的自然特色资源。配合专业的自然教育培训与提升，当地教育资源可以进行更加富有当地特色的自然教育。

（七）课程设计

自然教育需要系统的课程设计。目前，我国自然教育的课程设计还存在巨大的短板，缺乏优秀、推广性强的课程。自然教育最重要的市场为研学旅游市场，但目前配合研学旅游，特别是针对中小学生研学目的的课程非常缺乏。

自然教育课程设计应遵循以下基本原则：

（1）因地制宜原则。自然教育需要与自然互动，需要游客深度体验自然。因此，如何结合教育开展地的周边环境、生态自然、人文资源设计课程变得非常重要。

（2）因材施教原则。课程设计应符合不同的受众需求、尊重游客的自身特点进行友好设计，应充分考虑到参与者的个性区别，保证所有参与者都能深度参与。

（八）自然教育产业发展策略

1.以乡村为主体，建立田园教育基地

目前从事田园教育的机构多为小微企业。这些小微企业仅有部分会自建基地，大量的田园教育机构需要借用其他公园或基地作为田园教育场地。乡村发展田园教育有得天独厚的资源优势，可以积极主动开发。

2.在地式挖掘，促使田园教育产品的个性化、精细化

每个田园都有其自然之美，每个田园都有其独特的文化，每个田园都有精彩的故事。只有通过对每个田园的在地性发现，才能最终做大做强乡村的田园教育。

如台湾桃米村，以“全台湾种类最多的青蛙”为自然教育的吸引点，大力开展生态保育，将桃米村建设成为具有世界影响力的青蛙考察基地，以保护青蛙为目标进行了一系列的湿地保护工作，也让桃米村进一步成为昆虫等的考察基地。整个桃米村已成为最好的进行田园教育的基地。

3.服务设施的精致化

随着越来越多田园教育机构的进入，行业竞争压力增大，粗制滥造的服务设施越来越难以满足消费者的需求，精致化的服务设施是田园教育今后发展的重要方向。

乡村可以通过和多家田园教育机构合作，让田园教育机构参与到乡村振兴教育产业的设计中来，进而开发多用途的田园教育设施，有效利用，持续发力。

（九）德国自然教育经验

自然教育真正快速发展是在德国。甚至有研究认为，与受传统教育的孩子相比，受自然教育的孩子们身心发展更加平衡。

在德国，幼儿园的教育表现出诸多自然教育形式，比如森林幼儿园、自然幼儿园、远足幼儿园、森林日和森林周等。一片森林、一座农场，或者是一个公园都可能成为教育的场所。而他们所强调的就是大自然与教育结合的理念，用在大自然中进行一系列游戏教学的方式，建立起儿童与大自然亲近关系的自然教育体系。

目前，德国已有1 500多家自然和森林教育学校。德国自然与森林幼儿园的联合会主席、自然游戏教学法创始人乌特·舒尔茨奥斯特曼博士甚至提到，虽然这个数字对地大物博的中国来说也许算不上什么，但对于德国来说却是个非常庞大的数字。简单来说，德国的自然教育就是让青少年通过在大自然中进行一系列有专业设计、有计划、有主题、有目的的户外活动，增强自信心、增加知识储备、增强青少年对大自然的了解和对大自然进行保护的意识，以此促进青少年全面发展（图5–14）。

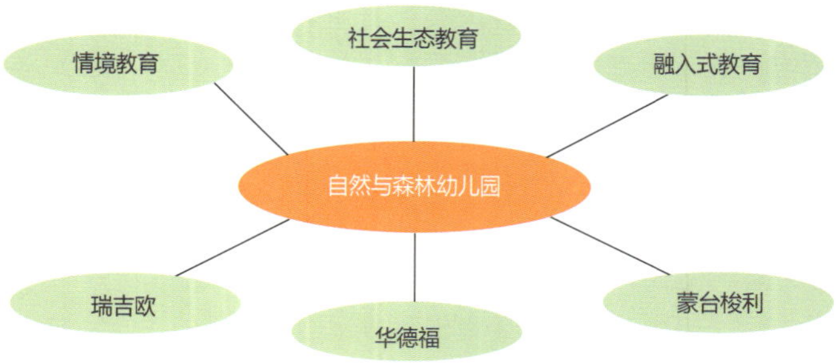

图5-14　德国自然教育结构

德国的自然教育形式尤具特色，首先，让孩子一年四季都在室外学习，无论晴天还是雨天，让孩子充分与大自然进行亲密交流、在风雨中成长；其次，会让孩子们通过自己动手、动脑解决问题，老师只负责看守和引导，充分留给孩子们思考的过程，让他们主动学习、刺激其创新意识，他们认为没有家长和大人的限制，孩子们的自学、自律、创造性的学习能力更能够发挥；最后，让孩子们与森林一同成长，在长时间的户外学习与活动中，孩子们的平衡能力、身体协调性、感知力都会得到很大的提升。

（感谢供稿：独山县项目组）

案例

达州孺果童年自然教育公园：实现乡村田园创新，迈向高附加值产业

项目背景

达州孺果童年自然教育公园，位于达州市通川区青宁乡云门天寨景区，是由北京东方创美文化创意股份公司与四川朗行远洋集团共同打造的，一个以自然教育、亲子童玩为主题的原创型亲子旅游项目。项目占地约650亩，整体投资约8 000万元（图5–15）。

图5-15 达州孺果童年自然教育公园门区

项目主要思路

达州孺果童年自然教育公园，响应国家乡村振兴战略，对场地内的农田、森林、水系等资源充分利用，以“孺果童年”原创品牌产品线为IP，以自然环境为课堂，以种植、养殖、手工、文创、非遗、国学为课程，为家庭亲子、中小学生提供户外亲子教育、课外教育实践、孩子价值观培育等内容，整体打造教育主题公园。

自然教育是一种依托自然、植根乡村的乡村产业创新形式，拥有极强的市场属性、开发属性、辐射属性、复制属性，有助于发散乡村产业创新思维。

创意点1：不改变土地属性，让乡村土地成为自然教育的天然场景

项目以森林、田园为课堂，50%的占地面积都是自然教育的场景基地。项目并未改变土地属性，只是借助种植业和森林植被的调整，打造了8～12个自然教育场景，每个场景都有一套完善的自然教育课程支撑。寓教于游，求教于自然，取材于田园。农林土地再也不是用来简单地耕种，而是将耕种的内容打造成为一种教育形式，将耕种的成果作为教材，通过自然教育的方式实现土地生产价值增益，进而全面提高乡村产业的附加值。

项目以森林、田园、丘陵地形为基础，引入亲子童玩互动型产品，包含无动力设备、亲子互娱、乡村游戏，让孩子和家长在互动娱乐的空间增进感情、增进交流的同时，进一步激发孩子热爱自然、果敢决断、珍惜生活的价值观和人生观（图5-16）。亲子娱乐和游戏的大部分空间也不需要改变土地性质，只需要对现场环境进行局部的整理和调整，是园区最具体验性和盈利性的空间，也是对乡村土地的一种全新利用和变现方式，其综合收益远超过单纯的耕种价值。

项目以动物陪伴作为一种教育内容，以乡村养殖业为主，饲养田园动物、珍稀禽鸟、矮化牲畜、驯化的森林小动物（松鼠、刺猬等），将养殖体系融入教育和体验功能，将乡村传统的养殖业打造成为教育产业。养殖的目的不再是为市场提供肉、蛋、禽、奶，而是将喂养、捡拾、互动、陪伴作为一种高附加值经济模式，让养殖业创造出远超过传统产业价值的附加值。

图5-16　无动力设施

创意点2：项目扶持文化传承，文化丰富项目内涵

项目围绕乡村传统的手工业、非物质文化遗产做足了教育和体验的文章，将剪纸、油伞、草龙、根书制作技艺打造成为简单可授的教育课程；将豆腐、凉粉、糍粑、腊肉等乡土美食制作方法传授给每一位学员。这样不仅可以使传统的手工技艺得以弘扬、传统的手艺人得以提升自己的价值，还可以使每一位自然教育的亲历者都游有所获（图5—17）。

图5-17　收藏大自然工坊

创意点3：传统资源创意利用，提供消费群体独特的资源体验

项目将传统的乡村资源打造成为城里孩子们乐此不疲的游戏，“沙土童年”主要借助主题沙池开展活动，让200个孩子一起享受安全、创意玩沙带来的乐趣；“泥土狂欢”让每一位沾满泥水的家长挥汗如雨，与孩子们一起享受“脏并快乐”的亲子时光；“亲子渔趣”可以让家长和孩子们体验如何徒手捉鱼、泥鳅和小龙虾，让农村常见的产业创造出高于原来4倍的价值。自然教育让乡村常见的绿水青山变成了“金山银山”（图5-18）。

图5-18　无动力设施

创意是提升乡村传统产业价值的重要手段。达州孺果童年自然教育公园，植根自然，源于创意。以下是达州孺果童年自然教育公园，通过创意手法将自然教育和乡村振兴巧妙结合的实践历程。

主题形象：孺果带你回到童年

孺果童年自然教育公园从功能定位上，整体分为自然教育、亲子娱乐，业态配套三大板块体系。

教育自然发生　自然教育分为自然研学板块、六大研学工坊、八大教育场景、配套萌宠互动、田园种植景观。原创孺果六大研学工坊包括国学田字经、收藏大自然、神奇手艺人、黏土世界、玩具分享汇、外婆的厨房，为孩子提供自然教育课堂及手工课程体验场地，为亲子互动搭建活动场地。结合项目地的资源属性，原创设计七大自然教育场景及一大个性化教育场景，结合自然研学需要，形成一条自然研学环线，在环线中，沿途七大自然教育场景与工坊相结合，从五谷、百草、非遗、高尔夫等方面，形成可以独立开展研学课程的教育空间。专业陪伴导玩师作为园区内的核心灵魂人物，贯穿于园区内的项目体验、课程学习、活动参与中，通过正确引导、欢乐陪伴，让孩子们在整个游玩中能够学会承担、学会勇敢、学会分享、学会爱，同时也能积极影响老师及家长与孩子们的相处和交流，陪伴导玩师是整个园区最亲密有爱的核心吸引力。原创打造小动物体验区，以室内外相结合的形式，引入互动性较强的动物，让孩子们与小动物亲密交流。同时，结合田园空间，种植蔬菜、水果、水稻、草药等满足采摘需求，同时融入创意景观花海、稻草人景观等，以靓化田园空间（图5–19）。

图5-19 外婆的厨房工坊

孺果充满欢乐 亲子娱乐板块共分为四大组团，设置田园、森林、水上、室内四大游乐空间。田园无动力欢乐场，是无动力设施集中区域，以田园攀爬、钻跳跑等原创无动力设备为主，四大重点无动力游乐项目搭配多种品类丰富的无动力游乐及舒适的休憩空间，完善的遮阳避雨系统和安全措施，可保证孩子们安全畅玩。根据儿童年龄特点，产品的设计注重空间层次的舒适协调。每一处无动力设施都带有孺果主题IP元素，每一个小景观都能感受到孺意鸟的陪伴。森林果敢大冒险，以森林探险、徒步、体能训练等为主，攀树、射箭、爬梯、走吊桥、穿隧道、辨方向，更有巨石为伍，兼顾户外挑战体验与研学团体接待。童梦水世界以漂流戏水、玩水设备、浑水摸鱼等寓教于乐的水上体验为主。炎炎夏日总是少不了亲水项目，专为亲子家庭设计打造水上无动力游乐，水中漂流、摸鱼捕虾、淘金寻宝、学习阿基米德水动力等，让父母和孩子尽情享受水中乐趣。半室内童玩区，考虑季节的需求和恶劣天气环境的影响，设置半室内通风性较好的童玩空间，包含无动力设备、益智类活动、会员服务、文创商店等内容。

无忧乐享童年 业态配套板块，结合童玩、研学两大核心诉求，配套完善的旅游服务体系，原创打造童乐家亲子餐厅、亲子民宿，满足学校团客的食宿需求；原创打造吊床艺术公园和亲子房车营地，搭建多元化的休憩体验空间；以糯果为IP呈现主题卡通秀为常态化演艺，成为最吸引孩子的表演活动；同时，从园区创意交通、环卫、休憩、遮阳、换衣、租赁、移动商业、热气球体验、无人机拍摄等配套设施方面完善服务内容（图5–20）。

年轮亲子木屋

吊床公园

图5-20 自然教育公园内业态配套板块设施

结合糯果童年自然教育公园的落地运营，研发糯果童年自然研学系列课程，并在落地过程中不断迭代更新，对园区的教育体系进行系统的师资培训，输送专业人才，同时整合多方资源，传递糯果童年的田园亲子教育理念。

达州糯果童年自然教育公园，借助国家乡村振兴战略，通过自然教育让乡村传统产业焕发生机，走出了一条新型高附加值的乡村产业道路。这为乡村振兴对接社会化企业投资、提升乡村产业核心竞争力提供了良好的理论支撑和实践示范作用。

（感谢供稿：达州项目组）

案例

犍为七一村自然学校

——IP级自然教育带动乡村振兴

引言：在研学旅游成几何倍数增长的今天，我国正在迈入自然教育3.0时代，可国内依然缺乏兼具特色IP、大体量、高标准的自然教育基地。作为四川省乐山市乡村振兴示范县犍为县“1+7+N”乡村振兴规划体系的首批特色村，七一村坚持走农旅融合的发展之路，具备得天独厚的孵化条件（图5-21）。

七一·自然学校
Qiyi Village School of Nature

图5-21

项目背景

七一村自然教育学校项目地，位于四川省乐山市犍为县清溪镇西南与双溪乡、九井乡交汇处，毗邻四川犍为世界茉莉花都。项目地内资源类型包括丘陵、山谷、池塘、水库、溪流、树林、农田、乡村等，地质环境丰富，是天然的自然教育场所；同时，当地政府支持力度较大，在国内尚缺乏以城市来命名的自然教育博览会或国际自然教育博览会等品牌的前提下，犍为县政府决心抢占先机，依托自身资源，打造国际化品牌，弥补中国潜在的自然教育市场空缺（图5–22）。

图5-22　七一村自然教育学校项目地鸟瞰图

本项目是由东方创美与四川宏图都市建筑设计公司鼎力合作完成。项目完美融合国家农业公园与自然学校两大高端振兴业态，以具备全落地属性的规划设计方案赢得头筹，致力于为犍为打造中国首个以自然教育为IP的国家农业公园和中国最大的自然教育殿堂。

项目主要思路

项目以自然教育学校为IP，创新打造七大教育场景，主题课程与场景体验高度融合，完全做到了一个场景即一个教育、服务、功能的组团“出击”，配套五大功能板块作为强力支撑，对接以国际化交流平台为核心的博览中心，内嵌独立研发的自然教育课程及文创产品，以重型组合撑起“中国最大的自然教育殿堂”的核心命脉。根据每个孩子不同的喜好需求及时间要求，可以组合搭配出上百种学习路线，满足孩子挑剔的需求（图5–23）。

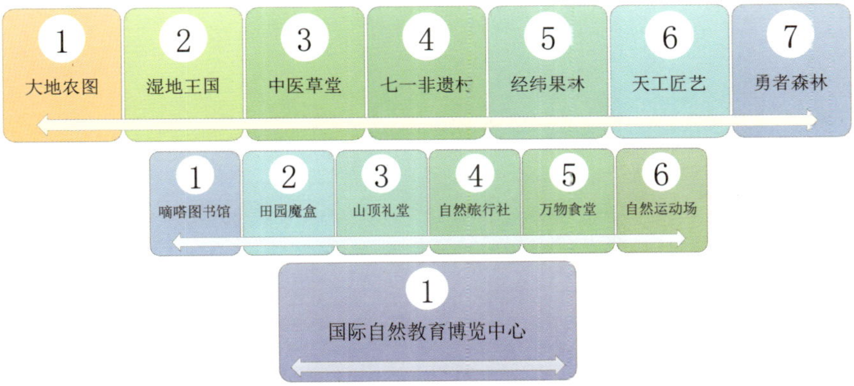

图5-23 自然学校重点项目

七大教育场景：

大地农图、经纬果林、湿地王国、勇者森林、中医草堂、天工匠艺、七一非遗村，每一个场景都是一个特别的自然课堂，引导学生去汲取大自然的点点滴滴。孩子们在这里可以识五谷、辨百草、探森林、赏非遗，是集农业科普、户外拓展、手作体验、田园猎奇等功能于一体的自然教育乐园（图5–24）。

五大功能板块：

五大功能板块包括嘀嗒图书馆、田园魔盒、山顶礼堂、自然旅行社、万物食堂，从学、食、住、行、艺五大基本诉求入手，结合自然教育的核心理念，是整个自然学校的教育、旅游、商务服务中心，为所有学子提供极具沉浸式的全方位服务（图5–25、图5–26）。

图5-24　湿地王国

图5-25　田园魔盒

图5-26　民　宿

国际自然教育博览中心：

国际自然教育博览中心集展览、会议、体验、展销、娱乐于一体，将作为自然学校面向国际的开放性窗口，开启连通世界自然教育的大门（图5—27）。

图5-27　国际自然教育博览中心

自然教育课程：

引导参与者走出封闭的空间，走进大自然，通过系统、有趣的课程，利用科学有效的方法，改善人与人之间的互动方式，促成人与自然的有效联结，以实现家庭成员的共同成长，这也是学校课程设置的初衷。乡野课堂以自然教育为理念，寓教于乐，让成长充满爱与趣。项目组自主研发了融合农学、工学、体学、养学、国学、游学等的自然教育课程体系，积极创建中国最大规模的乡村自然教育——“中国七一自然学校”生态研学品牌，并面向全国进行版权输出与课程输出（图5—28）。

图5-28　水稻基因研究

文创产品：

我们将叶子、铁锹、书籍、行舟巧妙结合，诠释自然教育的包容、实践、体验及互动性，设计出集艺术性与内涵高度和谐的原创LOGO，并延伸设计出一系列以绿色为主的文创产品（图5-29）。

图5-29 文创周边

结语

未来的七一村，每一位农民都是自然教育的参与者与导师，每一间民居都将成为教室、餐厅、校舍、民宿……项目紧扣三变模式，以乡村公约、校园公约的形式，让乡村振兴与自然教育融为一体，带动当地经济腾飞。项目还将配套建设童玩小镇、康养社区、健康订制农场等项目，提供民宿、营地、酒店等多样化的度假选择，供应健康生态的绿色餐食，并建立多元化的招商引资策略与渠道，优化用地供给政策，为自然学校的建设提供有效保障。

（感谢供稿：七一村项目组）

案例

射阳水乡果巷

——自然教育助力实现传统果业产值倍增

项目背景

水乡果巷位于射阳县海河镇S329沿线，是四季果乡现代农业产业园的核心区和首开区，占地面积1 367亩，约占整个园区面积的1/10。四季果乡现代农业产业园包含烈士村、旭日村、革新村、永坛村四个村庄的部分地区，整体呈带状分布，是一个以“果业”为主，“蔬菜”为辅的现代农业园区（图5-30）。

项目主要思路

水乡果巷作为整个万亩园区的首开区，是整个园区的排头兵，承担了聚人

图5-30 水乡果巷范围图

气、创名气、定格局的重要作用。如何通过创新让常见的果蔬产业发挥其核心竞争力，实现汇聚人气、提升附加值的目标，进而带动一二三产业融合发展的良性局面？项目组与项目投资方经过多轮沟通，最终明确以“果业自然教育”为主题重塑园区的主要业态、形象和功能。通过创新，全方位改变传统果蔬产业，重新定义乡村旅游，全面提升园区附加值体系，并通过放大关联产业，撬动整个万亩园区的发展。

无论做什么主题，首先要做好果业。没有好的产业基础，旅游和教育就没有依托。结合国家精准扶贫政策，打造室内外果业种植基地，除了本土优势水果品种外，引进火龙果、大樱桃、柑橘（甘萍、红美人）、梨（苏翠一号）、李子（桃形李）、葡萄（阳光玫瑰）等高效益果品，并针对性地提出了蔬果种植产业（60%水果种植）+果旅融合（30%旅游）+配套（10%配套）的产业业态顶层设计。

改变传统种植印象，让果园变公园。我们采用田园艺术化的种植方法和具有果蔬主题IP特色的氛围营造，将一个千亩果园打造成为移步换景的农业公园——在片区与片区之间融入景观花卉，对主要温室的外立面进行贴膜和彩绘，在主要交通体系上升级种植廊架，在观赏线路两侧种植造型独特的花带。每一处创意目的都是要激活土地价值，增加观赏性（图5–31、图5–32）。

项目在果蔬农业公园的基础上植入了“自然教育”。在水乡果巷现有的种植体系中，将果博馆打造成为具有教育功能的自然课堂，结合露天种植空间逐渐形成苹果、桃、火龙果等八大教育主题果园，为游客提供沉浸式自然教育场景基地，打造江苏最大的水果自然教育研学基地（图5–33）。

水乡果巷的自然教育是整个园区的大本营，未来的教育场景将会逐渐扩充到万亩园区（图5–34）。未来每一个子园区在建设过程中，都会将自然教育的功能作为重点功能予以考虑。

我们为水乡果巷研发了原创IP体系和自然教育课程，整个园区的核心竞争力将会不可复制，并且未来可以产生对外输出的知识产权价值。经过测算，有了自然教育功能的鼎力相助，核心区果蔬产业价值将会呈现5倍于传统产业的附加值。

图5-31　温室外立面设计

图5-32　道路景观廊架及花带设计

图5-33　沉浸式自然教育场景

结语

自然教育将会解决周一至周五游客短缺的问题，进一步实现会员制、课程制。稳定的客源市场为乡村旅游配套设施提供了充足的消费保障，项目配建的房车营地、民宿、帐篷酒店、餐厅、萌宠乐园等项目将会具备更好的盈利属性，也为未来政府平台招商引资提供了充足的人气和模式引领作用。

图5-34　主题广场

（感谢供稿：射阳项目组）

第三部分

生态宜居篇

绿水青山就是金山银山，生态宜居是实施乡村振兴战略的重大任务和关键内容。本部分将通过靓山美田模块、人居环境改造模块和环境治理模块来探讨实现生态宜居的关键要素。“靓山美田”将乡村中最大的两类生态产业基础“山林”和“田园”进行分解，从最基础的景观功能实现，到多层次产业功能实现，再到两者融合发展下的田园综合体式、农业公园式综合开发方式，充分践行“两山”理论的发展理念；“人居环境改造”从乡村人居环境提升的关键技术出发，从传统民居保护与利用、村落格局保护与利用、人居环境的综合整治和民居的分类开发等方面进行具体实现；“环境治理”则紧抓乡村垃圾、污水、厕所三大革命，建立垃圾收运、分类体系，污水治理体系和厕所改造体系。

第六章

靓山美田模块

2005年，习近平同志在安吉考察工作时首次提出了“两山”理论，它是乡村生态文明和绿色发展理念的浓缩概括。绿水青山、田园美景是乡村的本底，亦是乡村村落、乡村生产、乡村生活的依托。绿水青山不单是乡村的生产场所，也是生态屏障，更是振兴乡村经济发展的重要载体。

本章从靓山美田的视角，分析了乡村山地、农田的形态、生态、业态问题，通过发展林下经济、特色经果、自然农业、旅游、森林康养等实现靓山美田的生态价值，结合“两山”理论，提出将生态优势与经济优势进行融合发展的思路。同时，通过田园综合体和农业公园两类综合性产品，为“两山”理论提供实际的解决方案。

一、“靓山”产业功能型生态景观实现技术

“靓山”关键技术是山地型乡村产业与山地生态有效结合的特色模式。结合“两山”理论，借助山地发展农业产业、林下经济、生态产业等，在充分实现“靓山”产业功能全发挥的同时，从丰林式景观靓化、山地生态修复方面提出专业技术，实现生态价值、经济价值与社会价值的多重结合。

（一）“靓山”功能实现的制约因素

1. 山地形态问题

（1）林相问题。林相问题主要产生于两个方面，一是随着城市化进程加快，乡村人口减少，山林长期缺乏管护，树木生长错综杂乱，山路阻塞，不适合人进入，景观从而出现严重退化；二是因为在大规模的山地农业开发过程中，没有重视对山地景观的保护，如山地农业开发过程中大量使用水泥道路，破坏了原有植被等问题。

（2）山地、传统人地景观被破坏。梯田、古道、池塘等是山地景观完整的组成部分。中国几千年的农业发展史塑造了人与山地共生的山地景观系统，它是中国传统文化的一部分，是山村山地景观最吸引人的一部分。但近年来，这种山地、传统人地景观遭到严重破坏，主要表现在以下方面：

①田园荒芜导致山地、人地景观退化。我国的耕地抛荒始于20世纪80年代，随着经济的发展呈现出愈演愈烈、越来越复杂的特点，再加上农村老龄化严重，大片耕地特别是一些耕作难度相对较大的耕地，出现了比较严重的抛荒现象。抛荒现象比较严重的地区主要是远郊的乡村特别是交通不便的乡村，这

些地区主要分布在山区。大面积的耕地抛荒，导致最重要的人地景观系统——山地田园景观退化。原有韵律优美、层次分明的梯田景观逐渐消失，一些具有深厚历史底蕴的田间古道垮塌荒废，田园牧歌的乡村生活憧憬被荒芜衰败代替。

②现代化的山地农业缺乏对传统人地景观的尊重。为适应现代山地农业的机械化作业，大面积平整土地、开山修路等不可避免。传统山地人地景观系统被破坏严重。同时，现代化的山地农业景观和传统的山地农业景观也容易出现景观冲突问题，导致山地景观符号混乱，缺乏认同。

2. 山地生态问题

生物多样性问题。山地既是生态屏障，也是生态脆弱的地方。山地生态问题中，生物多样性问题是目前中国山地生态系统最严重的问题。山地农业开发、山地旅游开发，不可避免地会对山地生物多样性造成损害。

3. 山地业态问题

业态同质化严重。山地乡村，特别是中高山地区的乡村，干果种植、水果种植等是最常见的产业，而这些干果产业很多也存在品类同质化问题。

山地规模化生产难以开展。由于地形限制，在山地开展大规模生产难度很高，特别是一些中高山地区乡村，开展规模化生产难度更大。很多时候，即使保障了种植规模，也很难保证收获、加工等大规模生产。

山地生产成本高。由于交通问题，很难开展规模化生产，山地生产成本一直居高不下。这些问题导致山地业态发展困难。据调查，很多贫困山区的产业基本上处于勉强维持状态，很多还需要政策补贴才能存在。

（二）山地产业和生态融合发展

1. 山地特色农业的有效开发

山地农业是在生存和发展过程中，对山区中可耕作和可利用的农业进行农事活动的总和。山地农业区是高山地域环境下形成的一种农业形态分布区。耕地空间分布呈现出块多、面小、分布零散和明显的垂直带分布等特征。

山地农业最显著的地区就是贵州，贵州是著名的“山国”：山地多，平地少；宜林宜牧地多，农耕面积狭小，在这种特殊地理环境下发展起来的农业，是一种典型的山地农业，它具有如下几个重要特征：

(1) 小区域的差异十分明显，不同类型的农业互相间杂，处于极其分散的状态；

(2) 在局部范围内，由于生态环境复杂多样，能以不同方式满足低标准的自给生活，因而自然经济的基础根深蒂固；

(3) 相对闭塞的环境，不利于生产技术的提高，保守性极强，生产水平普遍不高。

因此，发展现代山地特色高效农业就是要走产业生态化、树品牌、强科技、建机制的道路，提升农业供给体系质量和农业机械化水平，做精品乡村旅游。

为贯彻习近平总书记系列重要讲话精神和对贵州工作的重要指示要求，坚守发展和生态两条底线，大力发展现代山地特色高效农业，着力推动农业供给侧结构性改革，促进农业增值增效，让贫困农民从农业结构调整中受益；着力加强农村改革，总结推广“三变”改革经验，培育壮大新型农业经营主体；着力推进科技兴农，积极发展农村电子商务，推动“黔货出山”，贵州省政府与农业部于2016年签署了《共同推进现代山地特色高效农业试点省建设合作协议》。

贵州全省总面积的92.5%是山地和丘陵，土地零碎，发展传统种植业投入大、收成少，通过发展“山地特色农业”，实现以“精品、优质、特色、高端”为出发点的农业产业经济价值。贵州毕节市主力打造马铃薯种薯及商品薯、商品蔬菜、特色经果林、生态畜牧业、中药材、高山生态茶六大农业板块经济区；六盘水市六枝特区大用镇突出“乡村旅游”和“山地农业”两大产业带动，“山地农业旅游+‘三变’+三社”农旅一体化。贵州的山地特色农业以林下经济、特色林果业等为推动，以市场需求为导向，同时完善利益联结机制，以制度、技术和模式创新为动力联动推进。

2.林下经济及特色林果业发展

借助山林地的生态环境，在林下开展林、农、牧等多种项目的复合经营，大致包含林菌模式、林牧模式、林药模式、林粮模式、林油模式、林菜模式、林草模式及在以上模式上的复合开发。林下经济的开发模式，对山地型产业的多层次收入途径进行探析，充分实现空间价值的最大化，在实现经济价值的同时保障生态安全。

林下经济最大的特点是对土地多方面、可持续性地利用，这显然是其他土地利用方式无法比拟的。在林下经济系统中，部分林业用地可提供给农业和畜牧业经营使用，同时森林用地以外的其他土地被用来造林，目的是要获取用材。而林下经济强调的是多种用途树种，如粮食树、果树、饲料树、土壤改良树等具有很高经济价值和生态效益的树种。那些具有特殊根系分布、可产生很多地被物并具有其他特性的树种，应在林下经济系统中得到充分利用，这样能更好地获得物种多样性所带来的经济效益。由于林下经济发展的需要，人们将重新确定遗传改良、选育、栽植和加工利用等方面的新目标。这些对林业的发展是极为有利的。

新疆是特色林果业发展比较成熟的地区。自治区一直大力推进品牌名牌化战略，全面提升特色林果业产业化经营水平和综合竞争力，建立林果产品可追溯体系。自治区鼓励各个地区积极申报地理标志保护产品，加快绿色、有机和生态健康果品基地建设，打造优质精品示范园区，创建外向型产业基地。目前，全区33种林果产品获“国家地理标志保护产品”称号；12种林果产品分别获“中国驰名商标”“中国名牌产品”“中国农业名牌产品”称号；76种林果产品获得“新疆著名商标”“新疆名牌产品”等称号。登记注册的果园有878个，近100万亩，登记注册的水果包装厂136家。丰富而宝贵的林果品种资源，为自治区特色林果业通过良种繁育提质增效储备了充足的种质资源，为大规模发展新疆特色林果业提供了充分的物质保障。

新疆已建立起一定规模的、具有干旱绿洲特色的林果科研，开发与技术推广体系。以新疆林业科学院、新疆农业科学院、新疆农业大学等省级科研院所和大专院校为主的科研教学体系，不仅专业学科齐全，而且技术力量雄厚，多年致力于新疆特色林果业的研究，已经积累了一批适合新疆生态条件的林果栽培生产技术成果，为新疆特色林果业转型升级构筑了有力的科研和科技支撑平台。

3.森林旅游与康养开发

据国家林业和草原局森林旅游管理办公室公布，2018年全国森林旅游游客量超过16亿人次，同比增长15%，占国内旅游人数近30%，创造社会综合产值近1.5万亿元。森林旅游及康养开发是“靓山”产业的另一种经济实现途径。由于绝大多数森林景观资源具有无限重复使用的价值，只要开发得当，森林旅游类产品将是森林价值最大化的呈现途径。森林步道、森林研学实践教育、森林公园、森林度假等均可成为开发森林旅游、森林康养项目等有效产品的选择。

（三）丰林式山地景观靓化

在乡村地区根据林地所处位置、规模的不同，可以将林地分为不同的类型，如田间树林、村边树林等，不同类型的林地可采取不同的美化思路。

在乡村旅游的开发过程中，如何合理地利用乡村森林景观资源，如何增加森林景观的美感、有效规划出乡村森林景观空间，如何解决好发展与保护之间的矛盾、促进乡村森林景观的可持续发展，如何营造出一个健康、美丽的乡村森林景观，都对乡村旅游、乡村振兴具有重要的意义。

森林景观在美化时，要区分对待生活区和生产区，构建布局合理、结构清晰的乡村森林景观体系。对于生活区的森林景观要充分利用好村子里的空闲缝地种树造景，提高村庄绿化程度；要充分考虑树木的品种、高低及色彩的季节搭配等。生产区的森林景观要在保护生态、坚持可持续发展的原则下，适当发展林木产业，结合乡村的历史文化、民风民俗等特色，积极开展乡村旅游、特色林果产业及观光游憩等绿色森林景观产业等，促进乡村经济的发展。

（四）退化山地生态修复

山地生态系统的退化造成了严重的生态问题，如水土流失，农田肥力下降，河道泥沙量增加、河道阻塞，滑坡、崩塌、泥石流频发等。造成山地生态系统退化的原因是多方面的，除了地质构造不稳定的自然原因，植被的破坏、土地过度开垦和耕种等人为因素也是导致山地生态系统退化的重要原因。

山地生态的修复，首先要因地制宜地提高当地山地的植被覆盖率，对不合理的开荒行为说“不”；提高村民的环保意识，禁止乱砍滥伐行为的发生；对田地进行合理的轮休，避免过度耕种；实施相应的生态规划，稳步推进生态修复。

下文从石漠化治理和自然农法两个方面入手，分析如何修复山地生态。

1. 石漠化治理

石漠化，又称石质荒漠化，是指因水土流失而导致地表土壤损失，基岩裸露，土地丧失农业利用价值和生态环境退化的现象。石漠化是常见的土地退化现象，石漠化形成的因素也是多方面的，包括人口快速增长、过度的砍伐、矿产资源的无序开采、基础设施建设不重视水土保持等人为因素以及不利自然因素。石漠化对农村造成的危害是巨大的，主要包括影响人们的生产生活和健康、影响农业发展及经济发展等方面。石漠化会降低土壤的孕育能力，农作物产量会直接下降，影响农村经济的发展。

对于石漠化的治理应该从多个方面共同抓起：加强宣传，提高居民的环保意识，让居民切实意识到环境保护的重要性；退耕还林，减少耕地对土壤肥力的消耗；禁止不合理的矿山开采行为；遵循水土保持的原则，因地制宜，提高植被的覆盖率等。

2. 自然农法

自然农法是一种古老的农业生产方式，也是一种现代的农业生产方式。冈田茂吉提出的自然农法，是指依循大自然法则的农业生产方式，以维护土壤生机的土壤培育为基础，绝不使用任何化学肥料、农药和各种生长调节剂以及任何残害土壤的添加物。

自然农法种植就是遵循自然规律，向自然学习，拜自然为师，不用化肥农药、除草剂等，靠落叶、杂草和枯枝等作自然肥料供植物生长，从而得到天然的超有机健康食材。

案例

武隆赵家乡
——资源重塑下的精致山地农业

引言：重庆武隆区赵家乡依托当地丰富的山林资源进行整体升级，通过资源重塑、融合升级、开发策略等，实施靓山模块实践。

项目背景

重庆武隆赵家乡，是武陵山区诸多贫困乡之一，其产业发展的艰辛之路，是整个武陵山区贫困乡镇发展的缩影。赵家乡，地处武陵山与大娄山结合部的白马山腹，东接白马镇，西邻铁矿乡，南靠贵州省，距县城50千米。据说早年为苗族聚居地，赵姓居多，其中一些赵姓土司霸占了部分良田，遂改名为赵家乡，并在附近设立赵家场，供老百姓赶集。乡镇幅员63.2平方千米，耕地9 350亩，辖2个行政村（新华村和香房村），总户数1 413户，总人口5 300人。全乡建档立卡贫困户297户610人，绝对贫困户53户183人，相对贫困户244户427人。

项目主要思路和分析

项目研究条件：

境内森林湖泊资源十分丰富。山林密布，沟壑纵横，拥有“生物基因库”美誉的白马山森林公园，森林覆盖率达80%，负氧离子含量极高；还拥有国家级水利风景区山虎关水库，库容达1 116万立方米，水质清幽，风景优美，吸引着大批露营、垂钓爱好者，被誉为重庆垂钓胜地。

高山气候特征显著：

区域海拔800～1 600米，立体气候十分明显，属亚热带湿润季风气候区，年平均气温13℃左右，年均降水量1 053毫米，年平均日照2 160小时。即便在炎热的夏季，此地依然凉爽。但因地形缘故，气候多变，灾害频发，雨水时节易形成暴雨，并诱发山洪，天干时节又极易造成干旱。

产业初见成效：

赵家乡经过长年探索，逐步形成了以发展高山特色乡村旅游为核心，以传统农业、生态养殖、观光农业等为辅的产业形态。其中，传统农业主要以水稻、玉米、烤烟为主；生态养殖业主要以泉水鱼、黑山羊、土鸡、土猪为主；观光农业以蓝莓园、黄莲种植基地为主。目前全乡正大力推进现代农业与旅游深度融合，旅游已成为支柱产业。但在十年前，赵家乡几乎是另一番面貌。

项目主要成果展示

2010年左右，赵家乡开始发展乡村旅游。独特的先天资源优势、适度的海拔、丰富的动植物资源和壮美的人工湖泊吸引人们到此避暑纳凉。当时，全乡没有一家接待设施，一两个敢于创新的农民，在政府的鼓励和帮助下，办起了农家乐，主要接待避暑休闲的游客，效益良好。当地农民看到了希望，在政府的大力宣传、支持下陆续兴办起农家乐。从此，赵家乡的旅游业（主要为避暑度假）开始蓬勃发展。2011年获批成为重庆市乡村旅游扶贫乡，2012年被评为市级乡村旅游示范乡，2014年列为市级乡村旅游微型企业特色村。截至2018年，该乡已发展农家乐140家，床位达4 000余张，年接待游客35万人次，旅游年产值达5 600万元，成了名副其实的“旅游乡”。

伴随旅游业的兴盛，乡里其他产业也得到了快速发展。旅游带来了人气，带来了消费能力，特色养殖、种植等产业纷纷焕发出活力。据统计，2018年，全乡种植薄壳核桃2 544亩、天麻等中药材10 000亩、烤烟1 300亩、蓝莓150亩；养殖中蜂3 100群、黑凤土鸡17 000只，生猪2 500头、高山冷水鱼16 600尾；农村电商交易额达10万元。

现在赵家乡的产业已十分丰富且具规模，正进一步推进农旅融合，完善农业观光体验环境；进行“鲜花小镇”建设，打造花海景观带；打造精品乡村旅游，举办农事娱乐活动。赵家乡实现了从“深山穷乡”到“旅游富乡”的华丽转型。

赵家乡产业的再提升（图6–1）：

目前，赵家乡白马山上的野生产品是低价值的山货，原因就是没有把白马山的生态价值体现出来，使得产品价格与价值严重背离。

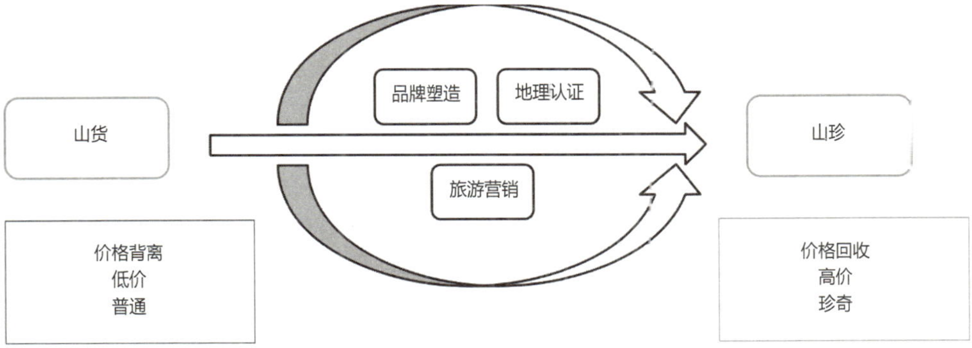

图6-1 赵家乡产业发展启示

解决办法是打造白马山山珍认证中心、O2O白马山山珍交易市场，通过限制开采、地理认证、品牌塑造、旅游营销等一系列方式，让原来不值钱的山货变成高价值山珍，实现产品的价值回归。

山地乡村产业发展需要找到本地综合发展：

和所有的山区一样，赵家乡的产业不可能具有规模，成本不可能很低，需要采用类似于瑞山发展生态产业的模式，综合发展山区产业。充分利用赵家乡的海拔优势、森林优势，以旅游业为牵引，综合发展其他产业，才会最终让赵家乡产业走上一个新台阶。

发展精致农业，是山地乡村的重要路径：

采用精致农业的发展模式，才可能实现生态保护与产业发展融合的效果。按照精致农业思路，让普通山货成为山珍，让赵家乡的产业走上可持续发展道路。

（感谢供稿：赵家乡项目组）

案例

安陆花屿蓝湾田园综合体

——蓝莓产业再造“金山银山”

项目背景

此项目位于湖北省安陆市叶垴村，村庄整体地势起伏不大，以梯田、小山丘等地形为主，山丘连接处形成湾、谷等特色地带。村庄现有约7 000亩农田、1 300亩蓝莓种植园、700亩红叶石楠、300亩樱花，还有小规模猕猴桃、三水梨种植基地，其余为水稻田。

项目以山丘、水系两个核心资源的搭配，提炼山地地形特色。以目前基本成型的蓝莓产业资源为基础，以蓝莓的蓝色调作为项目的色彩基调，因此命名“花屿蓝湾”（图6—2、图6—3）。

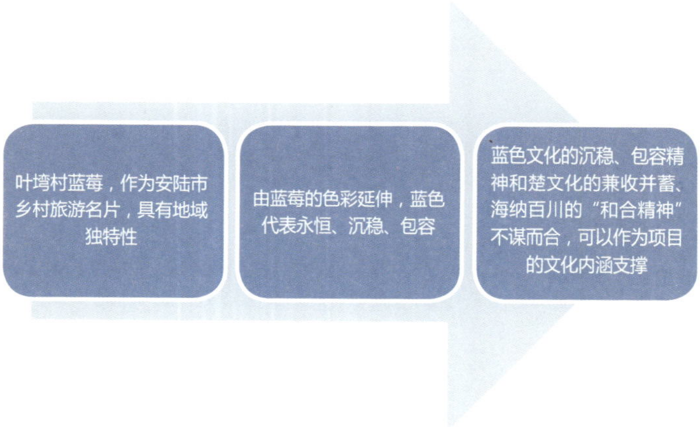

图6-2 蓝莓资源梳理

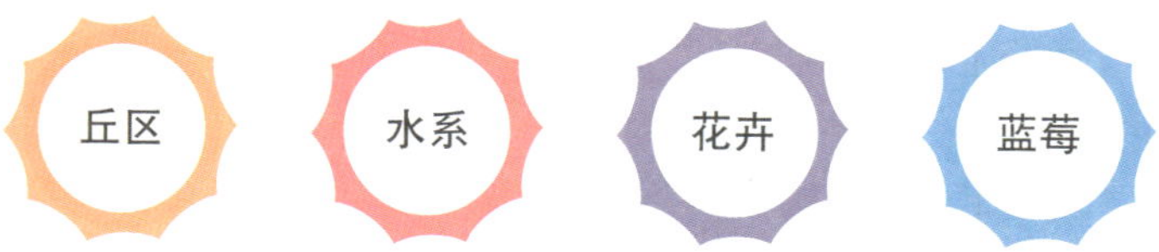

图6-3 当地资源要素

项目主要思路

通过资源整合重塑，山丘、水系地貌结合蓝莓等具有景观价值的果树，构建具有核心吸引力、独特性、直观猎奇属性的震撼景观系统。以蓝色果乡为核心概念，打造珍稀林果经济。以蓝莓为主题的酒店、亲子童玩、田园漫道等内容打造具有漫乡生活方式的田园度假氛围。

围绕蓝莓打造的特色项目

四季经果采摘庄园：

除了现有的大规模蓝莓采摘外，增加了草莓、果桑、树莓、葡萄、樱桃、水生植物等水果的小型采摘园。

蓝莓定制农业产业基地，包含社会餐饮定制、孕婴市场定制、家庭定制等不同市场的定制产业基地。主打的农产品每个产业基地规模均在千亩以上，以蓝莓等特色经济作物农业定制基地为支撑，采用"订单式农业"模式，密切对接武汉市的农业发展需求，以供给蓝莓等农产品为主；以定产定销的模式，面向餐饮企业、孕婴、家庭等提供餐饮定制，并配有相应的仓储物流服务体系（图6–4）。

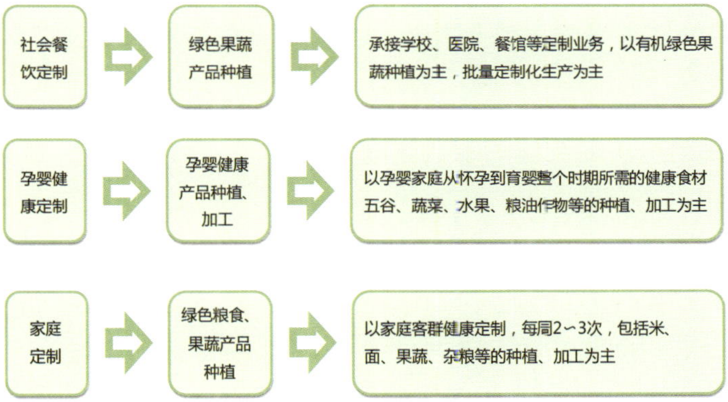

图6-4 定制农业

在园区现有蓝莓传统种植产业的基础上，根据市场需求，发挥定制农业优势，丰富四季采摘产业种植体系，增加其他果蔬品种种植，计划通过三年时间在市场上形成健康绿色的口碑效应，实现产业的可持续发展。

农业定制基地配套加工物流园区

蓝莓酒厂：建筑外观采用传统工坊形式，融入田园环境；内部采用的是先进、完善的设施；游客参观体验式生产加工线有蓝莓酒、蓝莓饮料流水线。

建设农产品初级加工厂：对蓝莓等果品进行产品的初加工，初级加工厂作为整个产业园的配套项目，包括现代化仓储保鲜区、预处理区、分拨配送区等，配置智能化仓储物流，确保优质蓝莓等产品稳定供应。

田园亲子休闲项目

依托自然、人文、历史等资源，结合蓝莓产业，构建"蓝色调"主题教育工坊为核心的田园课堂板块，以田园无动力设施为主的蓝忘童乐心田板块，为4～12岁儿童及亲子家庭打造自然探索体验项目。

蓝莓的种植与其他树种、花卉、自然水系有效组合，形成靓丽的山体景观，具有震撼的景观效果；同时丰富果树花期景观效果，延长采摘季节，拉动旅游。围绕蓝莓延展的加工物流产业，为当地农产品的销售提供了销售渠道，果酒加工厂和仓储物流基地的建成也带动了当地农民的就业。通过规划后的蓝莓产业在原有农产品售卖的基础上，增加采摘收入、农产品加工收入、农业品牌收入、游客消费收入等，最终实现五倍增收的经济效益，带动当地乡村振兴发展。

（感谢供稿：安陆项目组）

二、“美田”产业功能型生态景观实现技术

“美田”关键技术是对平原型乡村产业与农田生态有效结合的特色模式，是最终实现美丽田园的一种开发愿景和展现形式。本部分从农田污染整治、高标农田整治、撂荒农田再造及荒地整治、公园化种植环境、田园景观艺术和乡村田园观光等角度，探究如何实现“美田”产业功能与生态景观的复合打造。

（一）“美田”功能实现的制约因素

目前我国农田生态存在两个主要问题：一个是污染源较多，一个是生态环境形势严峻。我国农业种植至今仍然大量使用化肥、农药，对土壤有益的有机肥已很少使用，使土壤有机质含量不断下降。与此同时，粮食产量对化肥的依赖性越来越大，一旦没有化肥，粮食产量必定下降，即使新出现的优良品种也普遍耗水、耗肥。此外，由于工业发展，农田生态系统遭到严重污染，威胁着系统内的所有生物，已对周围生态造成极大损害，将来肯定会影响到粮食质量和产量。

1. 土地质量下降，生态污染严重

随着多年来农作物产量的持续增长，低、费、污已经逐步成为我国农田土壤质量新一轮的核心问题。化肥、农药的过施与滥施，造成了耕地养分失衡、土壤退化等问题；而养殖、城市排污、工业排污又对耕地土壤造成了重金属污染等问题。

2. 种植品类单一，生产效益低

在农村，以农户为基本单位的小规模、分散经营方式与市场经济要求的大规模集约化经营之间的矛盾日益暴露。据测算，每个农村劳动力耕种15亩以上土地，收益才可以超过务工收入，但在我国绝大部分地区都远远达不到这个标准。再加上种植类型单一，多数地区农田以粮食种植为主，随着粮食价格下跌、农业生产资料价格直线上升，农民负担增长速度超过收入增长速度，很多农民放弃土地到农业以外寻找就业门路。土地流转机制不完善，也造成了一定程度的撂荒和掠夺性经营问题。

3. 结构利用不合理，占用耕地问题严重

近年来我国城市化进程不断加速，城乡居民的住房、工业乃至基础设施建设都需要大量耕地；扩张带来的“自然需求”与“人为需求”占用耕地现象日益突

出，并且出现了盲目占用、占而不用和乱占滥用的情况。同时，因为生态退耕和农业结构调整，大量耕地退出粮产舞台，对我国粮食安全带来了严峻考验。

（二）农田生态治理关键技术

1.农田生态污染治理

农田生态环境的污染源主要来自工农业生产、社会生活、城市污染转移等各方面排放的污染物，众多污染源导致目前耕地污染形势严峻。目前国内较为常用的治理方法有：

(1) 物理治理法。利用物理方法来治理土壤重金属污染，主要有清洗法、客土法、换土法、翻土法。清洗法就是用清水或具有重金属溶解性的水把污染物冲至农作物的根外层。其作用是既可以减少农作物对有害物的摄取，又可以防止污染地下水。客土法就是向污染土壤中加入大量的干净土壤，覆盖在表层或搅拌均匀，使污染物浓度降低到国家标准值以下或减少污染物与植物根系的接触。换土法就是把污染土取走，换入新的干净的土壤，该方法对小面积严重污染的土壤是可取的，可以防止扩大污染范围。翻土法就是深翻土壤，使聚积在表层的污染物分散到更深的层次，达到稀释的目的。

(2) 生物治理法。利用某些特定的动物、植物、微生物，吸走或者降解土壤中的污染物质，常见的生物治理品种主要有蚯蚓、旱柳、杨、绿肥等。

(3) 农业措施治理法。首先因地制宜地改变耕作制度和耕作品种，以此来减轻重金属的危害，比如，在污染土壤中种植不进入食物链的经济作物，或者是选种抗污染的农作物；施用堆肥、厩肥、植物秸秆、沼渣等有机肥来增加土壤有机质，以增加土壤胶体对重金属和农药的吸附能力。

(4) 化学治理法。向土壤中投入改良剂、抑制剂，增加土壤有机质、阳离子代换量和黏粒含量，从而改变土壤pH、氧化还原电位(Eh)和电导率等理化性质，使土壤重金属发生氧化、还原、沉淀、吸附、抑制、拮抗等作用，以降低重金属的生物有效性。

2.农田生态水利灌溉系统整理

推进耕地有机化建设，建立海绵耕地系统，具体方法如下：

(1) 将池塘系统保护与维修纳入农村公共产品（公共基础设施）管理的范畴。

(2) 提高耕地水源涵养能力。对冬季晒白、轮耕、休耕耕地实行种绿，以绿肥种植涵养水源，改善耕地水养、养分结构，建立可涵养水源、抵御干旱的“海绵农田”系统。

(3) 依据耕地的水源涵养状况，对水田等优质耕地进行特殊保护，对水浇地的灌溉水源进行特殊保护。

(4) 建立耕地池塘系统、灌溉渠系、耕地涵养水源保护的综合管理平台，以农田水利建设为基础，加强坡改梯、裸种绿等耕地水源涵养保护工程建设，提高耕地的水源涵养能力、养分平衡能力和综合生产能力。

(5) 重构农村微水利建设体系，构建“由耕到渠，由渠到塘”的反推式农田水利框架。

3. 农田生态治理技术支撑体系（表6–1）

表6–1 农田生态治理技术支撑体系

技术类别	主要内容
高效耕作栽培技术体系	轮作、间作、免耕、水土保持耕作
土壤管理技术体系	有机肥、生物固氮
水管理技术体系	滴管、渗灌
病虫害综合技术体系	生物防治
改善作物栽培环境技术体系	农林复合种值、立体种植、保护种植、设施农业
提高光合作用效率技术体系	高光育种、二氧化碳补给、C4植物
品种改良技术体系	标准化
废弃物综合利用污染控制技术体系	循环利用
健康食品生产技术体系	非激素类添加剂
农产品保险加工技术体系	蔬果、水产
生态环境保护和资源高效利用技术体系	水土流失、多样性保护、污染治理

4. 构建循环生态农业模式

(1) 实施秸秆还田工程，促进综合利用。近年来，全国各地积极推进秸秆还田工作，效果比较明显。粮食和油菜作物实现机械化还田，全面禁止秸秆焚烧。

(2) 实施畜禽粪便综合治理工程，促进资源再利用。实行由政府牵头、监理公司把关、各养殖单位自行操作的市场运行机制，提倡和鼓励畜粪还田和优化养殖环境的可持续发展观念。畜禽场畜粪治理，进行网络管理和自行还田处置，对猪场和牛场建立雨污分流、干湿分离。通过生产网络将畜粪治理与有机肥料厂进行联结，生产优质高效的有机肥，有效促进资源的再利用。

(3) 探索发展有机农业，推行清洁农业生产。发展有机农业在推进循环农业中具有积极作用，完全或基本不用人工合成的肥料、农药、生长调节剂和畜禽饲料添加剂，采用有机肥和动物排泄物满足作物营养需求，或采用有机饲料满足畜禽营养需求。建立作物、土壤微生物、家禽和人的和谐系统，是一种跨越式的循环经济模式。

（三）高标准农田综合整治技术

高标准农田是指土地平整、土壤肥沃、集中连片、设施完善、农电配套、生态良好、抗灾能力强，与现代农业生产和经营方式相适应的旱涝保收、持续高产稳产的农田。大力推进高标准农田建设，是稳步提高农业综合生产能力、保障国家粮食长久安全的物质基础，具有重大的现实意义和深远的战略意义。2013年，经国务院批准的《国家农业综合开发高标准农田建设规划（2011—2020)》（以下简称《规划》）明确提出：通过实施《规划》，到2020年，改造中低产田、建设高标准农田4亿亩。2019年农业农村部印发了《高标准农田建设评价激励实施办法（试行)》及《高标准农田建设情况评价标准》，高标准农田建设在体制机制、资金支持和技术支撑上迎来更多利好。

1.高标准农田的“三高”

高标准建设。建立均亩投入方式，执行“田成方、渠相通、路相连、旱能灌、涝能排”建设要求，推广使用新技术和新材料以实现节水环保型，化零为整、规模化经营，降低后期维护成本。

高水平利用。与科研机构共同研发，通过鱼稻共生、稻油轮作等方式促进农产品科技和附加值双提升。

高要求管理。2018年农业农村部设立农田建设管理司，履行农田建设项目管理职责，承担耕地质量管理相关工作，参与开展永久基本农田保护，承担农业综合开发项目、农田整治项目、农田水利建设项目管理，积极指导各地加快理顺农田建设管理体制机制，统一建设内容和要求。

2.基本农田“五不准”

国家实施最严格的耕地保护政策，并明确规定，对基本农田实行“五不准”，即不准非农建设占用基本农田（法律规定的除外）；不准以退耕还林为名违反土地利用总体规划减少基本农田面积；不准占用基本农田进行植树造林，发展林果业；不准在基本农田内挖塘养鱼和进行畜禽养殖，以及其他严重破坏耕作层的生产经营活动；不准占用基本农田进行绿色通道和绿化隔离带建设。

3.高标准农田的资金支持

高标准农田建设属于公益性强、受益面广、投资大、建设周期长的项目，政府在其中发挥着决定性推动作用。2019年，农业农村部推动，从中央预算源头上对原有农田建设项目和资金全部进行整合，设立农田建设专项。项目支出方向专项用于农田建设，近几年集中用于高标准农田建设，不再新安排包括农业综合开发产业化发展、部门项目等其他非农田建设类项目。

（四）撂荒田园再造模式

建立农村耕地银行，盘活撂荒耕地，提升耕地质量，增加农民收入，盘活土地资产，让山水田园重新恢复生机和活力。

1.耕地银行概念

政府建立农村耕地银行，耕地银行本质上是一种耕地经营权的临时转让的中介，是国家保证耕地质量和耕地利用效率的平台。

2.农民存储耕地过程

农民可以将不耕种（准备撂荒）的耕地在平台登记（暂存），包括暂存时间。到期后，耕地应保持原状或处于更好的耕种状态。对所有登记暂存的耕地，政府根据土地面积向农民发放暂存补贴。暂存补贴建议不根据耕地质量和位置，只根据耕地面积和暂存时间发放。农民可随时存取耕地，政府每年向农民发放年度暂存补贴，对在暂存期限后取出的耕地，一并发放固定期限补贴；对在未到期时取出的耕地，不发放固定期限补贴，仅每年发放年度补贴。

3.耕地银行的耕地管理办法

镇一级政府都建立耕地银行，各镇的耕地银行数据应该共享，并可统一由区级政府耕地银行管理。

政府将暂存于耕地银行的耕地数据向全社会公开，根据区位、地形、耕地质量、暂存时间等划分区域，向社会公开招标，委托企业甚至个人耕种，并保证耕地质量不下降或质量提升。

对于耕地银行中流标的耕地，政府可以委托企业或村集体在耕地上种植肥田植物或景观植物，种植收益归企业或村集体所有，政府匹配相关经费。相应的耕种应保证耕地质量和耕种条件不下降，保证耕地不撂荒。

（五）美田景观设计方法

1.农业文化IP化

在新媒体时代，旅游IP的作用和价值会越来越突出，是乡村与游客之间的黏合剂。打造自己的IP可以提升本乡村的竞争力，也是未来农业旅游发展的新趋势。IP化主题小镇需要创新特色乡村的IP故事文化来引导受众的认知，其次导入特色乡村的互动体验活动，形成深层次的受众感官体验，最后以新媒体助力特色乡村的营销推广。

2.农业种植景观化

通过规划，对种植区域合理布局，在保障生产量、生产效率不受影响的前提下，保障生产区域的景观性。重视重要的旅游观光、休闲、度假和居住区域种植内容的景观化选择，保障至少一年三季均有可看之景；通过景观化的布局种植采摘区域的作物和果树，让游客在景观中体验采摘的乐趣；统筹种植区域的色彩协调，使之形成具有一定影响力的大地景观；丰富温室内部格局，使观光温室的室内种植更具景观化；在重要景观节点采用立体农业或农业造景的手法，打造依托农业种植形成的地标式景观；沿道路种植藤类农作物，同时满足生产、观光、遮阳的功能。

3.农业设施景观化

基础设施的景观化是农场最容易忽视的一个环节，用农业造型完成厕所、垃圾桶、提水站、标识牌、休息座椅等基础设施的景观化改造，例如，巧妙利用某一种农作物完成一种配套服务设施的设计，经设计过的基础服务设施，可以从最小的细节体现出乡村主题化和景观化，提升乡村的整体文化气息。

4.雕塑小品农业化

雕塑是最直观的景观体验方式。对于农业项目而言，其雕塑要么杂乱无章，要么只是最为具象的展示。农业主题的打造，需要更为系统、更具创意的农业化雕塑小品体系，它将更多地凸显农业的张力，体现农业与人类、农业与游客之间的交流。雕塑小品这种最直观的农业主题景观应更加具有文化性、艺术性和创意性。

5.交通方式农业化

道路两侧目力所及范围内的景观化打造应被重视。从行道树、花卉、路灯设计到周边堆砌的沿路景观小品，都应进行认真地设计。可在主要人行游览道路设置种植廊道，打造葡萄长廊、丝瓜长廊、葫芦长廊、番茄长廊等，使道路本身既有农业种植的特色，又是主题鲜明的旅游观光景点。

三、田园综合体式靓山美田

（一）田园综合体的概念

田园综合体是以农业为主导的，融合了工业、旅游、地产、博览、文化、会展、商贸、科普、教育、商贸、娱乐中三个以上相关产业与支持产业，从而形成的具有多功能、复合型、创新性的产业结合体。

田园综合体在2017年被写进中央1号文件，让农民能够充分参与和受益，并通过多种渠道开展试点示范，以探索农村全面发展的新途径[①]。田园综合体有着“田园”与“综合体”两个层面的内涵，“田园”体现了乡村的基本属性，是“乡村”作为一个整体范畴和基本形态得以长期存续的重要体现；“综合体”则反映了现代乡村转型与发展的基本趋势和方向，即乡村振兴不再以传统农业生产为唯一生产方式，而是朝向农业产业、观光旅游、休闲服务、创意开发、养老服务、生态修复、资源循环等多业态、多功能的综合体演进[②]。

（二）田园综合体在全国建设情况

田园综合体建设在全国得到广泛开展。很多田园综合体无论是从投资，还是从影响范围上，都成为当地最重要的项目之一。表6–2列出了部分国家级田园综合体试点项目的基本情况。

---

① 中共中央国务院关于深入推进农业供给侧结构性改革加快培育农业农村发展新动能的若干意见[N].人民日报，2017–2–6。

② 曾盛聪，卞思瑶.乡村振兴背景下“田园综合体”的政策扩散分析——基于多个经验性案例的考察[J].中国行政管理，2019(02):60–65。

表6-2 部分国家级田园综合体试点项目

项目名称	所在区域	特色农产品	特色资源支撑	规划布局
迁西县花乡果巷田园综合体	河北唐山	油用牡丹、猕猴桃、小杂粮产业、板栗、栗蘑	特色水杂果产业	一镇四区十园：一镇，即花乡果巷特色小镇；四区，即百果山林休闲体验区、浅山伴水健康养生区、记忆乡居村社服务区、生态涵养区；十园即梨花坡富贵牡丹产业园、五海猕猴桃庄园、黄岩百果庄园、松山峪森林公园、莲花院颐养园、神农杂粮基地、CSA乡村公社、游客集散中心、玉泉农庄、乡村社区旅游廊道十大项目产业园
临汾市襄汾县田园综合体	山西临汾	葡萄、蔬菜、小麦、棉花	特色节庆活动	一带一园一庄三区：一带，即汾河湿地生态带；一园，即文化创意产业园；一庄，即尧京葡萄酒庄；三区，即温泉休闲度假区、创意农业体验区、美丽宜居先行区
临沂市沂南县朱家林田园综合体	山东临沂	有机小米、核桃等	智圣故里、沂蒙文化	“一核二带五区”的空间布局：一核，即朱家林乡村生态创意核；二带，即优质林果产业带、小米杂粮产业带；五区，即田园社区、创意农业区、山地休闲运动区、电商物流仓储区、滨水旅游度假区
武夷山市五夫镇田园综合体	福建武夷山	粮食、茶、莲、竹	养生文化、茶文化、莲文化	一心一轴五区：一心，即五夫养生文化中心；一轴，即生态田园景观轴；五区，即台海茶文化合作区、海西莲产业示范区、爱莲岛度假区、武夷古亭休养区、卜空运动养生区
南宁市西乡塘区美丽南方田园综合体	广西南宁	香蕉、罗非鱼、水稻、葡萄、草莓	独具文化特色的民俗风情和古民居建筑，与“一带一路”有机衔接城市	“一轴两翼三带八区”总体发展格局：一轴，即沿005县道的园区交通和发展主轴；两翼，即南翼侧重发展创意农业、农事体验、精品农业，北翼重点发展特色高效农业、生态康养农业；三带，即精品农业体验带、生态乡村体验带、自然风光体验带；八区，即创意农事体验区、智慧农业展示区、高效农业集中区、特色养殖集聚区、加工物流集散区、循环农业示范区、传统村落保护区、生态农业康养区
成都市都江堰市天府源田园综合体	四川成都	水稻、蔬菜、葡萄、玫瑰、红阳猕猴桃	都江堰青城山的水文化和道文化	“四园三区一中心”功能布局：四园，即红心猕猴桃出口示范园、优质粮油（渔）综合种养示范园、绿色蔬菜示范园和多彩玫瑰双创示范园；三区，即灌区农耕文化体验区、农产品加工物流区、川西林盘康养区；一中心，即综合服务中心
保山市隆阳区田园综合体	云南保山	蔬菜、水果、玫瑰、中草药、石斑鱼	传统的特色村落文化	“五区一村落”布局：五区，即花卉产业区、水果产业区、蔬菜产业区、华大智慧农业科技示范区、优质粮食生产区；一村落，即十二个田园特色村庄
绍兴市柯桥区漓渚镇花香漓渚田园综合体	浙江绍兴	花卉、花木	历史文化名城	依托现有6个花卉专业村、50多家花卉企业、花木基地4万余亩，着力打响“花木集群看漓渚”“高端兰花看漓渚”“全域美丽看漓渚”三张金名片
湖州市安吉田园鲁家田园综合体	浙江湖州	土地、山林、果林	竹文化	“一院一环三区”布局：一院，即两山学院，也是综合体的灵魂；一环，即两山绿道；三区，即绿色生态农业示范区、创意农业休闲度假区、生态农林乡居体验区

（续）

项目名称	所在区域	特色农产品	特色资源支撑	规划布局
珠海斗门区岭南大地田园综合体	广东珠海	花海、农田、湿地	岭南文化	“岭南大地”项目分三期建设。 一期内容主要包括“花田喜地”、中药园示范区、岭南水街三部分内容； 二期内容包括将三湾村打造成岭南高端养生小镇和农业庄园两部分内容； 三期内容包括石龙、东湾、下栏村“穿衣戴帽”及拓展营地等
丝路海口田园综合体	海南海口	莲雾、蜜柚、荔枝、黑豆、地瓜	丝绸之路	“三园三中心九区”布局：三园，即创新园、创业园、产业园；三中心，即加工配送中心、综合服务中心、配套服务中心；九区，即共享农庄示范区、露天蔬菜种植区、水生蔬菜种植区、大棚蔬菜种植区、百花田洋区、蔬菜种苗繁育区、互联网果蔬区、循环农业示范区、农乐体验区
重庆忠县三峡橘乡田园综合体	重庆市	柑橘、荷花、小麦、玉米、蔬菜、花卉	高科技柑橘园	“一镇三廊四区”布局：一镇，即新立柑橘特色小镇；三廊，即橘乡人家风情廊道、环青龙湖慢行廊道、田园马拉松廊道；四区，即智慧柑橘示范区、柑橘文化博览区、橘乡荷海休闲区、三峡花卉植物园区
铜川市耀州区田园综合体	陕西铜川	苹果、核桃、玉米、桃子	红色旅游	一带两心两园五区：一带，即百果长廊景观带；两心，即现代农业高科技孵化中心、管理服务中心；两园，即苹果文化主题公园、台塬风情庄园；五区，即特色果品标准化种植区、农产品加工物流区、体验农业区（智慧农庄）、田园小镇示范区、渭北民俗文化体验区
浏阳故事梦画田园田园综合体	湖南浏阳	板栗、花卉、丛林	红色文化、特色风情	将着重打造中华老种子博览园、老种子主题民宿、老种子美栗谷等项目；“诗画中州”功能区分为桂园国际美食体验园、浏阳河第一湾观光体验区和客家风情民宿体验园三大板块，发展成为中州美味系列与山水风光、民宿风情系列
衡山萱洲田园综合体	湖南衡阳	稻谷、葡萄、西瓜、香瓜、桃李	名山	四区一核心：四区，即生态农业种植区、生态农业观光区、有机农业种植区、生态养生休闲度假区；一核心，即古镇综合文化旅游区
泰州兴化千垛田园综合体	江苏泰州	菜花、荷花、菊花	菜花基地	主要有农业景观区、休闲集聚区、农业生产区、生活居住区四大功能区，形象定位为“千垛花海、梦里水乡”，重点打造垛田观光、淮村体验、康养度假等产品，目的是成为全球重要农业文化遗产旅游目的地、中国美丽乡村建设示范区、绿色有机食品生产区
溪田田园综合体	江苏南京	稻田、蔬菜、麦田、茶园、玫瑰园	历史文化名城	总设计面积10 765亩，主要有田园新社区、农业发展区、景观核心区、休闲体验区、商住配套区这五大功能区；农业发展区占地3 871亩，田园新社区占地3 011亩，农业区处于主体地位

（续）

项目名称	所在区域	特色农产品	特色资源支撑	规划布局
榆中县李家庄田园综合体	甘肃张掖	花卉、蔬菜	地域风情	占地8 621亩，有生产、产业、经营、生态、运营、服务六大体系及烂漫花海区、李家庄小镇、生态田园区、养生养老区、田园野趣区、亲子体验区、榆兴农庄体验区、智慧农业区、生态养殖区九大功能区域，重点打造智慧农业种植、千亩观赏花海、特色餐饮、李家庄小镇、亲子体验、开心农场体验、康体养生养老、休闲娱乐、盆景园、森林王国、农产品检测中心、作坊一条街、农耕广场、民俗街、农耕博物馆等25个项目
乌兰察布市四子王旗神舟牧歌综合体	内蒙古乌兰察布	草原、牛、羊	蒙古族草原文化	着力打造以农牧民合作社、畜牧科技企业、牧家乐、涉牧旅游企业为载体，使农牧民参与受益，与循环农牧业、创意农牧业、农事牧事体验为一体的“草原牧歌综合体”
土默特右旗大雁滩田园综合体	内蒙古包头	果蔬、花卉	特色风情小镇	分为东部的敕勒川农业博览园、中部的大雁滩景区、西部的特色产业种植区，其中大雁滩景区占地5 000亩，重点实施采摘园、养殖观赏园、百花园、农事体验区、民俗风情一条街等项目
浚县王庄镇田园综合体	河南鹤壁	瓜果	麦乡	两个项目：特色高效农产品栽培种植项目（乐玩温室采摘园）、世界瓜果展示及采摘项目（乡趣户外采摘园）建设已初见成效
孟津县多彩长廊田园综合体	河南洛阳	油菜花	洛阳文化	“一心一带四区”布局：一心，即综合服务中心；一带，即多彩长廊产业集群发展带；四区，即现代农业集聚发展区、美丽乡村风情生活区、多彩田园农业体验区和朱寨乡谷休闲度假区
高安巴夫洛田园综合体	江西宜春	玫瑰、荷花	特色小镇	“一谷一园一镇”布局：一谷，即巴夫洛生态谷；一园，即巴夫洛农产品电子商务产业园；一镇，即巴夫洛风情小镇
黄马凤凰沟田园综合体	江西南昌	茶、樱花、海棠	红色旅游	“八区二馆一站一基地”整体布局：八区，即观赏植物展示区、高效茶业展示区、高效果业展示区、蔬菜瓜果展示区、高效蚕业展示区、高效养殖展示区、高科技展示区、娱乐服务区；二馆，即农业机械展示馆、蚕桑丝绸文化博览馆；一站，即院士工作站；一基地，即水稻高产创建示范基地

（三）田园综合体建设中存在的问题与挑战

1. 房地产开发属性强、农业弱的趋势明显

目前，房地产商是参与田园综合体投资者中最具实力的一方。房地产商积极参与田园综合体建设，大大加快了田园综合体的落地和建设进度。但是，很

多地方出现了房地产化趋势过强、农业弱化的问题。甚至，农业很多时候仅仅成为点缀或被迫接受的限制因素。

2. 农民内生动力不足

田园综合体建设中，农民应该是主体。但现在很多田园综合体建设对农民的需求考虑不足，农民对田园综合体建设不清楚，参与不足。田园综合体建设远离农民，偏离了田园综合体建设的根本目标，不利于农民内生动力的培养。

3. 缺乏成熟模式

虽然田园综合体已在全国广泛开展，但仍然缺乏成熟的模式和标准，特别是业态协同、综合体运营和管理、农民持续收益机制、城市居民参与田园综合体方式等问题，仍然亟待探索。

4. 传统乡村文化传承和保护面临风险，同时存在生态风险

田园综合体涉及面广，很多地方的田园综合体对当地业态、生活方式、景观和生态的改变都是剧烈而不可逆的。其中，传统乡村文化保护和传承就面临巨大挑战，例如，居民居住方式、生产方式的改变，必然导致居民社区关系的改变，依托于原有社区的乡村文化的保护和传承必然面临风险。

同时，田园综合体建设对业态、景观等显在的指标会非常重视，但是对生态特别是如生物多样性、原生态环境等方面不容易被感知的改变，往往会忽略，进而可能导致对生态的巨大破坏。

（四）田园综合体建设关键点

1. 组建优质高效的、政商结合的开发和运营管理团队

田园综合体涉及面广，必须有强大的资金实力和稳定的政策支持加以保障。强大的资金支持来源于市场主体，稳定的政策支持在于政府和基层村庄。田园综合体建设中农民利益和村庄发展是根本目标，必须有政府的参与和监管；田园综合体的投资开发、运营管理又是市场行为，需要专业的商业团队参与。因此，必须组建政商结合的开发和运营管理团队。

在实际操作中，可以由村庄和开发公司联合组建平台开发公司，统一负责规划、建设、运营和推广。

2. 高效的三产融合的业态

田园综合体的可持续发展，在于产业的融合。其中，农业是纽带、导入点和前提。虽然农业在田园综合体的收入比重中不能占主要部分，但农业始终是田园综合体的纽带和导入点，其他业态的发展必须有利于农业业态的发展。同时，农业也为其他业态提供景观和政策支持。

围绕农业进一步发展高利润、高收入的第二产业和第三产业，同时结合特色小镇建设，最终实现三产融合发展的局面。

3. 特色小镇为基础

特色小镇是田园综合体发展二产、三产的主要空间，是田园综合体建设用地的主要来源。田园综合体建设必须配套特色小镇的建设，才能真正实现三产融合，才能真正实现田园综合体的市场化运营。

4. 生态为前提

田园综合体的根本在田园，必须注重保护田园的自然生态和文化生态。田园的生态也是田园综合体体验经济的依托。

5. 文化体验为魂

田园综合体是体验经济的产物。田园综合体不仅仅提供农产品、加工农产品，也不仅仅提供旅游休闲服务，更重要的是还提供田园文化体验及其他主题文化体验。

案例

太仓浏南七十二家村
——田园综合体下的理想乡村模型

引言：七十二家村项目将旅游作为驱动产业和乡村田园综合体发展的重要路径，根据当地良好的农业及环境资源打造田园画、水上歌、阡陌道、溪环绕的理想乡村的生活图景。

项目背景

浏南七十二家村位于浏河镇南侧，东临长江入海口，与崇明岛隔江相望，南与上海宝山区、嘉定区相邻，北依新浏河。依托新浏河入江口和东部江堤独特的江尾海头风光，以及阅兵台、战时碉堡和宝山水库等历史文化和自然资源，2017年11月，应太仓市长江口旅游开发管理有限公司的委托，项目组开始对七十二家村进行规划设计，规划区域3 300亩，核心区域1 300亩。拟将该片区建设成为集休闲度假、旅游观光、养生养老、创意农业、农耕体验、乡村手工

图6-5　七十二家村鸟瞰图

艺等为一体的具有江海文化特色的生态旅游景区。

项目主要思路和分析

项目主要研究思路：

太仓浏南村七十二家村田园综合体，是以原乡、生态的打造手法，广泛整合域内资源，抓住并占用区域内的一种文化，最终以农业景观营造大环境的标杆项目。项目充分挖掘自然资源和文化资源，并围绕文化充分延展、创意、创新，通过综合梳理长江口南岸郑和下西洋的起锚点和天下第一码头的太仓浏南村的现状资源、历史文化资源，导入“和”文化，结合田园产品打造融合时代潮流的特色旅游。

有竞争力的“乡野田园综合体”必然都有小而精且独到的IP属性。七十二家村形成了依托旅游、整合产业并对外输出产品的重要体系，通过打造长江三角洲最美的七十二家村乡美工社，打造最能体现中国“和”文化的乡村田园城镇，建立最具体验性的乡野农创田园综合体。

七十二家村首先将农田进行高标准综合整治，其次将田园环境进行公园化打造，力求农业种植的规模化展示和休闲体验在产业、旅游项目、配套之间实现有效衔接（图6–6）。

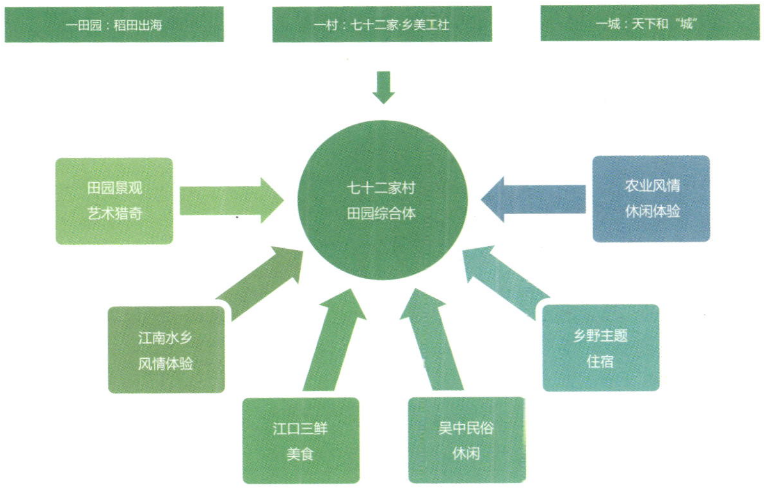

图6-6 功能定位

七十二家村的美田打造方式分析：

（1）农业种植景观化。美田，从字面上理解，就是肥沃的田地。而广义上的“美田”就是整个田园环境的塑造。通过规划对种植区域合理布局，在保障生产量、生产效率不受影响的前提下，保障生产区域的景观性。

和美果苑：在北侧入口进入主要道路的两侧地块种植了200亩果林，以桃、李、橘、杨梅等果树为主，既可作为田园景观，又可作为田园休闲体验空间，让游客在景观中体验采摘的乐趣。果林之间以可移动木屋、高脚屋、帐篷木屋等建筑形式布局五幢花果主题餐厅，开展水果采摘、果味佳肴制作体验、果品美食品尝、果林婚纱摄影等活动，通过种植采摘、观景、体验等形式将和美果苑打造成高标准果林。

稻田出海：以郑和下西洋起锚出海的历史事件为原型打造稻田出海图，穿插郑和所到西洋各国的风情艺术、舞蹈、民俗等，形成一条由大地景观组成的万国风情艺术廊道，极大地丰富了田园种植的景观性（图6–7）。

图6-7 稻田景观

（2）田园景观农业化。在田园里增加景观性建筑物、小品等活跃田园氛围。这些点缀在田园里的景观小品要具有农业化，突出农业主题。

（3）农业种植的规模化展示。规模化的种植可以使田园景观美观统一，增强视觉冲击力。

（4）交通梳理及景观提升。道路是农田里重要的基础设施，先将道路交通体系进行梳理，做到“路相连”，通过道路交通体系来整合田块，形成“田成方”。田块的划分形成不同的种植景观，从而使项目区内形成不同主题的景观道路，再将主要道路两侧进行景观上的提升，提升方式有：增加和规范绿化带的种植，将绿化带彩色化，多样化；增加夜间照明系统；在主要路段适当位置点缀景观小品；清理道路两侧杂乱植物，使其干净整洁（图6–8）。

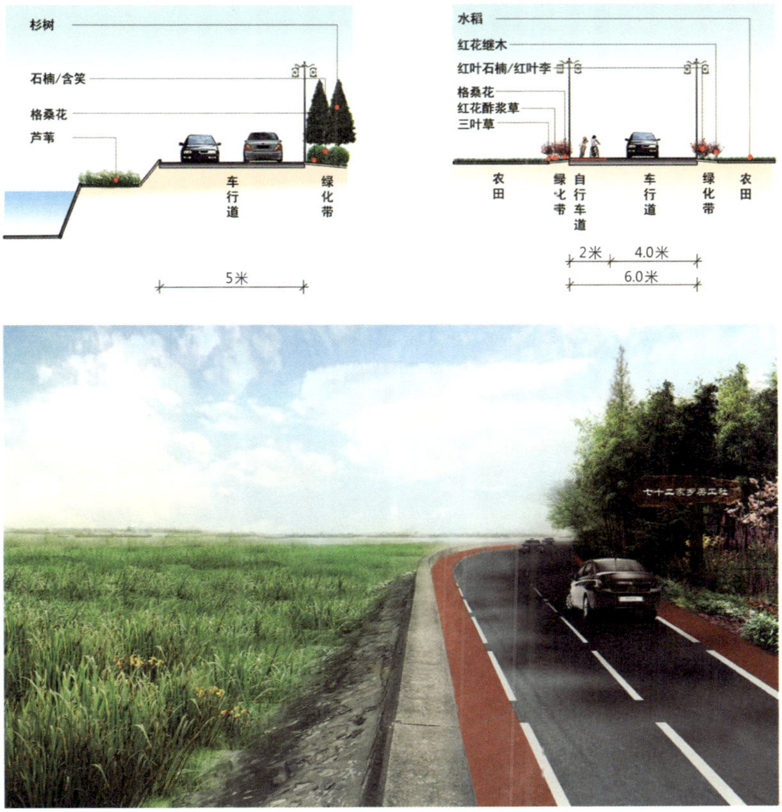

图6-8　道路改造

和美大道：由北侧入口进入旅游区的旅游道路，道路两侧各打造20米宽的稻田景观、小花海、景观节点等，以丰富景观层次，提升道路沿线景观群落效果。

乡艺大道：由西侧进入旅游区的旅游道路，沿道路两侧以小花海、稻田画大地景观等为主，打造乡村绿道，丰富沿线田园景观节点。

（5）沟渠水系的治理。疏通灌溉沟渠，连通灌溉网络，形成“渠相通”。项目区内部沟渠水系互相连通，并与外部河流相连，用水闸控制水量，做到“旱能灌”“涝能排”。

（6）配套设施的烘托。用农业造型完成厕所、垃圾桶、提水站、标识牌、休息座椅等基础设施的景观化改造，适当点缀灯光亮化系统，丰富夜间景观。

田园综合体的根本在田园，依托七十二家村的现状资源和产品打造，对整个村庄的景观进行梳理，以生态为背景，以田园为基础，从整个田园环境入手进行打造和提升。在产业上将田地打造成“田成方、渠相通、路相连、旱能灌、涝能排”的高标准农田。在旅游上，通过对田园景观的打造、提升，形成鲜明的分区特色，给游客以多样化的景观感受，为发展民宿创造了良好的外部环境，为田园综合体休闲旅游的发展提供条件。

（感谢供稿：太仓项目组）

四、农业公园式靓山美田

（一）什么是农业公园

农业公园是在城市公园、农业及乡村旅游、农业产业园区三个不同业态的基础上提出的，它以健康定制的农业生产模式、公园化的种植养殖环境、景观化的种植艺术、主题化的旅游体验、休闲化的生活方式为主要标志，既满足现代化的农业育种、研发、生产、加工、物流、仓储、配送等产业闭环，又能够满足农艺观光、猎奇、体验等需求，还是新式生活、度假、养老体验的全新载体；既能够体现当地的农业历史、文化及当代发展水平，又可以通过科技展现未来农业的发展愿景。

（二）发展农业公园的意义

1.国家政策的支持

党的十八大提出建立新型产业体系，发展休闲农业与乡村旅游，促进一二三产业融合，整合零散农业生产力，促进农民合作组织与社会企业家共同投资发展，通过产业升级实现农民就地转化。同时提出新型城镇化要有特色、产业基础要与农业产业化有机结合，促进一二三产业融合的“农业＋产品”。

2.城乡间的桥梁纽带

农业公园在城乡之间起着不可或缺的桥梁作用。它作为一个似农非农的形态存在，为内心有着乡土情结的人而准备，既可以缓解离开乡村打拼的新型城市人的乡愁，也可满足城市居民对乡村自然生活的向往，同时也为生活在乡村中的村民增加新的就业机会与选择，改善其固有的生活，从而填补城乡之间的空白地带。

3.创造社会与经济价值

首先，农业公园改变了农业与自然之间的关系，解决了人与自然之间的矛盾。农业公园倡导有机、低碳、循环的理念，可以解决社会污染问题。其次，它可以促进政府和社会主导的农业产业升级，对农民和整个社会环境的提升都有所帮助，并与乡村建设进行融合，带来各种额外收益。

（三）农业公园园区建设标准

中国村社发展促进会、亚太环境保护协会等五家单位联合制定了《中国农业公园创建指标体系》，该体系包括乡村风景美丽、农耕文化浓郁、民俗风情独特、生态环境优化、规划设计协调11项评价指数，全国范围内的村庄、社区、乡镇，与新农村建设、农业产业化相结合的乡村旅游景区具备以下条件的均可申报：①与乡村、农业文化相关的风景、风物、风俗、风情，具有吸引广大旅游休闲者的资源禀赋与基本条件；②产业结构中必须有农业产业（包括农林牧渔）作为重要方面；③有对乡村实施绿色文明和可持续发展的基本要求与考量；④以村域范围为主体来规划布局和开发建设；⑤尽力保留原农户、农民的人居原生态，农民生活情景应活化与融化在农业公园游览体系当中。这不仅对之前的园区项目从侧面进行了规范，也为之后的农业公园创建指引了方向。

结合创建指标体系，以及以往项目的规划经验，总结出了下列11条建设标准，以供参考：

（1）政策。符合国家产业政策，合理合法进行顶层设计。

（2）选址。拥有良好的交通区位条件，距离核心城区、景区较近。各地对农业公园的面积要求各不相同，但面积大小对后续的辐射带动都有决定性的意义，建议在面积选择上谨慎斟酌。

（3）资源。种植环境优良、有自主可控的水源、地形地貌具备一定特色、拥有一定的旅游环境和资源者更佳；农业产业能体现当地农业特色、有地理标志产品更佳；乡村建筑拥有当地传统特色或具备改造条件、农村生活具备一定的体验性更佳；涉农文化资源丰富、拥有特色的农耕文明或非物质文化遗产者最佳。

（4）土地。基本农田占比不高于50%、一般农田占比不低于30%，非耕地土地占比不低于20%。并且可以为后天打造旅游基础配套设施、农业及乡村生活方式、度假设施提供一定的配套建设用地储备。

（5）规划。园区整体构架凸显公园化、平台化原则；产业种植体现农艺化、景观化原则；建设项目突出农业化、主题化原则；科普产品凸显过去化、未来化原则；度假产品体现生活化、健康化原则；配套设施凸显主体化、个性化原则。种植农艺既是生产空间也是旅游观光休闲、餐饮、娱乐的承载平台；特色乡村既是传统生活的再现也是乡村度假、养老的全新载体。

（6）文化。每个农业公园都有自己精神层次的文化产品和自己的主流形象，它既体现在农业公园的实体，也会统筹线上线下平台及农产品、旅游商品；每一个园区都有自己独特的表达和表现方式，或内敛或豪放，不管哪种形式都有突出的性格要素。

（7）建设内容。尤其是配套设施，亦参照国家5A级景区标准和国家相关部委提出的高等级农业的相关标准进行提炼，在农业农村部、旅游局出具正式意见前，暂以双标准作为农业公园的规划标准。

（8）环保。农业产业形成自我循环链条，达到产业零排放或低排放；建设项目达到零排放；配套设施达到零排放。具体参照国家相应标准，通过环保部门的环评验收。

(9) 投资。拥有独立的投资主体，可分为政府、企业、个人、社会机构。投资体现低投高效，针对农业产业链投资不得低于总投资的40%。

(10) 效益。一要体现富民、扶贫效应，老百姓成为受益者而不是失地者；二要体现环境及社会效益，带动农业及乡村环境提升，带动当地农民就业；三要体现经济效益，尤其是农业产业自身要有明确的盈利模式。

(11) 互融。一二三产业互融，生态保护与农业生产互融，人与土地互融。

（四）农业公园的政策风向

党的十八大提出建立新型产业体系，发展休闲农业与乡村旅游，促进一二三产业融合，通过产业升级实现农民就地转化，从而全面提升农产品附加值，到2020年中国将全面建成小康社会。同时提出，允许农村土地入市，进一步加大农村土地流转力度，鼓励民间资本投资农业。另外，党的十八大提出打造具有特色的新型城镇，需要将集约土地、产业基础与农业产业化进行有机结合，旨在促进农村土地整理及农业产业化的进程。

以农业产业为根基，按照农业产业化、新型城镇化的发展模式，势必能够构建“产业+旅游+文化”的功能体系，而农业公园是一个大产业概念，它具备了科研、种植、示范、带动、加工、仓储、配送、休闲、旅游、科普等功能，是一个完整的产业链闭环，它颠覆了传统农业的观念，是一个融合一二三产业的、高端的“农业+产品”。这就是为什么说，农业公园将会成为“农业+”时代最具代表性的、最先进、最有竞争力的品牌。

自第一个农业公园发展规划开始，越来越多的政府机构、企事业单位及社会从业人员都将农业公园的打造、研究作为一项专门的课题。2015年至今，乡村旅游成为一个新的发展亮点，农业公园也成为一些具有实力的政府和投资方极力追求的新型农业开发模式。2019年年初，广东省发布《广东农业公园建设标准及评价指标体系》，将评定标准分为建设条件、建设能力、建设效益、园区特色四大项54个小项，涉及交通区位、园区规模、环境条件、管理接待能力、经济生态效益、辐射带动能力、地域个性化元素、园区主导产业以及园区品牌创建，等等，为地区农业公园的申报规划提供了新的标准。

农业公园已经受到政策、市场、研发等多个层次的关注，并已进入到具体执行层面，是国内农业产业升级、农业+旅游、乡村旅游最有效的抓手和发展载体，是当前新时期农业产业化、依靠新政策与时代机遇所面临的新型旅游产业和休闲产业融合发展的最好模式。在大力发展农业产业转型开发的最好阶段，推动农业产业化、农业与其他产业互融发展的农业公园道路势在必行。

（五）农业公园设计要素

农业公园是公园、景观、产业、游憩功能融为一体的综合系统，设计必须兼顾这些功能要求，形成农业公园体系（图6–9）。

相比于普通公园，农业公园的主要特点在于农业景观化与景观农业化。整个农业公园要素设计都应围绕农业景观、农业产业搭建设计（图6–10）。

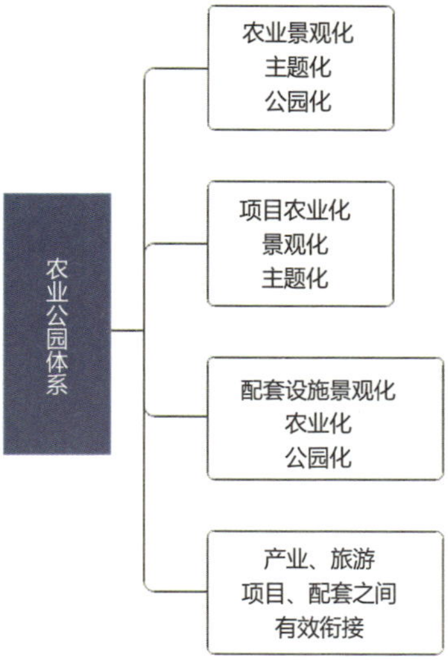

图6-9 农业公园体系

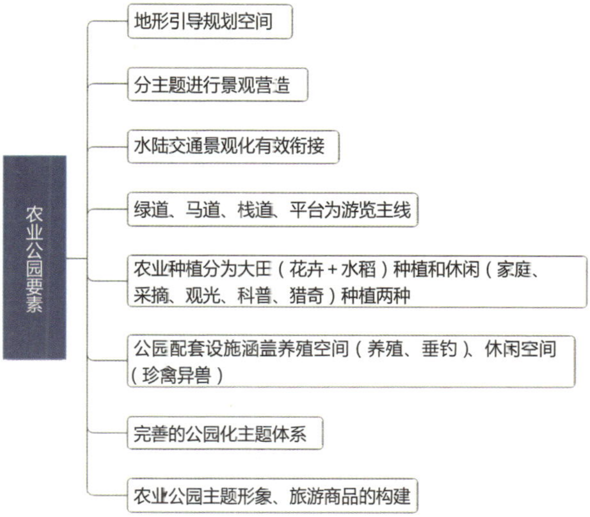

图6-10 农业公园要素

案例

栾城国家农业公园

——IP主导的第三代国家农业公园

引言： 栾城天山国家农业公园位于河北石家庄市，是河北天山集团为响应国家乡村振兴战略斥巨资打造的，是栾城区农业供给侧结构性改革、丰富全域旅游产业、提升整体农业发展、助推城市转型升级的重要抓手。规划充分结合栾城的区位优势及产业特色，通过原创IP引领，配合新型产业导入，以国家农业公园与5A级景区双向标准，打造集农艺猎奇、花海奇观、亲子童玩、农餐对接等功能于一体的第三代国家农业公园（图6-11）。

项目背景

项目总占地约2万亩，涵盖定制产业园区、现代农业园区、物流园区、特色小镇、农艺世界等内容。其中首发区占地900亩，导入560余亩芝樱艺术花海种植区、中国首个原创IP级亲子童玩综合体、兼具体验和亲子双重属性的水上田

图6-11　总鸟瞰图

园精品民宿酒店三大核心竞争力项目，形成入口服务区、芝樱艺术花海区、天赐童玩区、主题民宿区四大功能分区。该项目致力于全面撬动栾城天山国家农业公园的建设与发展，是整个项目具有竞争力的引爆点工程。

项目主要思路和分析

IP的诞生：

项目按照农业公园的发展诉求，结合天山集团企业文化，设计了农业公园IP代言吉祥物——小刺猬天赐。同时符合流行的家庭亲子要素，设计了“天赐一家”的形象延展。IP的构建不仅是一个品牌形象，还是引领农业公园产业创新体系的灵魂核心，其涉及艺术花海造景、亲子童玩产业、创意农业景观、服务配套、农业文化创意产业等多个方面（图6-12）。

图6-12　天赐和他的一家

北方最大的芝樱艺术花海区：

芝樱艺术花海区是栾城天山国家农业公园的一大亮点。花海以大面积不同颜色的芝樱花、油牡丹、矮化向日葵等花卉观赏为基底，同时融入观景亭塔、卡丁车、温室瓜果采摘林、婚纱摄影、花海工坊民宿。原创设计的花海隧道及景观长廊，是芝樱花海的最佳观赏路线，通过多线穿插并联，形成时而并行、时而交错的趣味花海空间（图6–13～图6–16）。

图6-13　花海鸟瞰

图6-14　景观塔

世界农业农艺展示最全的巨型温室：

占地2万平方米的巨型温室主要分农业景观、主题农业、科技农业、互动体验四大板块（图6–17），充分融入本地农业文化，结合了本土农产品展示、异域风情农业观光、现代科技农业观光、农业研发、农艺、农趣，是整个农业公园猎奇观光最核心的组团。在满足四季农业观光的基础上，增添反季节农业采摘、亲子研学等内容，也是农业公园平衡淡旺季旅游核心的产品。

图6-15　刺猬之家

图6-16　廊　架

图6-17　异形温室

IP主导的天赐童玩区：

天赐童玩区汇集了农耕体验、研学教育、亲子互动、体能拓展等项目，小刺猬天赐和它一家的形象贯穿于整个游园氛围中。小刺猬主题营造的创意农业田园景观、依托用地性质、现有植被打造的天赐迷宫，提高孩子感知自然激发艺术天分的田园工坊，让一家人共同体验DIY美食的野果厨房，让孩子与小动物亲密接触的萌宠乐园和刺猬的窝，以及园区配套的院落式亲子民宿等，一站式满足了亲子家庭休闲度假的所有需求（图6–18、图6–19）。

图6-18　萌宠乐园

图6-19　院落式景观民宿

除此之外，栾城国家农业公园以IP为基点自主研发了全套的VI、标识、导视系统，原创设计了旅游商品、卡通演艺活动，大到一个场馆，小到一个井盖，每一处都体现着自身的个性符号，每一处都拥有独到的田园美学（图6–20）。

好的IP是孵化原创思维的基石，具有吸纳和辐射资源的功能，也是连接产业、经济、产品元素之间的纽带。以原创IP为主导的第三代国家农业公园在农

图6-20　文创产品及园区导视、设施

业产业、农业经济、农业文化、品牌输出、线上线下转化等环节构建了强大且独特的系统，为高端农业旅游产品注入了新的活力。

（感谢供稿：栾城国家农业公园项目组）

第七章

人居环境改造模块

村庄是乡村的核心，村庄建设是乡村振兴必然关切的问题。目前，中国乡村人居环境还存在很多问题，主要表现在乡村基础设施质量和覆盖范围问题、公共设施保障问题、环境卫生问题、乡村文化问题、建筑风貌问题等方面。

乡村人居环境整治过程中，应注意保护和开发的关系，重视新旧关系。在满足人居环境改造功能需求的同时，村落景观也是关注的重点。村落景观改造应重视各景观要素如街、巷、水井、道路等的关系，重视景观的文化性、整体性。按照《国务院办公厅关于对真抓实干成效明显地方进一步加大激励支持力度的通知》，2019年，农业农村部和财政部在地方推荐的基础上，遴选农村人居环境整治成效明显的19个县给予奖励，每个县奖励2 000万元，奖励资金由地方统筹用于人居环境整治的相关工作。乡村人居环境改造将迎来示范引领、快速推进的发展阶段。

一、中国乡村人居环境普遍性现状

（一）设施质量差

乡村设施是为乡村的发展及原住民生活水平改善提供公共产品和服务的各种设施设备的总和。目前，我国乡村设施问题主要集中在以下两个方面：

1. 乡村的设施设备很薄弱

近年来，尽管各级政府对乡村的水电路网等一些设施投入力度较大，一些乡村的设施建设取得了有目共睹的成绩。但由于一些乡村受到自然环境和社会环境的制约，仍然存在乡村设施设备发展不足的问题。一些乡村的设施条件普遍较差，生产性的设施设备发展薄弱，服务性的设施设备落后，社会性的设施设备也普遍存在安全隐患；有些村庄的道路、供排水、环卫、公共服务等难以适应村落经济的发展和村民对美好生活的向往，也无法满足生产生活的需求。

2. 乡村设施设备资金投入不足

我国乡村设施建设的资金来源过于单一，乡村投资市场类份额偏小。虽然乡村设施设备建设所需的部分资金由政府扶持，但是政府对乡村的投入毕竟有限，不可能全包全揽、面面俱到。因此多数资金还是由村集体及农户自主承担，可是大部分村民并不富裕，实在是心有余而力不足，难以拿出足够的资金用于乡村设施设备建设。

（二）基础设施覆盖不健全

一直以来，乡村基础设施建设能直接对乡村经济社会发展产生巨大的主客观效应，对乡村各项事业的发展也会产生巨大的促进作用。但相对城市而言，乡村的基础设施配套和覆盖范围显然十分落后，存在很多显而易见的问题。

1.公共空间覆盖范围不足

目前，每个村都有如村民综合活动中心、体育设施、小型广场等，这些公共服务空间多在行政村村委会所在地，覆盖范围有限。特别是一些较偏远的村落，很难被覆盖到。

2.公开空间功能缺失

社交、锻炼等是目前村民在公共空间进行最多的日常活动，但在乡村往往缺乏居民闲坐、交流的配套空间；很多体育设施与村民锻炼需求不相符，一些体育设施破损严重。

3.公共服务设施服务距离过远

公共设施配套不齐全，布局较分散，有些村落中没有商店；部分村落特别是山区村落，医疗卫生设施距离村民居住地较远，就医不方便；小学、中学等设施依托中心城镇，孩子们上学路途远。

4.交通条件仍然有待提高

目前，各乡镇道路基本已实现村村通，但一些偏远村落对外连接的道路狭窄、缺乏会车空间，没有停车场，部分农户居住地公路不通，车辆无法通行，只能通过步行外出；聚落内农户之间的通行条件差，雨天时更是路窄且湿滑。

5.互联网信息建设缓慢

在信息全球化发展的今天，互联网、大数据已成为农村脱贫攻坚中的重要一环，但在我国大部分农村地区，互联网信息化建设进程缓慢，严重影响新农村发展现代化的步伐。

（三）公共设施保障不均衡

一些乡村公共设施设备建设普遍存在不均衡的问题。这主要体现以下两个方面：

1.乡村公共设施发展不平衡

由于各个乡村所处的自然环境和社会环境存在差异，导致各个乡村的设施设备建设也不同。东部和西部的乡村、沿海地区和内陆地区的乡村、城市近郊乡村和偏远的乡村，它们的乡村设施建设都存在发展不平衡的问题。有些乡村的设施设备建设已经非常完善；而有些乡村的设施设备建设基本上还处于刚起步状态，乡村交通基本上靠乡民的两条腿或牲畜来完成。这些乡村设施设备存在的显著差异都显示了不同村之间设施设备建设的不平衡。

2.生产性设施设备与服务性设施设备建设不平衡

由于资金投入有限，乡村设施设备建设主要用于满足村民生产生活，其建设效果远大于服务性与流通性设施设备的建设情况。例如，一些乡村把有限的资金主要投入在水、电、气等基础设施建设上，而对环保设施设备的资金支持就相对薄弱，用于污水处理、垃圾处理等的环境基础设施落后。

（四）建筑风貌杂乱无特色

乡村建筑风貌体现的不仅是对特色文化的传承，还是对地域认同的延续，更是乡村振兴与村落建设的一种创新。随着经济的发展，传统乡村正在不断进行改造，一些乡村建筑逐步发生改变。但也正因为如此，乡村建筑风貌也出现了许多问题。

1.保护与传承不足，村容村貌杂乱平庸

许多有着较好的古建筑和传统村庄格局的乡村在村落建设中，对这些重要文化资源的传承与保护力度不够，导致一些具有保护价值的庄园、民居破损严重，迟迟得不到保护；一些大的历史建筑院落内，乱搭乱建现象严重；新建筑与老建筑混杂，风格差异巨大，缺乏美感；村落中存在较多的荒废建筑，年久失修，无人居住，整个村落呈现衰败景象；具有历史价值的古道大量被破坏。

2.片面追求整齐划一，村庄丧失个性

许多村庄与民居都非常重视自然风水，重视村庄与周围环境的关系，原有村庄或民居带有较重的地方文化特性。但有些村庄、小镇，因为片面追求整齐划一，地方性与地方感丧失速度在加剧，村落所在地的地形、风土人文的关系变得模糊。

二、人居环境提升关键技术

（一）传统民居保护与利用

几千年的历史发展中，疆域辽阔的中国受各种自然条件和社会环境的影响，逐步形成了各地不同的民居建筑形式，这些传统民居的建筑形式不仅印上了地理环境的烙印，还生动反映了丰富的文化内涵，是古代劳动人民智慧的结晶。

但随着经济的发展，在现代建筑的冲击下，许多传统民居正面临着快速消失的严峻挑战。面对传统民居建筑与建造技艺不断消失的形势，不仅急需要开展对传统民居的保护工作，更需要研究如何科学地改造和利用传统民居，促进其社会、经济价值得到进一步发展。

1.传统民居保护的原则

（1）保护传统民居的原真性与完整性。一些有年代感的传统民居都具备原始的真实性。在保护传统民居的过程中，要把保留传统民居历史和建筑的真实性和完整性作为首要任务。一方面要完整地保留历史遗迹以体现历史的完整性；另一方面不能随意更改传统民居本来的建筑格局、空间形态和建筑色彩，以保留传统民居原来的美学价值和艺术价值。

（2）保护传统民居的整体性。传统民居建筑可以说是环境的缩影，与周边环境紧密联系。传统民居的建造本身就包含着与周围环境的融合，注重与环境的协调性。周边环境的破坏会使得传统民居的建筑格局、空间形态变得不相协调。因此，保护传统民居不仅是保护传统民居的建筑形态，更要注重对周边环境进行保护，比如保护民居周围的道路、植被、花丛、河流、湖泊以及其他构成环境的要素，以保持传统民居与环境的整体性。

2.传统民居的利用

（1）适度向公众开放。传统民居体现的是一个区域传统文化的灵魂。一方面，它为人们提供居住的处所；另一方面，它为整个家庭或家族汇聚凝聚力。但由于现代化的建设，很多传统民居建筑趋向于没落，被现代化建筑所取代。许多人对传统民居没有任何了解，对传统民居体现的文化内涵一无所知。因此，需要让传统民居向公众开放，提高人们对传统民居的认知，提升人们对传统民居保护的意识，特别是让年轻人意识到传统民居对历史的发扬和传统文化发展的重要性。同时，为避免过度商业化给传统民居带来的损害，应该适度开放，将一些得到保护、已经修缮完善、不易破坏的传统民居优先开放。同时也要限制开放的参观人数等。

（2）采用“旅游+生态+文化”三位一体的发展模式。传统民居的保护与利用离不开旅游发展的助推力。旅游一方面是传统民居向公众开放的体现，另一方面也为其带来传统民居保护的资金支持。但仅从旅游板块来利用传统民居反而容易使民居受到破坏，因此，必须在旅游发展中注入保护生态环境和弘扬文化内涵的发展模式。在对传统民居进行旅游开发的过程中，要优先挖掘和弘扬传统民居的文化内涵，注重保护传统民居建筑周边的生态环境，而不能在旅游开发中过度商业化，而破坏传统民居建筑的整体性与完整性。

（二）村落格局的保护与改造

1.村落格局的保护

村落格局是村落的生产要素、生活要素等的空间布局关系，如民居、街巷、村落公共空间、店铺等的空间布局关系。村落格局综合反映了村落的生产文化和生活文化，因此，村落的保护应特别重视对村落格局的保护。

村落格局的保护，应注意以下问题：

（1）村落保护区划的划定。村落区划体现的是传统村落的空间管辖权。村落保护区划的划定除了根据国家或地方政府相关条例与要求划定保护范围以外，还要根据村落的实际情况，包括村落的整体价值、风貌特色和环境构成等进行。根据村落整体格局特征，人性化地划定保护区划。

（2）保护村落的自然与社会环境。村落是在一定的自然与社会环境下建造的，自然与社会环境、村落是一个整体。村落格局的保护离不开村落周边自然与社会环境的保护。比方说，要保护村落周边的山体、湖体、交通布局等一些自然与社会环境。

（3）处理好新村建设和古村保护的关系。一般而言，在传统村落受保护的同时，周边新村落也在不断建设与发展中。因此，在保护传统村落格局的过程中，必须处理好新村建设和古村保护的关系。要控制好未来村落格局的改造与利用发展的边界，处理好新村建设的空间形态，未来的建设用地和村落的生产用地也必须要进行严格控制后再对其进行开发，确保村落原有的空间形态不受破坏。

2. 村落格局的改造

虽然村落格局是传统乡村文化的综合表现和重要载体，但在乡村发展过程中，由于生产方式、生活方式的改变，村落格局也会出现相应改变。例如，传统农业的耕作半径小，导致村落民居往往以大范围散居、局部聚居的方式存在。现代社会，随着耕作半径急剧扩大，村落的集聚程度可以更大，散居反而变得不经济。因此，为适应现代化进程，村落格局也应该有相应的改变。在村落格局的改造过程中，应注意以下问题：

（1）在原有格局保护的基础上，进行适当改进。传统村落往往依山就势、因地制宜进行布局。这种方式对自然环境破坏最小，是符合人地和谐价值观和美学观的。虽然现代建造技术赋予了村庄建设者开山破土的能力，但在村落格局的改造过程中，也应尽可能地遵循因地制宜的理念。在村落格局改造中，要遵循村庄原有地貌特征，在不破坏村庄原始形态的基础上按照村落各区域不同的特征，分别对生活区域、生产区域、公共开放性区域进行改造，不破坏原有区域的功能分布。

（2）改造要注重兼顾文化艺术性与乡土性。在村落的改造与利用中，要注重融入当地的风土人情、气候特征以及有历史纵深的文化传承。同时，也要推陈出新，在乡土的外观下融入视觉体验感觉的文化艺术性，比如，在不改变村落整体环境的前提下，对村落某建筑进行艺术性的创作。

（3）在传统建筑中融入现代技术。在村落改造过程中，用常见的、乡土的建筑材料和传统的搭建方式对建筑进行改造，尽力呈现传统民居的原本形态，让民居建筑外表都保留农家味道，营造乡土气息。民居的内部装修设计则可以采用现代化的手段，安装现代化的设施设备以使其功能最大化。

（三）乡村民居新旧融合建设

在乡村民居改造与利用的过程中，涉及乡村新建筑与旧建筑的融合。在这个过程中，需要将适合于当地文化发展的新元素、新思维加入到新的建筑设计中，同时又要不失传统文化建筑的特色，将新旧建筑进行很好的结合。因此，如何才能更好地进行新旧融合，是民居改造与利用过程中应该关注的。

1. 旧建筑合理加入新元素

为了使传统建筑与时俱进地融入到现代生活之中，就必须合理地在旧建筑中加入新元素，比如，传统建筑与现代建筑的融合可以体现在内部修饰上。由于乡村传统建筑多注重整体框架，所以无法改变建筑的基本结构，但在内部装饰上可以加入现代审美、现代功能等因素。

2. 合理运用传统村落空间

传统村落作为一个存在一定区域面积的生产生活空间，它本身就能够满足多种功能。因此，必须合理地对村落的空间结构加入现代功能，除了满足乡民基本的生产生活功能外，还可以添加现代文化休憩功能，比如，添加图书馆等文化类建筑和健身娱乐类建筑等。

3. 保留原本村落的完整性

这种村落的完整性包括村落历史和文化的完整性。在乡村民居新旧融合的建设中，不能简单地为了追求时代的发展、为了追求创新，而不考虑当地传承下来的历史文化，那便远离了建设的初衷。乡村民居新旧融合建设不仅要使建筑在外形上具备传统特征，而且还要体现内在的历史文化内涵，能够将古建筑的历史文化因素进行传承与呈现。

（四）村落人居环境整治

随着科技和时代的发展，村落的人居环境正逐渐受到威胁，改善人居环境显得很重要。村落人居环境的整治需要注意以下几点。

1. 要有整治的长效机制

开展村落人居环境整治，不是短时间内就能完成的。因此，必须要立足眼下、着眼未来。在解决现阶段最突出问题的同时，也要着力健全村落人居环境管护的长效机制，让机制激发乡民改善村落人居环境的动力，发挥乡民的主体作用，提高乡民的参与度。

2. 污水治理与厕所改造是重点

要总结推广适用于不同地区的农村污水治理模式，与技术支撑相结合，探讨污水治理的新模式、新方法、新技术，同时推进乡村的“厕所革命”，开展乡村居民厕所设施的改造与升级，同步科学实施粪污治理，实现农村无害化厕所逐一覆盖，提高乡民生活品质。

3.要加强村庄规划管理和完善建设和管护机制

国家改善村民人居环境的方案中也提出要基本建立有制度、有标准、有队伍、有经费、有督查的村庄人居环境管护长效机制，鼓励专业化、市场化建设和运行管护。有条件的地区推行城乡垃圾污水处理统一规划、统一建设、统一运行和统一管理。

（五）传统文化功能空间恢复

1.宗族文化中心保护及恢复

祠堂、家庙等物理空间是中国传统宗族文化秩序展现的核心区，在家族长者的组织下，这里曾是家族重大事情商议、教育、调解、惩处的场地，也是为各房子孙办理婚、丧、寿、喜等事宜的场所。在党建引领下，可考虑根据当地文化适度恢复逝去的宗族印象，乡贤、尊者协作起到伦理教导、教化村民的作用。

2.村民日常交流活动场地及空间

在很多地方，村民可以在一口老井、一棵古树、一个碾盘、水磨坊周边的空地聚集、交流、谈心，这样的空间充满了乡土记忆，但这种景象却在时代的变化中逐渐消亡，人与人之间的互动和联系也在减弱。我们可以通过景观打造、空间整理的方式恢复乡村的交流聚集点。

3.新型文化交流中心

随着美丽乡村建设、乡村振兴等各项工程的推进，村图书馆、文化娱乐中心（含礼堂）、广场（可以跳舞）、健身运动中心、老年中心等成为一个村落空间的新型文化交流空间。对于原住民而言，这些内容有助于完善乡居板块，打造宜居生活；对于新居民而言，新型的文化交流空间是拉近与当地文化融合的通道。

（六）乡村民居改造的等级分类

1.传统民居保护

由政府统筹资金保护，如无人居住，则将民居收归集体所有；如有人居住，则需要与所有人协商签订保护条例，发放保护类补助。本类建筑原则上修旧如旧或创意化维修，进而承担一些公共空间功能，例如图书馆、村史馆、文化中心等，有条件的村可以开展一些文化性旅游业态的导入和打造。

2.重点改造类

本类民居可以改造或改建。生活空间不能满足宜居需求，且不具备保护价值的可大改或拆建。

3.氛围营造类

本类建筑保存状况良好，适宜居住，因此没有必要再去改造建筑外立面，哪怕是瓷砖房也不建议与其他建筑统一风格，但要对其房前屋后的院落空间进行整治，使其整齐划一，与其他民居环境统筹发展。

4. 特殊需求类改造

专门针对一些要打造农家乐、民宿或餐厅的民居改造，可以在保持一定风格的同时，根据功能要求进行精致化改造或改建，只要不违反土地红线及其他政策，可以对此类建筑多增加补贴。

乡居改造必须分类、不强改、不做大锅饭、不做表面文章，这样既可以节约资金，又可以有针对性。在政府参与层面，除非是确定深度贫困户的房屋，其他房屋无论是深度改造，还是氛围营造，都需要村民按照既定比例对等出资，这样可以有效避免“不患寡而患不均”的村民情绪。另外，针对有特殊需求的板块还可以申请各地综合性政策予以补贴（民宿、乡村旅游、乡村康养）等方面的资金支持，借助政策利好更好地开发项目。

三、村落景观美化的整合要素

（一）村落景观构成

村落景观的空间层次常常体现在村落环境、村落建筑群、村外空间等方面。从村落的外部空间逐渐向内延伸，当人们逐渐接近村落时，会发现在不同层次中所构成的景观特征。

传统村落景观一般由自然景观、人文景观和社会景观构成，自然景观定义整体形态，人文景观定义发展方向，而社会景观定义村落生命。村落景观受到诸多因素的影响，但仍有一系列典型且清晰的景观构成要素。

1. 街

村落的街一般不是作为商业活动的场所。最初，乡民出于交通出行和相互交往的需求，往往会选择在马路边建造房屋。渐渐地，马路边的房屋建多了，便形成了街。村落街道的形成一般由人们自发地在道路旁修建房屋建筑所致，因此，村落里的街往往不像城市的街道一样整齐划一。处在发展中的乡村，街道两旁的建筑往往都是凌乱且不完整的。有些街道两侧的房屋建筑都不成比例，有可能一侧的建筑高而密集，另一侧建筑则低而稀疏，给人一种不整齐的感觉，但这样形成的街道景观更能体现一种自然美和个性美。任何一个街道都有一个起点和终点，两者呈狭长状分布。起点为街口，终点为街尾，街道一口一尾，狭长的空间内形成了独特而又自然的街道景观。

乡村街道景观美化重点应做好以下工作：保持街道的干净、整洁；乡村的街道，应有乡村独特的风景，避免与城市街道雷同。

2. 巷

与街联系比较紧密的空间就是巷。巷为狭长但很封闭的带状空间，密密麻麻，延伸至村落的各个空间。巷的形成是由村民在修建房屋时留下间隔的空间，主要是为了分散乡村人流并加强自家与别家之间的联系。

与街不同，巷给人的感觉都是狭窄、封闭、深长而幽暗的。在传统乡村中，巷密密麻麻地连接着各家各户，发挥着传统乡村生活环境中特殊的功能。从街道到巷子，是一个从大到小、从公共到隐秘、从光亮到灰暗、从喧闹到寂静的空间变换过程。这很符合中国传统社会所追求的从无限到有限的过程，同时，在这个过程中也形成了特殊的巷子景观。巷子两旁的建筑密密麻麻、高低错落，富有优美的轮廓，体现了中国传统社会的审美追求。

3. 桥

古代村落很注重风水，为此，村落一般都会临水而建。一方面，满足村民的生产生活需求；另一方面满足村民"临水即临财"的美好愿望。为了出行方便，村落一般需要修建桥梁。一座桥梁连接着河流的两岸，加强了两岸村民的联系。渐渐地，桥梁、河流以及两岸的自然环境构成了独特的桥梁景观。

不同的村落会有不同的桥梁景观。乡村最常见的桥是拱桥，给人一种上桥之后豁然开朗的感觉，由此带来一种辽阔美的景观印象。桥与水的组合，能给村落的景观增添色彩。同时，桥本身的形态、轮廓、色彩也体现了中国传统美学的特征，也构成了一道独立的风景线。

乡村桥梁是乡村重要的文化景观，因此，构建乡村桥梁景观十分重要。

(1) 要加强对桥梁外观色彩、景观亮化的工程和艺术设计。在对桥梁外观色彩进行设计时，要注重与当地的自然环境相协调，颜色要尽量采用深灰色或者自然色，不能过于夸张。

(2) 在注重桥梁整体美学效果的同时，要突出桥梁有"一桥一景"的景观视觉效果，避免桥梁在设计改造中样式过于统一。改造中的桥梁景观要突出当地文化的意境，保持新、老桥景观的一致性。

(3) 桥梁改造工程要与桥梁生态工程相衔接，使水面与水网、缓坡与湿地环境相互补充。

4. 牌楼

乡村里修建一些建筑，首先考虑的是它的实用价值，但牌楼（门楼等）建筑则是例外。乡村修建牌楼基本是通过纪念一个人或一件事来弘扬一种伦理道德或铭记某种功德，这是牌楼修建的价值所在。牌楼一般位于街口，建造比较讲究，设计精美，庄严而神圣，很注重体现中国传统美学的要求。牌楼是各个村落的标志，和街道的建筑相连，构成了体现村落特色的牌楼景观。牌楼把村落分为内、外两个层次，把美也分为两个空间层次。同时，牌楼还可以偶然性地起到框景的功能，通过牌楼两侧柱子构成"景框"效果，能起到宣传景观的作用。

5. 广场

传统乡村注重敬畏祖先、敬畏天地，村落在建设中会在村中央或村落祠堂前腾出较大面积的场地，以用来举办各种祭祀活动。这种场地慢慢地形成了广场。后来，随着商品经济的发展，这种广场不仅能满足村民祭祀的需求，还可用于村民进行商业活动和社会交往。

一般的广场都位于村落的中心，位于村落的中轴线上。广场连接着街道和巷子，周边建筑注重对称，为此构成了统一、和谐的景观。相比街道，广场属于村落里面积较大的一个公共空间。人们从街巷来到广场，更能产生豁然开朗、看透一切的感觉。因此，广场景观不仅为人们带来审美需求，还是人们心灵的户外客厅。

6. 水塘

中国人对水有着独特的情感，水的作用不仅体现在它的实用性上，更体现在它的景观作用上。基于地形的高低起伏，很多村落通过蓄水而形成大小不一的水塘。有些村落将水塘代替广场，将水塘置于村落的中心。一些意义重大的建筑，如宗庙、祠堂等公共建筑环列于水塘四周。村落的水塘至少三面都有建筑环列。水塘旁边铺有小道或亭台供村民休憩、娱乐。

水塘与周边房屋、小道、亭子构成了统一的景观。尽管有些村落的水塘与它们并不和谐，但仍然不会影响村落布局的整体效果。水塘的水面与天空、水面与建筑、小道与护栏形成了独特的自然和田园景观。一些村落的水塘景观带给人的总是诗意唯美的感觉。

7. 溪流

乡村的溪流总是文人墨客取材的来源地。借助于溪流，诗人、画家总会成就一篇篇、一幅幅佳作。在古代，文人墨客想要归隐山林，一般都会临近溪边定居。溪流是宁静、自然的乡村生活不可或缺的一个要素。

乡村溪流与两岸的岩石、山林、沟谷构成了优美、灵动的自然景观。村落临溪而建，往往能借助溪流的自然环境形成一幅美丽、原真的乡村画面。传统民居建筑建在溪流两岸，借助于溪流的“动”，让建筑的“静”显得很有景观效果。对溪流景观的改造，一是要保护好溪流的水体环境，保护水体不被污染；二是要保护溪流与周边环境的协调性，溪流周边的道路、小桥等景观建设要与周边环境相融合。

8. 古树名木

古树名木是乡村自然环境里最不可缺少的一个元素。古树名木往往随村落的兴起而起，有的古树历史可能会远远大于村落的历史，许多有历史特色的古树名木都能够成为村落的标志。在一些村落中，几百年的古树名木和几百年的传统村落相互呼应，它们不仅向人们呈现了村落悠久的历史文化，更使乡村构成了和谐、美好的景观效果。

9. 周边环境

在空间层次上，村落景观的构成由内、外景观组成。村外景观由村落的周边环境决定。村落的周边环境一般包括村外山体、水体和植被等，这些周边环境与村落构成了整体景观。保护村落景观必须要保护周边环境。

（二）村落景观文化性与意境

1. 村落景观的文化性

自然因素决定乡村聚落的形态，而文化因素则影响着村落发展的方向。特别是一些经济发达的村落，文化因素对村落的影响更为显著，如宗教信仰、传统习俗、伦理道德、生活习惯等因素，总在各个方面影响着村落的发展和村民生活。村落景观的构造也总是受这些因素所影响。

比如说风水观念。风水对古代村落景观的影响非常大，风水体现着古人对人、环境、建筑三者之间和谐的追求，涉及环境选择以及人和建筑搭配的合理性。村落所处环境会影响村落的发展，所以选择什么样的环境构建村落就显得尤为重要。通过风水观念构筑房屋建筑，搭配合理的村落景观，达到人、环境与建筑的和谐统一，透露出古人对幸福生活的美好向往。

村落景观的文化性也可进行塑造。比如可以通过景观色彩的选择、造型的设计、材料的使用、体量以及构建方式等表现出来，使村落景观的文化性具有可视性，以便更直观地反映当地的人文历史、地方材料，并展现村落景观的文化性。

2. 村落景观的意境

意境原属于中国古代文学范畴，是指文学艺术作品通过形象表现出来的境界和情调。村落景观的意境是以具象的自然景观与文化景观构成的具有人文属性的生态形象特征，在形成发展的过程中，这种独有的特征以多种意识形态和情感符号被认识、留存与散播。

村落景观意境在形成过程中一般需要的载体主要有村落聚落文化与民居建筑、宗族文化与祭祀活动、传统生产与生活方式、历史过程与文化延续等自然景观和人文景观。根据拥有这些载体村落的不同，对村落景观意境可以划分为以下几种类型：

（1）村落文化意境。村落文化意境主要集中在文化特色鲜明的村落。以村落发展形成的文化体系和文化特征的不同，向人们展现和传递不同的文化景观意境。

（2）村落自然意境。村落自然意境主要集中在自然景观有特色的村落。根据村落所处自然环境构成的自然景观，向人们展现乡村所特有的自然恬静的景观意境。

（3）村落生产意境。主要根据村落生产方式的不同区分不同的生产意境。比如可分为农田耕作意境和原野放牧意境。农田耕作意境以农田耕作方式向人们呈现农耕文化特色、田园风光特色和农耕文化特色；原野放牧意境以我国北方草原和南方山地草场为主，通过草原、草场的放牧方式与草原、草场的自然环境的融合，向人们展现放牧自然天堂的意境。

3. 村落景观意境的塑造

村落景观意境的形成离不开村落良好的、特殊的自然景观环境、悠久的历史过程和丰富的文化特色的支撑。意境是旅游资源形态最具有价值的体现。村落景观意境决定了村落旅游发展的方向，是乡村旅游资源的核心成分。

村落景观意境的塑造分为四个方面：

（1）挖掘地域特征的元素。对一些具有地域特征的意象元素进行挖掘，比如特有的地形地貌、农业生产形式、人居文化等，并将这些元素运用到景观整合中。

（2）充分运用环境色彩。根据村落发展规划或实际情况确定主色谱，然后在田园景观设计中大量利用大范围的色彩元素进行情绪的烘托。

（3）营造空间层次。基于乡村景观的功能与空间定位，相应地分隔为自然环境空间、农业生产空间及居住聚落空间；通过不同空间的过渡、叠加、穿插进行景观意境的塑造。

（4）传承村落文化。对村落丰富的历史文化，通过书籍、建筑形式、节日、饮食等物质的形式表达出来。

（三）村落景观整合

1. 村落景观整合意义

村落景观整合是指以创造优良的生态环境和人居环境为出发点，对村落自然景观与人文景观进行改造和创新，从而使两者更加协调与自然的一种建设活动。

通过对村落景观进行整合，不仅可以保护村落的外在轮廓，保护村落发展的各种自然环境，还能够保护村落发展的历史和文化内涵，挖掘村落发展需要的各种特色和资源，进而促进村落科学可持续地发展。

2. 村落的空间布局

（1）整体风格要协调。村落的建造特征会受到自然环境、人文环境的影响，在整合村落景观时尤其要注意整体风格，在改造时要以不破坏整体风格、保持协调为首要原则，这样建立起的村落空间才具有整体美感。

（2）布局层次要分明。自然环境讲究层次分明，和谐统一，融入其中的村落也应具有层次感。在进行景观整合时，要注意山水要素、自然要素、建筑要素与人文要素等各景观要素之间的空间层次。

3. 村落的发展延续

（1）延续已传承的文化形态。对村落景观进行整合的目的是挖掘村落景观特色，使村落焕发出发展的活力。村落景观特色不仅体现在自然物质上，还体现在文化内涵上。延续已有的文化内涵，挖掘村落留下的美学特征。

（2）尊重村落的历史形态。村落的形成往往需要一定的历史积淀，一朝一夕形成不了一定规模的村落。村落的发展都具备一定的历史特征，因此，对村落景观进行整合时也必须尊重这种历史特征，不能轻易改变村落的历史形态，包括不能轻易改变村落建筑的风格和村落各要素之间的搭配。

（3）以服务于人为出发点。村落景观的整合和改造应站在服务于村民的角度考虑，首先要满足村民的各种实际需求。

案例

凝聚的乡村精神

——东风村·“和”东风

引言：甘肃省陇南市文县临江镇东风村田园综合体规划项目主要涉及乡村生态旅游发展规划、重点产业选择、乡村整体提升等内容，这里重点介绍乡村整体提升中涉及的乡村精神、乡村空间环境的整体联动、建筑风貌改造、水系景观提升等几个方面。

项目主要思路

凝聚乡村文化精神：

东风村位于甘肃省陇南市文县临江镇。在村领导集体带领下，全村和合一心，发展矿业，资源变股权、资金变股金、农民变股民，东风村走在了前头。十余年时间里，在带领村民致富的同时，东风村大力发展特色农业产业，改善村民居住环境，形成“生态美、村容美、楼院美、生活美、乡风美”的新农村样板村、小康示范村，而这一切的源动力在于村集体的“合和精神”（图7—1）。

图7-1 东风村乡村文化精神

乡村空间联动：

村庄空间环境基本保持了原有村庄肌理和空间形态，梯田型的山体居多，多为沿山乡村道路，弊端是村庄五个组的空间距离非常远，这也直接影响了东风村发展乡村旅游的整体联动性（图7–2）。通过立体交通旅游线路组织串联，有效地强化了各个组团之间的旅游联动，既为乡村旅游发展提供了交通支持，也解决了当地村民交通方面的难题。

图7-2　东风村的地形现状

建筑风貌改造：

东风村建筑风貌改造分类：

（1）旅游核心区新建民居（塑造乡村旅游第一形象）。严格控制建筑风貌，结合山体、山势、高差等因素进行布局，利用符合当地乡村文化特征的建筑原材料，仿造东风村古建筑形式，同时融入现代居民生活进行创意设计（图7–3）。

建筑质量较好：东风新村、上半山社

建筑风貌改造：建筑质量普遍较好，仅作夜间的亮化提升

建筑质量中等：通木山社、层子沟社

建筑风貌改造：改造修缮较好的建筑，拆除或维修较差的建筑，根据项目定位，将建筑融入主题元素，风貌改造协调一致，同时注重建筑周边环境的整体提升

建筑质量较差：老房子、对溪娅社

建筑风貌改造：整理分类现状建筑，修旧如旧式新建，根据项目定位，将建筑融入主题元素，风貌改造协调一致，同时注重建筑周边环境的整体提升

图7-3　东风村建筑质量情况

（2）旅游功能主导的民居（引导发展旅游经营性活动）。2006年一场突如其来的5.0级地震，导致东风村房屋大部分倒塌，村内基础设施遭到不同程度的毁坏。在灾后重建中，东风村被列入集中重建村，村民通过自筹自建，合力将破

损的村庄建成了基础设施健全、村容村貌整洁的新村。

东风新村内的居民房作为东风村未来主要的住宿扩展空间，以村集体运营的管理公司为主体进行整体风格把控，避免同质化竞争，同时制定相应的准入标准、服务标准、定价标准及惩罚条款等，以保证乡村民宿的良性发展，形成东风村的住宿品牌，体现东风新村的精神面貌（图7–4）。

图7-4　东风日暖美食世界——入口建筑风貌设计

（3）传统民居类。对于传统民居的改造，设计采用修旧如旧的方式，充分尊重当地居民的生活习惯，一层满足居住生活，二层挑空，满足居民在院落中进行农业生产的需求（图7–5）。

图7-5　现状民居建筑风貌改造图

水系景观提升：

（1）现状水渠的旅游化利用。现状水渠水流湍急，且在村庄主要对外道路两侧，没有任何遮掩，很大程度上影响了村庄形象。项目组通过景观重塑，在水渠上方搭建廊架种植紫藤，廊架采用半开式，方便游客观赏到内部的花卉，将其改造为入口的第一道风景线，提升入口的整体景观风貌，作为进入东风暖宿的入口标志物（图7–6）。

图7-6　水韵花廊——东风村水渠景观美化图

（2）主要水系的滨水景观处理。利用东风村南部的排水口，将其改造为叠水景观。以该景观为起始点，打造一条滨水依山的休闲步道，作为东风村的步行游览道路。该线路连接东风礼物体验馆、亲水河岸、水车、叠瀑、林中漫道、迴龙谷。将现状河岸景观进行重新整理提升，依托地势坡度将其改造为几层的观景大梯阶，在梯阶上布置景观树木及休闲座椅，为游客提供亲水空间（图7–7）。

图7-7　临江画廊——沿江河岸景观提升图

（3）工业生产废水的生态化处理。利用现状加工废水颜色为绿色的特性，将其改造为东风碧潭的核心景观水池，将周边工厂风貌改造为标准化环保厂房，整体环绕东风碧潭布置，形成环境优美、生态环保的东风梦工厂工业旅游区。

结语：凝聚乡村文化精神是现代乡村风貌改造的灵魂

东风村人借助国家打造美丽中国、生态中国、健康中国的契机，借助自身的生态资源优势，以及与九寨沟与文县天池接近的区位条件，将发展旅游作为未来东风村可持续发展的工作重点。东风村的“和合精神”不仅是全村变富变美的坚强支撑，更是未来东风村多产业融合发展、旅游品牌IP树立、达成九寨驿站和天池会客厅目标的动力源泉。

（感谢供稿：东风村项目组）

四、乡村民居设计与改造

（一）乡村民居设计的基本原则

1. 满足居民生产、生活功能

乡村民居设计的首要功能应是满足居民生产和生活的需求，任何缺乏生产和生活功能的民居，都会失去它应该有的实际价值。因此，在民居设计中，首先要考虑民居的生产和生活用途。在建筑材料的选用上，应该适合人们生产、生活的需求。在民居空间布局的设计中，首先考虑设计居民生产、生活的空间，其他娱乐休闲空间的设计不能影响人们生活空间的使用，要确保生活空间能带给人们舒适感。

2. 与大环境相融合

在民居的设计中，民居建筑要和周围环境相协调。建筑的整体格局、建筑材料的使用都应该和周边的大环境相融合，不仅要适应当地历史文化和宗教信仰，也要兼顾所在地气候、温度、湿度、光照等各种自然条件，确保民居的使用年限。

3. 充分表现居民个性

民居的设计一方面要具备美学特色，一方面也要充分考虑居民的个性化需求。在建造风格、空间布局和功能特点上要依据民居使用者的个性化爱好与实际需求，尽量不要千篇一律，缺少特色。

4. 生态友好

在民居建造中要保护周边的自然环境，设计的整体思路和设计的出发点都应遵循以下生态环保原则：充分尊重自然环境，不能破坏自然环境，要注重人类与自然环境的和谐；合理使用材料和能源，采取一定的技术节能减排，避免浪费。一是要选择可再生、可重复利用的生态材料和资源，降低材料的消耗，同时也降低成本并且环保；二是要大量使用新型清洁材料，避免产生建筑垃圾；三是崇尚以人为本的设计理念，在设计过程中充分考虑人的各种需求。

5. 文化传承

民居在一定程度上能够体现一个地方的文化精华，是当地悠久历史的见证者。因此，在设计民居时应注重传承当地的历史文化、传统的建造风格和建造技艺等，应在民居的建造风格、空间格局中体现当地的文化特色和文化印记。

（二）乡村民居改造基本原则

随着城市化进程的不断推进，传统乡村的空间结构正不断发生改变，随之而来的是传统民居受到冲击，进而造成传统文化的流失。此时，对闲置的旧民居进行合理改造便显得十分重要。

对民居进行合理改造，需要遵循以下原则：

1. 与外部环境相协调

对旧民居进行改造，首先要确保建筑不会破坏周边整体环境的平衡，还要考虑附近的环境和场地，从建筑模式、用材、颜色及精神方面凸显民居的主要特色。同时在民居改造过程中，要尽可能不破坏生态环境，并与之相协调。

2. 合理整合内部空间

对旧民居的改造，需要科学规划内部空间，对内部空间作科学取舍，在首先保证满足乡民生活需求外，合理扩大具有娱乐休闲等其他功能的空间。要合理地重新改造空间功能，让内部空间以及功能能够适当更新，以满足现代乡村居民生产、生活等的需求。

3. 乡愁元素的保留

对旧民居改造，最重要的是让民居能够保留体现乡愁的元素。对民居的建筑材料、整体格局、内部旧物件等体现乡愁印记的元素要合理取舍。同时，在改造过程中也应尽量选择使用本地的材料，尽可能选择石材和竹子这类材料，辅助使用现代材料。

（三）乡村民居的功能型需求

居住功能是乡村民居最基础的功能，但对于成员构成不同的家庭来说，对乡村民居的功能需求也不尽相同。一般对老人而言，对基本居住功能的要求远高于对建筑风格的要求，因而空间布局和建造材料的使用一定要合理；对年轻人而言，民居的建筑风格、装修风格和居住功能同样需要。

一些产、居相结合，院、宅相结合的乡村民居，其实还承担了一定程度的生产性功能，就承担民宿、农家乐功能的乡村民居而言，旅游休闲类元素需要充分考虑到民居的改造设计中。首先要考虑游客居住的个性化需求，同时还要体现当地的文化特色，满足游客的美学体验，其次还要在内部空间布局上考虑配置更多的娱乐、休闲空间。

整体而言，乡村民居的功能型需求会随着现代乡村居民生活方式的变化而变化，在具体的改造设计中应根据实际情况采取适当方式。

案例

唤醒乡土记忆

——刘家坪分类式人居环境改造实践

引言： 湖北省保康县城关镇刘家坪村乡村振兴规划主要涉及重点产业选择、空间规划、乡村整体提升、服务系统规划、乡村治理体系创新等内容，这里重点介绍乡村人居环境改造方面的内容。

项目主要规划思路

刘家坪村庄空间环境基本保持原有村庄肌理和空间形态，通过对村内废弃用地的整治，打造高品质的村庄环境；将建筑和村庄周围山体、地形、环境有效地融合在一起。对村庄内建筑形象进行整体改造提升，对已经改造完毕和保存很好的瓷砖房，不进行复杂改造；对开展旅游经营的农户进行了返璞归真的乡土气改造。农田内突显田园风光，保存地区乡土性。在能够引流溪水的区域，将水系引入到田园之中，形成独特的“山、溪、田园”风光（图7–8）。

图7-8 刘家坪罗家厂村民组环境提升规划前后对比图

民居风貌提升：

（1）等级分类。在项目规划勘察时发现刘家坪村的民居建筑墙体基本保存完好，但建筑风貌杂乱无章，基本采用现代瓷砖立面加伪欧式元素，缺乏文化特色，属于乡居建筑改造分类中的氛围整改类。因此对民居的改造从塑造文化风貌入手，将建筑的屋顶、窗、门廊、立柱等构件进行统一改造，巧妙植入荆楚文化特征元素，同时又具备现代审美及功能使用需求（图7–9）。

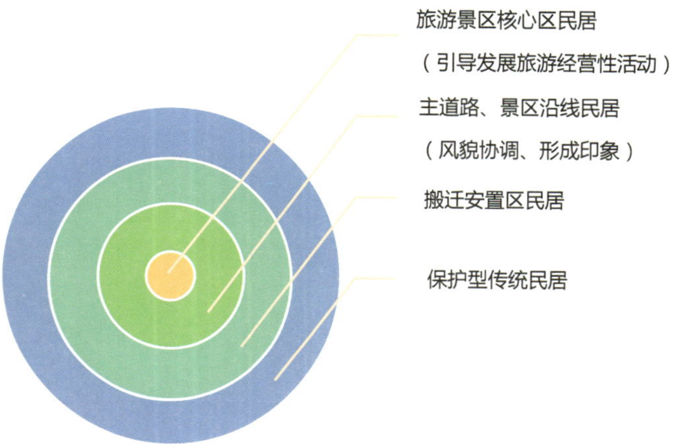

图7-9　民居分类

（2）功能提升分类。

①旅游景区核心区民居（引导发展旅游经营性活动）（图7–10）。

图7-10　刘家坪村陆仲学家改造前后对比图

②主要道路、景区沿线民居（风貌协调、形成印象）（图7–11）。

③保护型传统民居（图7–12）。

④搬迁安置区民居：搬迁安置区民居建筑、景观打造方向延续传统民居风格。

图7-11 刘家坪村主要道路沿线改造前后对比图

图7-12 刘家坪村肖建申家改造前后对比图

乡村环境控制：

（1）巷道空间——实现“一条精品景观道路”。刘家坪车辆进入村庄的主路给人一种进入自然生态村庄的空间感受，道路护坡与自然植被相结合，村庄内步行道路两旁采用绿化灌木分隔，建筑墙面采用爬藤类植物装饰，形成自然生态的街巷空间层次。宅间小路的改造结合砖瓦等本土材料进行个性化改造，同时道路两侧留出了植物种植空间（图7—13）。

图7-13 刘家坪村罗家厂村民组街巷空间设计图

（2）庭院空间——庭院环境优化敲开乡村振兴大门。房前屋后彩化：结合本土特色元素、老旧物品、花卉草木等进行院落节点及农户房前屋后的彩化。庭院的平面布置达到美化环境、方便生活、发展生产、提高效益的效果，在优化庭院种植、养殖布局的同时，充分利用空间，进行立体种植。引导农户“因势而建”，自主营造庭院环境，开展评比，对做得好的农户进行奖励（图7–14）。

图7-14 刘家坪村农户庭院改造设计图

（3）农村生活垃圾分类治理体系。

①垃圾收集、清运。户初分，集中，农户门前配齐分类垃圾桶；组分类，收集，村小组负责农户门前垃圾再分类处理；村运输，清运，村保洁负责将各自然村垃圾箱（池）中垃圾转运至行政村垃圾箱（池）。

②垃圾处置。对生产生活中的可降解有机垃圾进行转化利用；将可再生资源进行回收利用，对不可回收、无害无残留等不可降解无机垃圾转运至垃圾箱（池）；对有害垃圾，单独收储收集，按规定处理；对渣土及燃料废渣等垃圾，由村统一规划堆放场地，农户自行清运、集中堆放、统一处理。

河道整治：

（1）水环境整治：采取检测水质、清除淤泥、河道清淤（石）、清理障碍物、拆除违建等清河、疏浚进出水的措施进行治理，依法清除了河道两岸乱搭乱建、违法占地现象。

（2）生态护岸：确保“沿途不增污”，开展了处理驳岸、水体护坡等整治工作。进行了生态恢复、水景再塑、栈道兴建等工程建设。

景观建设：

结合河道周边的种植布局，适当增加了有色种植、花果廊架等，为芳塘景观增添美感；结合村庄景观布局，适当在河道周边增加步道、健身设施、滨水平台、休闲活动、遮阳遮雨篷等小型的、为村民的日常休闲提供服务的带有景观美感的设施。亲水栈道、休息廊亭、休闲吊桥等设施的材料选用以木质为主，村民、游客漫步在廊道上，既能与古树、溪流亲密接触，又不会破坏河道自然生态。

交通景观提升：

（1）进行乡村旅游公路沿线生态文明整治。现有的乡村公路未来将成为保康县的旅游公路。沿旅游公路对路两侧民居（主要是庭院和装饰）、田地、产业进行规整化整治，营造乡村旅游氛围，如增加廊架、花灌木、立体种植等，使刘家坪段公路成为乡村旅游公路最具观赏性和规整度的一段（图7—15）。在整治之初，充分考虑到旅游氛围、持续效果、百姓响应三大要素，将道路沿线整治工程转化成为乡村旅游资源。

图7-15　道路沿线景观提升

（2）道路升级。村庄道路总长度约4.3千米，路面宽度达到7米，沥青路面及安保、绿化同步到位。配合旅游开发，按照旅游干线公路标准进行建设，配套有自行车道。开通金斗至寺坪货运快速通道，磷矿运输车辆绕行，不再经过陈家河流域和保康县城。

乡村IP形象及应用：

设计刘家坪LOGO，做村庄独有的IP形象，并将其应用到导视标识等系统中，形成刘家坪的独特印象记忆（图7—16、图7—17）。

图7-16　刘家坪LOGO设计方案

图7-17　LOGO应用延展

乡村人居环境改造整治涉及方方面面，而刘家坪人居环境改造从多维度进行实践，包括建筑、庭院、街道、农业种植、水系、市政工程等。通过这些不同空间的环境改造，给农民创造了生活舒适并具有乡愁情怀的村庄。每一个节点的改造设计，都是从村民这个永久居住者的角度去考虑，这样才能唤回他们真正的乡土记忆。

（感谢供稿：刘家坪项目组）

第八章

环境治理模块

乡村的环境治理问题主要包含污水、垃圾、厕所三个方面，本章从农村实际出发，提供了三类具体的解决实施方案：芳塘工程解决乡村水治理问题，垃圾分类整治解决乡村环境的主要污染源问题，厕所改造解决了人们生活方式的问题。

一、"芳塘工程"乡村水治理

（一）中国乡村坑塘整治工程

1.乡村坑塘污染严重

目前乡村坑塘污染主要来自两方面：

（1）乡村垃圾倾倒无序，垃圾腐化后导致污染水体，造成细菌繁殖，对周边环境及村民生活造成严重影响。

（2）乡村居民在日常生产作业中，过度使用化肥、农药，经土壤或雨水途径传播后汇集到坑塘中影响水质。

随着外部环境的变迁，生活垃圾、农药、化肥逐渐成为乡村坑塘无法自我分解净化的原因，水塘的生态平衡受到破坏，生态作用降低，残留物质同时影响水塘内生物的生存，毒素通过食物链积累，坑塘成为整个乡村污染的集中呈现区域。

2.坑塘整治的功能实现要求

（1）生产功能。现有坑塘的生产功能一般以某一类水产品为主，市场化抗风险能力弱，尤其容易受天气、病害等影响，坑塘产出效益容易出现大幅波动。由于坑塘管理者一般为本地居民，小规模产出且缺少专业培训，片面追求当下经济价值而大剂量使用抗生素、饲料等，因此，养殖造成的水体污染也属于乡村水污染的主要来源之一。坑塘整治中将生产功能与水体保持平衡、持续化发展是需要重点考虑的要求。

（2）水利功能。乡村的水体在承担农田灌溉、防洪抗涝等方面具有重要作用。现状坑塘受自身容量、灌溉距离的限制，难以满足现代化农业生产的需求。同时由于权属问题致使水系被人为割裂，乡村坑塘的防洪抗涝调节作用也大大减小甚至消失，这一问题在水网密布的南方体系更显突出。千百年来，中国乡村以精细农业实现远超其资源配比的物产供给，人、地、水、物都是关键构成要素。进入现代农业阶段，原有的影响因素可能发生转化，水利功能就是其中一项。如何实现坑塘的现代化水利功能，整治方式需要重点考虑。

（3）生活功能。乡村坑塘不仅承载着生产与灌溉的功能，在自来水入户还未实现的地区，坑塘水源仍然是乡村居民生活用水的重要来源，同时兼具休闲游憩功能。随着生活水平的提升，除水源保护地外，一般坑塘的生活功能专项以休闲游憩为主，但是在相应配套的休闲设施基础建设上普遍投入不足，坑塘的游憩功能并没有得到合理地发挥。

3.坑塘整治的景观实现要求

（1）水景观问题。水塘的水景观主要可以从水的清澈度、水生动植物景观、水岸人文景观三个方面来分解。水的清澈度是水塘水质的一个重要衡量因素，水生动植物景观与水上人文景观构成一个互相映衬的部分，使之与周围环境协调，不仅能够满足观赏需求，还能丰富景观使用功能。

（2）岸线景观。水塘的岸线景观大致可以从水塘岸线植物景观、构筑物景观、岸线地形地貌景观以及其他人文景观来分解。水塘岸线植物景观整治主要解决岸线植物景观层次、景观管护等问题；构筑物景观和其他人文景观问题主要解决协调性问题，展现地方水文化、人文特征。

（3）水塘与整体环境的景观关系问题。水塘与环境景观的整体协调要根据整体环境的气质来打造并设计水塘，使得水塘的设计理念与水塘治理方式相协调、水塘的构造有利于可持续发展、水塘与周围生态环境融为一体。这三个要素能使水塘作为被科学规划设计的“水景”完美地融入环境，解决水塘与整体环境景观不协调的问题。

（二）中国乡村生活污水治理与排放工程

农村生活污水，即农村居民生活和经营农家乐产生的污水，包括冲厕、炊事、洗衣、洗澡等活动产生的污水。2018年5月，生态环境部办公厅、住房和城乡建设部办公厅联合发文《关于加快制定地方农村生活污水处理排放标准的通知》，开启各地方制定各自农村生活污水处理排放标准的工作进程，总体上要求因地制宜采用污染治理与资源利用相结合、工程措施与生态措施相结合、集中与分散相结合的建设模式和处理工艺，推动城镇污水管网向周边村庄延伸覆盖。积极推广低成本、低能耗、易维护、高效率的污水处理技术，鼓励采用生态处理工艺，加强生活污水源头减量和尾水回收利用。

1.污水设施处理覆盖问题

由于乡村居民住宅较为分散，污水来源复杂，加之经济发展差异，乡村污水处理设施覆盖不均衡，绝大多数的农村没有完善的排水沟渠和污水处理系统，污水处理专职人员较为紧缺，乡村地区污水问题日益严重，影响着农村的生态环境，制约着乡村经济的长久发展。

2.现有农村生活污水处理排放标准制定的指南

2019年5月，生态环境部印发《农村生活污水处理设施水污染物排放控制规范编制工作指南（试行）》（简称《指南》），是对《关于加快制定地方农村生活污水处理排放标准的通知》的具体落实和进一步明确。提出了适用范围、分类分级、控制指标确定、控制要求等。

（1）适用范围。农村生活污水处理设施水污染排放标准原则上适用于处理规模小于500立方米/天（不含）的污水处理设施，500立方米/天以上（含）的污水处理设施可参照GB18918执行。

分类分级：可依据出水排放去向和处理设施规模进行分类分级。出水排放去向可分为直接排入水体、间接排入水体和尾水利用三类。各地可根据实际情况对处理设施规模进行分级，至少应分为两级。

（2）控制指标确定。控制指标至少应包括pH、悬浮物（SS）和化学需氧量（CODcr）三项基本指标。其中，出水直接排入GB3838地表水Ⅱ、Ⅲ类功能水域、GB3097二类海域及村庄附近池塘等环境功能未明确的水体，除上述基本指标外，应增加氨氮（NH_3–N，以N计）；出水直接排入GB3838地表水Ⅳ、Ⅴ类功能水域及GB3097中三、四类海域的，污染物控制指标至少应包括pH、悬浮物（SS）、化学需氧量（CODcr）等。出水排入封闭水体，除上述指标外，应增加总氮（TN，以N计）和总磷（TP，以P计）；出水排入超标因子为氮磷的不达标水体，除上述指标外，应增加超标因子相应的控制指标。提供餐饮服务的农村旅游项目生活污水的处理设施，除上述基本指标外，应增加动植物油处理指标。各地可根据实际情况增加地方控制指标。

（3）污染物排放控制要求。一定规模以下的污水处理设施原则上可适当放宽，但应规定标准实施的技术和管理措施。出水直接排入GB3838地表水Ⅱ、Ⅲ类功能水域及GB3097二类海域的，其相应控制指标值参考不宽于GB18918一级B标准的浓度限值，且污染物应按照水体功能要求实现污染物总量控制。出水排入GB3838地表水Ⅳ、Ⅴ类功能水域及GB3097中三、四类海域的，其相应控制指标值参考不宽于GB18918二级标准的浓度限值；其中受纳水体有TN（以N计）控制要求的，由地方根据实际情况，科学制定其排放浓度限值。

出水直接排入村庄附近池塘等环境功能未明确的水体，控制指标值的确定，应保证该受纳水体不发生黑臭，其基本控制指标值参考不宽于GB18918三级标准的浓度限值，NH_3–N（以N计）参考不宽于《城市黑臭水体整治工作指南》（建城〔2015〕130号）中规定的城市黑臭水体污染程度分级标准轻度黑臭的浓度限值。

出水流经自然湿地等间接排入水体的，其控制指标值参考不宽于GB18918三级标准的浓度限值，同时，自然湿地等出水应满足受纳水体的污染物排放控制要求。

3. 新产业带来的生活污水治理规模加大的问题

随着乡村市场的打开，农家乐、乡村旅游、乡村民宿、乡村公益事业、乡村公共服务等一批创新业态产生，其经营活动中产生的污水增加了污水处理设施的压力，原有的治理模式或治理设备已经不能满足需求，乡村治理指标容易产生不达标的评估结果。

4. 现行国家相关标准情况及现行生活污水处理工艺

国家针对农村生活污水治理提出了一系列的标准/规范要求（表8–1、表8–2）。

表8–1　相关国家标准情况

序号	名　称	标准状态
1	GB/T37071–2018农村生活污水处理导则	现行有效
2	GB19379–2012农村户厕卫生规范	现行有效
3	GB50445–2008村庄整治技术规范	现行有效
4	HJ574–2010农村生活污染控制技术规范	现行有效
5	HJ2031–2013农村环境连片整治技术指南	现行有效
6	HJ–BAT–9村镇生活污染防治最佳可行技术指南（试行）	现行有效
7	CJ/T355–2010小型生活污水处理成套设备	现行有效
8	CJ/T441–2013户用生活污水处理装置	现行有效
9	CJJ124–2008镇(乡)村排水工程技术规程	现行有效
10	CJJ/T54–2017污水自然处理工程技术规程	现行有效
11	CJJ/T163–2011村庄污水处理设施技术规程	待废止
12	CJJ/T163–2019农村生活污水处理设施技术标准	待实施

表8–2　农村现有生活污水处理设施采用工艺情况

<table>
<tr><th>序号</th><th>处理模式</th><th>具体处理工艺</th><th>备　注</th></tr>
<tr><td>1</td><td>纳管进厂</td><td></td><td>统一纳入城镇污水处理厂处理</td></tr>
<tr><td rowspan="2">2</td><td rowspan="2">土壤渗滤</td><td>土壤渗滤系统</td><td></td></tr>
<tr><td>高负荷地下渗滤污水处理技术</td><td>特指中科院广州地化所研发技术</td></tr>
<tr><td rowspan="2">3</td><td rowspan="2">厌氧/厌氧+生态处理</td><td>厌氧</td><td>单纯厌氧处理，或厌氧沼气处理</td></tr>
<tr><td>厌氧+生态处理</td><td>生态处理包括人工湿地、生态湿地、生态塘、稳定塘、生态滤池等</td></tr>
<tr><td rowspan="2">4</td><td rowspan="2">好氧/好氧+生态处理</td><td>A/O</td><td></td></tr>
<tr><td>A/O+生态处理</td><td>生态处理包括人工湿地、生态湿地、生态塘、稳定塘、生态滤池等</td></tr>
</table>

（续）

序号	处理模式	具体处理工艺	备注
4	好氧/好氧+生态处理	A/A/O	
		A/A/O+生态处理	生态处理包括人工湿地、生态湿地、生态塘、稳定塘、生态滤池等
		微动力	特指好氧工艺段采用微量增氧或曝气的一类工艺
		微动力+生态处理	生态处理包括人工湿地、生态湿地、生态塘、稳定塘、生态滤池等
5	MBR	MBR	
		A/A/O+MBR	
6	PKA	PKA	特指德国引进的 PKA 湿地污水处理技术，包括 PKA，或 PKA+生态处理
7	生物滤床		包括层叠式滤床、自充氧生物滤床、微生态滤床、复合介质滤床等创新技术
8	单户/联户处理		1户或2～3户分散处理，包括小型净化槽+小型生态处理池、三格式化粪池+小型人工湿地，生态化公厕等技术
9	其他		生物转盘、SBR、AOF 等不常见处理技术

（三）“芳塘工程”水治理的思路与设计

“半亩方塘一鉴开，天光云影共徘徊。问渠那得清如许？为有源头活水来”。朱熹在《观书有感》中虽然抒发的是读书体会的哲理诗，但是作为一种景物的描写也十分生动，描绘出了一幅美好的乡村生活画卷。芳塘取自“方塘”，面积不大，仅有半亩之多，广布于乡村房前屋后，在乡村生产生活中必不可少，是乡村非常重要的符号元素。方塘“芳”化，是一种生态的改造和美化，是一种环境的生活方式的转变。

芳塘工程，主要统指乡村水污染治理工程，主要含地表水（以乡村坑塘为例）污染治理和整治、乡村生活污水处理和排放两个层面。

1. 芳塘整治工程技术

（1）芳塘工程的实施目标。生态上，通过芳塘的内部生态系统稳定，调节区域内的水文系统，为水塘生物提供一个安全的生存环境，改善乡村的生态环境质量。景观上，实现符合乡村气质的水体景观，整体风格展现区域乡村的发展风貌。经济目标上，根据芳塘的面积大小以及芳塘区域的旅游发展规模，有机融入乡村旅游休闲模块，使之成为一个可经营单位。游憩功能上，成为乡村居民闲时游玩、饭后小聚的休闲游憩场所。生产上，满足居民的日常生产、生活需要，给乡村居民带来一定的经济效益。

（2）基础工程。对尚具整治价值、泥沙淤积的水塘，通过拆除障碍物、疏通进水渠道等措施进行治理，恢复芳塘的基本使用功能。在标准芳塘的基础上，水塘所处区域旅游发展规模较好，可以融入当地旅游休闲模块，根据水塘的面积大小来进行整治改造。芳塘对于带动乡村当地经济发展、维护生态系统平衡稳定、重拾乡村传统、唤起人们的乡村记忆具有重要的作用。

2.标准芳塘工程技术

标准芳塘是指通过规划整治以后，乡村塘坑根据规模和功能基本上达到规范化设置模式。面积大小适中，水深适宜，塘基稳固，积水比例合理，进排水科学方便，路网布局合理，环境优美，能够满足村民的基本生产、生活以及日常休闲需求。

标准芳塘是现代乡村的一个符号，它承载着乡村记忆，却又体现出社会主义现代化乡村的特色。

（1）景观设计方法。结合芳塘周边的种植布局，适当增加有色种植、花果廊架等为芳塘景观增添美感。结合村庄景观布局，适当在方塘增加步道、健身设施、滨水平台、遮阳遮雨篷等小型的、主要为村民的日常休闲提供服务的带有景观美感的设施。

（2）景观建设施工技术。标准芳塘景观建设施工主要包括塘基清理、管道施工、岸线景观建设。在施工过程中严格按照芳塘的具体地质水文情况进行设计。塘基清理过程中，主要是淤泥的处理；管道施工中主要是指各芳塘间的连接；岸线景观的建设要符合当地乡村的风貌。

（3）功能建设。水利功能保障上，标准芳塘以能够维持乡村日常农田灌溉、蓄洪等需求为基础，按照水利要求标准来进行建设。生产功能保障上，按规模大小配套芳塘功能体系。除此之外，在契合当地的乡村景观设计上需要因地而设。

（4）生态建设。标准芳塘的生态系统包括水生动物、植物和微生物，以及非生物部分的阳光、空气、水等，要充分考虑生态系统内部的相互关系与影响。在生态系统维护上，具有自净功能是基础要求。通过维持构成水体生态系统的各种生态物质比例，来完成水体生态系统的正常循环。

（5）管护技术与组织。标准芳塘管护技术主要是芳塘内部淤泥清理，以及水面垃圾、浮游生物的治理。芳塘的管护可以借鉴基塘农业模式中对塘泥的处理，在珠江三角洲平原上，居民将低洼易有洪患之处挖成池塘饲养鱼类，挖出的塘泥堆于周围，称为基堤，基堤上种植果树、甘蔗、桑树、花卉等，如此既能防洪，又能增加收入，而农作物在加工过程中产生的物料，可投入池中作为饲料。

标准芳塘管护的责任与人员组织。相仿于“河长”“湖长”，芳塘的管护可通过乡土公约管理制，设立“塘长”，同时根据公约从惩戒监督的他律，到慢慢形成自律，让乡村居民在思想观念上有爱塘、护塘的意识。条件允许的乡村，可以将芳塘的维护纳入公益范畴，由村集体或乡镇设立管护。

3. 升级芳塘工程技术

升级芳塘是在乡村旅游发展的情况下，考虑休闲需求及田园养老需求，通过功能导入的方式对标准芳塘进行升级，使之成为可经营单位，通过提供旅游休闲服务来获取经济效益，同时也是发展养老产业的一个重要的依托。

（1）景观设计方法。结合升级芳塘周边的设施建设，适当增加自然植物的种植为芳塘景观增添美感。结合区域内旅游景观布局，适当在芳塘增加休闲设施、配套经营设施、滨水平台、遮阳遮雨篷等小型的、主要为游客的出游提供服务、凸显乡村田园休闲文化的设施。

（2）景观建设施工。升级芳塘景观建设施工主要包括塘基清理、管道施工、岸线景观建设以及水上休闲设施建设，在施工过程中严格按照芳塘所处的地质水文情况进行设计。

（3）功能建设。升级芳塘的水利功能主要是为了满足基本的蓄水要求，以及区域内部分农业生产的灌溉要求，其生产功能保障以满足田园休闲养老的相关休闲服务为主。在生态建设上，升级芳塘与标准芳塘保持一致准则，维护生态平衡与永续性发展（表8-3）。

（4）管护技术与组织。由于芳塘属于可经营性的场所，在管护上便于进行相应安排，实行有关责任人定期抽查、安排专人清理管护的制度，由使用责任人承担相应成本。

表8-3　升级芳塘休闲功能设置参照标准

<=10亩	● 建议有机融入一种可自主经营类型 ● 如水吧＼书吧＼餐吧＼烧烤吧等
10～50亩	● 建议有机融入小规模组合经营类型 ● 如露营地＋水吧＋烧烤吧 ● 如餐吧＋水吧＋烧烤吧＋书吧...
50～100亩	● 建议有机融入一定规模组合经营类型 ● 如帐篷酒店＼木屋民宿＋水吧（餐吧、书吧文创吧...）
≥100亩	● 建议融入多个经营模块，实现独立运营

（四）国际水治理经验

1. 日本乡村的净化水槽模式

“净化槽”属于生活污水一体化处理设备中的一种，它在日本得到了广泛应用。在20世纪80年代，日本研制出可用于处理粪便污水和生活排水的家用净化槽，使乡村范围内的污水处理成为可能，极大地促进了日本水环境的改善和水资源循环的形成。

在日本，净化槽的管理模式是一种使用者自主设置、委托专业公司管理的独特模式。在这种模式下，使用者的自主性是受法律约束的，即依据《净化槽法》和其他相关法律安装使用净化槽是使用者的义务，同时委托专业公司管理。

针对净化水槽模式，日本有一系列的法律（包括《净化槽法》《建筑标准法》《废扫法》等）、技术标准体系（包括在建筑基准法中规定了净化槽的构造标准，之后有《净化槽构造标准及解说》）、净化槽的认证体系、净化槽性能评价制度及净化槽补贴制度。立体化的制度设计，让净化水槽模式不光立得住，还能站得稳。

2. 德国的乡村分散式污水处理模式

德国乡村地区人地比例大，人口密度一般每平方千米不超过150人。通过实行分散式污水处理模式，降低了污水处理设施建设维护成本，避免了集中处理产生的大量化学沉淀物和废物，减少了对生态环境产生危害（如水体富养化、引发水生物死亡、干扰自然水循环过程等）。

德国乡村的分散式污水处理系统，通过在每户房屋旁边建设小型污水处理设备，实现小范围内收集和循环用水，可以就近收集、处理和再利用。

其建设施工不使用过多设备，当地村民可以自建自修，还有升级换代的灵活性；除此之外，还有利于生态环境的保护，能够抵御一般的自然灾害，利于淤泥的处理和排出，减少对低承载力河流的排污压力。①

在污水处理产生的费用上，所有收入和支出，包括资本置换和股权红利，均通过缴纳税费加以征收，由地方纳入财政管理。

案例

江津李家村

——芳塘工程（乡村水治理）本源村

引言：李家村水塘遍布全村，在传统农业时代，农村水塘特别是村前屋后的方塘，在村民生产、生活中发挥着饮用洗涤、农田灌溉、蓄水排涝、养鱼种藕、游泳锻炼、美化村庄等重要功能。

随着新农村建设的深入，塘的作用开始逐渐弱化，生产、生活已慢慢不再依赖池塘。由于长期缺乏治理，村内池塘有的变成排污蓄积池，水质变黑，鱼虾绝迹；有的变成生活垃圾、动物粪便的堆积地，臭气熏人；有的被淤泥填塞，长满浮萍、水葫芦等；有的甚至被人为填平，严重影响乡村生态环境。

---

① 应对人口减少地区的乡村基础设施建设策略——德国乡村污水治理经验 国际城市规划，2019年第三期。

项目背景

李家村位于重庆市江津区石门镇，地处江津西北长江之滨，是江津区委、区政府确定的首批乡村振兴区级示范片区之一。我们在乡村振兴的规划中，确立芳塘工程作为本次规划的一大切入点及突破点。

项目主要思路及解析

项目组按照乡村振兴战略中“坚持乡村全面振兴、坚持人与自然和谐共生、坚持因地制宜”“让农村成为安居乐业的美丽家园”以及农村环境综合整治的发展要求，在李家村探索农村水生态恢复治理路径模式——芳塘工程，是全国最具代表性的乡村水生态治理工程，并成为江津区乃至重庆市乡村振兴中水体生态恢复工程标准模块本源村（图8–1）。

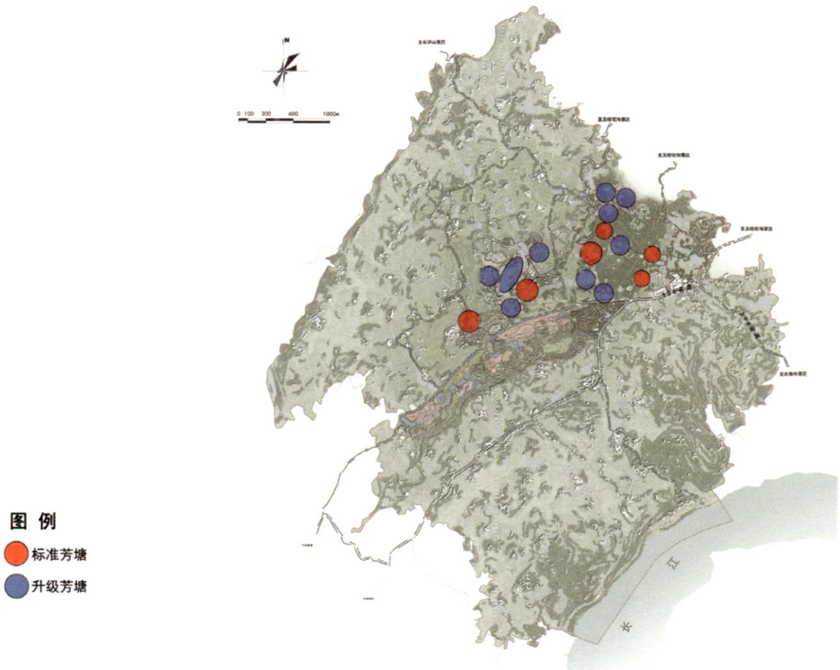

图8-1　李家村芳塘工程实施布点

李家村标准芳塘工程（图8–2）：

（1）实施要求。

①将李家村各水塘功能根据自然地理条件、环境要求、产业经济、现有水体容量及水质状况等因素进行优化调整。

②已废弃的水塘且尚具有整治价值的，通过拆除障碍物、清塘、疏浚进出水明渠等措施进行治理，恢复水塘的基本使用功能。

图8-2 标准芳塘工程图

(2) 基础工程。

①水塘引活水：实施“开源节流”方针，当自然补水不能满足要求时，采用人工方式进行水塘补水整治。

②水塘环境整治：包括检测水质、清除淤泥、清理障碍物、拆除违建、处理驳岸、水体护坡等整治工作。

③水塘水体修复：适宜采用岸边种植芦苇、水中种植荷花等既具有景观属性又具有净化功能的水生植物的方式，既能恢复水体水质，也能够营造美丽的乡村景观。

李家村升级芳塘工程：

(1) 升级方向。在李家村标准芳塘建设基础上，根据芳塘的面积大小以及芳塘区域的旅游发展类型、业态、规模等，有机融入乡村旅游休闲模块，使之成为一个可经营单位。小面积芳塘以引导农户经营为主，大水面芳塘考虑招商引资。

(2) 升级模块。项目组给出了芳塘的面积及乡村旅游休闲模块建议，采用模块化的植入方式，以便在芳塘工程实施中更容易指导乡村落地建设。

(3) 应用案例。“李家村·柴厅”民宿酒店区的环境主要是水塘围着村居（图8—3）。项目组在打造过程中，引入“芳塘工程”，按照升级版芳塘进行，致力于建设更好的度假环境，加入观景平台、帐篷等临时建筑，使之成为经营单位。每个塘都是漂亮的，每个塘都代表一种风格、一种景观、一种生活方式。

《芳塘公约》维护：

制定《芳塘公约》，设置公约守护人（组织），约定好芳塘的使用规则，确保芳塘工程的持续进行。

芳塘工程模块，是在业内首次提出的战略型研发成果，以模块化的思维解决乡村振兴中的任务，缩短研发周期，快速应对市场变化，能够助力国家乡村振兴战略全面、快速推进。李家村水生态恢复的治理模式正是“芳塘工程”诞生的起源点。

图8-3　柴厅平面图

水岸民宿——柴庐客

水上餐厅——拾柴吧

水上饮吧——塘水屋

水岸书吧——柴听小馆

图8-4　升级芳塘

（感谢供稿：李家村项目组）

二、乡村垃圾分类整治技术

（一）乡村垃圾处理关键问题

1. 固废垃圾处理覆盖问题

目前我国部分农村地区已经实现垃圾集中运输和处理，但由于经济发展不平衡，仍有大量乡村垃圾收运设施和治理资金缺乏，尚未形成统一管理，固废垃圾不能得到及时处理的情况依旧比较严重。村民自身多采取就地填埋或露天焚烧等方式处理固废垃圾，对水体、大气、土壤、生态景观及人体健康等造成了巨大危害，固废垃圾的处理问题已迫在眉睫。

《农村人居环境整治三年行动方案》指出：推进农村生活垃圾治理。要统筹考虑生活垃圾和农业生产废弃物的利用、处理，建立健全符合农村实际、方式多样的生活垃圾收运处置体系。有条件的地区要推行适合农村特点的垃圾就地分类和资源化利用方式。开展非正规垃圾堆放点排查整治，重点整治垃圾山、垃圾围村、垃圾围坝、工业污染“上山下乡”。

2. 垃圾处理组织问题

政府一般按照服务户数、面积或清运量支付服务费用，使得承接企业无动力开展垃圾分类减量，村民和废品回收与资源化企业游离在垃圾关联体系之外，无法实现垃圾分类减量与循环利用目标。

（二）垃圾分类处理

1. 垃圾处理的基本原则

根据《住房和城乡建设部等部门关于全面推进农村垃圾治理的指导意见》（建村〔2015〕170号）指出的基本原则：

（1）政府主导，依靠群众。各地区、各有关部门要切实承担农村垃圾治理的职责，做好规划编制、资金投入、设施建设和运行管理等方面工作。发挥群众主动性，尊重群众意愿，明确村民责任和义务，共同改善村容村貌、建设美好家园。

（2）因地制宜，科学治理。根据经济社会发展实际情况和自然条件，科学确定不同地区农村垃圾的收集、转运和处理模式，推进农村垃圾就地分类减量和资源回收利用，防止简单照搬城市模式或治理标准“一刀切”。

（3）全面治理，注重长效。农村垃圾治理要全面推进，不留死角，坚决防止搞形象工程、做表面文章。要一抓到底，逐步建立农村垃圾长效治理机制，确保取得实效，防止“走过场”“一阵风”。

（4）齐抓共管，统筹推进。形成分工明确、高效有力的工作机制，协同推进农村垃圾治理各项工作，保障人力、物力、财力投入，鼓励社会资本参与农村垃圾治理。

2. 垃圾分类的基本原则

根据《生活垃圾分类制度实施方案》(国办发〔2C17〕26号)关于推进垃圾分类的基本原则如下：

(1) 政府推动，全民参与。落实城市人民政府主体责任，强化公共机构和企业示范带头作用，引导居民逐步养成主动分类的习惯，形成全社会共同参与垃圾分类的良好氛围。

(2) 因地制宜，循序渐进。综合考虑各地气候特征、发展水平、生活习惯、垃圾成分等方面实际情况，合理确定实施路径，有序推进生活垃圾分类。

(3) 完善机制，创新发展。充分发挥市场作用，形成有效的激励约束机制。完善相关法律法规标准，加强技术创新，利用信息化手段提高垃圾分类效率。

(4) 协同推进，有效衔接。加强垃圾分类收集、运输、资源化利用和终端处置等环节的衔接，形成统一完整、能力适应、协同高效的全过程运行系统。

分类方法如下：

(1) 有害垃圾。对人体健康或生态环境造成直接危害或潜在危害的家庭源危险废物。

包括废电池（镉镍电池、氧化汞电池、铅蓄电池等），废荧光灯管（日光灯管、节能灯等），废温度计，废血压计，废药品及其包装物，废油漆、溶剂及其包装物，废杀虫剂、消毒剂及其包装物，废胶片及废相纸等。

(2) 厨余垃圾。家庭生活和生活性服务业等产生的可降解的有机固体废弃物。

包括相关单位食堂、宾馆、饭店等产生的餐厨垃圾，农贸市场、农产品批发市场产生的蔬菜瓜果垃圾、腐肉、肉碎骨、蛋壳、畜禽产品内脏等。

(3) 可回收物。可循环使用或再生利用的废弃物品。

包括废纸、废塑料、废金属、废包装物、废旧纺织物、废弃电器电子产品、废玻璃、废纸塑铝复合包装等。

(4) 其他垃圾。除厨余垃圾、可回收物、有害垃圾以外的生活垃圾。

包括不可降解一次性用品、塑料袋、卫生间废纸（卫生巾、纸尿裤）、餐巾纸、普通无汞电池、烟蒂、庭院清扫渣土等生活垃圾。

（三）乡村垃圾处理的金华模式

《住房城乡建设部关于推广金华市农村生活垃圾分类和资源化利用经验的通知》(建村函〔2016〕297号）指出，推进分类和资源化利用是实现农村生活垃圾长效持续治理的关键。2014年以来，浙江省金华市积极推进农村生活垃圾分类和资源化利用，探索出“两次四分”的垃圾分类方法、“垃圾不落地”的转运方法、“阳光堆肥房”就地资源化利用方法以及动员群众、依靠群众的工作方法，实现了农村生活垃圾治理财政可承受、农民可接受、面上可推广、长期可持续。

金华市农村生活垃圾分类和资源化利用经验：

2004年前后，金华市建立了"户集、村收、乡转运、县处理"的农村生活垃圾治理模式，初步解决了农村生活垃圾出路问题。随着农民生活消费水平的提高、农业生产方式的改变，农村生活垃圾产生量越来越大，原有模式的弊端日益凸显。一是现有填埋场使用寿命急剧缩短，但新建填埋场的选址越来越难。二是垃圾处理成本日益提高，财政负担越来越重。2014年以来，金华市从本地实际出发，又探索出了"两次四分法"的分类方法、"垃圾不落地"的转运方法、阳光堆肥房就地资源化的利用方法以及动员群众、依靠群众的工作方法，形成了财政可承受、农民可接受、面上可推广、长期可持续的农村垃圾分类和资源化利用模式，已在全市域普遍推广，产生了显著的生态、经济和社会效益，走出了一条符合金华实际的农村垃圾污染治理新路子。有关做法和经验介绍如下：

1."两次四分"的分类方法

（1）农户初分。即农户按能否腐烂为标准对垃圾进行一次分类，分成"会烂的"和"不会烂的"两类，由政府给农户发放标准化两格式或两个垃圾桶，分别放这两类垃圾。

（2）保洁员再分。村保洁员在分类收集各户垃圾的基础上，进行二次分类。一方面，纠正农户分类中的错误；另一方面，对"不会烂的"垃圾再分为"好卖的""不好卖的"两类。保洁员利用两格式分类收集车将"会烂的""不会烂的"垃圾集中收运至村内或联村阳光堆肥房。"会烂的"投入堆肥间堆肥；"不会烂的"中"好卖的"投入临时存放间贮存，金华市指定市供销再生资源有限公司对市场上不予以回收的废旧塑料、玻璃等进行"上门、定时、兜底"回收，费用归保洁员所有；既"不会烂"也"不好卖的"垃圾按"户集、村收、乡转运、县处理"方式，经乡镇转运后由县（市、区）统一处理。

通过两次四分法，既解决了农户一次分类不到位的问题，又减少了需末端处理垃圾的总量，还实现了资源化利用。这种分类方法易学易用、易记易分，很接底气，适合农民特点，切合农村实际。澧浦镇后余村是全区试点村，过去每个月要外运垃圾6次，实施垃圾分类后减少到了每月1次。据金东区实际测算，2015年8月至2016年8月有近70%的生活垃圾留在村里堆肥，10%～15%的垃圾可以变卖。

2."垃圾不落地"的转运方法

金华市取消了村内垃圾集中堆放点和垃圾池，实现垃圾从投放到处理全程不落地。每家每户门口设两个密闭垃圾桶或两格式垃圾桶。农户自行投放后，保洁员利用密闭分类转运车定时上门收集，运送到村级阳光堆肥房。阳光堆肥房密封处理或贮存垃圾。对既不能堆肥、也不能卖的其他垃圾则统一密闭转运至县级处理设施处理。垃圾从出门到进入最终处置环节全程不落地，大大减少了蚊蝇孳生的可能性，也净化了村庄环境。

3. 阳光堆肥房就地资源化利用方法

对于分拣出的会烂的垃圾，金华市在农村就近建设太阳能阳光堆肥房进行堆肥。根据行政村人口数量、转运距离等因素，采取“一村一建”或“多村合建”方式，建设阳光堆肥房。单村建设的阳光堆肥房一般分四格，其中两格堆肥，一用一备，另外两格中一格储放可卖垃圾、一格储放其他垃圾。所有阳光堆肥房实施标准化建设，统一材料和外观。

单村阳光堆肥房建设投资大概在10万～15万元。堆肥房屋顶安装透明玻璃，利用自然光提高堆肥温度；使用专利技术对传统发酵处理工艺进行科学改进，引入微生物菌剂，堆肥时间从原先的半年缩短至2个月；配套建设通风和保湿回淋系统，有效去除了苍蝇、臭味等。垃圾堆肥后，由专业公司、农业合作社用于制作有机肥或直接还田增肥。一般1吨会烂垃圾经过堆肥房处理后，可生产0.2～0.3吨有机肥，这种有机肥氮、磷、钾含量都很高，适合做蔬菜瓜果的肥料。

4. 长效保障措施

（1）强力行政推动。一是“一把手”抓“一把手”。金华市市委书记亲自进行全市动员部署，从市到县、到乡、到村，层层抓“一把手”。仅在试点过程中，市委分管副书记就先后与试点区区委书记沟通10多次。各级“一把手”既“挂帅”，又“出征”，各县（市、区）书记多次召开现场推进会，乡镇“一把手”更是进村入户，推动工作落实。二是健全协调机构。在市、县两级“五水共治”办公室下设办事协调机构，负责谋划、统筹、协调、督查农村生活垃圾分类减量工作。三是试点先行、全域推进。根据人口规模、产业布局、地域远近、经济发达程度等因素，金华在市区选择了工业主导、农业主导、城郊结合部三个不同类型的乡镇先行开展试点。试点乡镇所有行政村、企事业单位全面开展垃圾分类，其他县市也选择若干个乡镇进行整乡整镇试点。试点取得成功后，2015年4月，金华市委、市政府召开动员大会、下发文件，在全市农村全面推行垃圾分类，明确提出两年实现全市农村全覆盖的目标。到2016年7月底，全市已有145个乡镇3 896个行政村开展垃圾分类减量工作，乡镇实现全覆盖，行政村覆盖率达88%。

（2）多元化资金筹集。建立“财政直补、群众缴费、社会参与”的资金筹集模式。一是建设费用由县级财政负责。通过财政奖补形式对开展分类减量的行政村一次性补助10万～15万元，用于建设阳光堆肥房，同时按在册人口人均20～60元的标准补助配套设施建设，如配置分类垃圾桶、垃圾车等。二是运行费用主要由市、县两级财政解决。平均每人每年补助约84元，由市、县两级财政按1：1.5比例安排，包括保洁员工资、堆肥房维护等后续管理费用。除财政资金外，各村设立“共建美丽家园维护基金”，农户每人每年缴纳10～30元，商户每年200～500元，缴纳费用在村务公开栏公示。三是争取部分村级企业捐助，用于垃圾分类的长效实施、农户的奖励等。

（3）全方位监督考核。在政府层面，实行分类工作分级考核制度。实行市对县、县对乡镇、乡镇对村的分级督查考评，实行市对县实行季查，结果列入五水共治考核；县对乡镇、乡镇对村实行月查，分别公布排名，全年成绩与垃圾分类减量资金补助直接挂钩、与联村干部及村主要领导奖金挂钩。在村委会和村党员干部层面，实行垃圾分类网格化管理。村两委班子成员划分责任片区，每名党员联系若干农户，层层落实责任，确保分类工作有人抓、有人管；实行村务公开，在村庄保洁承包、缴费标准、经费使用等各个环节做到公开透明；聘请村里有威望的老人担任环境监督员和劝导员。在保洁员层面，建立分类评优制度。实行乡镇对各村保洁员的月度考评制度，每月评比奖励10%～20%的优秀保洁员，激发他们做好分类工作。在农户层面，建立环境卫生荣辱榜制度。村干部、村民代表及有一定威望的老党员、老干部对农户分类等情况进行打分评比，每月每村评出先进户3～10户、促进户3～5户，通过“笑脸墙”“红黄榜”公布结果。健全农户“门前三包”制度，实施卫生费收缴制度，并将其纳入乡规民约。

（4）广泛社会参与。一是党员干部深入宣传。市、县、镇、村层层召开动员大会。召开村级党员和村民代表大会时，讨论通过阳光堆肥房选址、村规民约、垃圾桶的选择，以及落实党员联系户制度和村民代表联系户制度，通过实行农村党员联户制度，发挥基层党组织和党员的先锋模范作用。镇、村干部走村入户开展宣传发动，与农民谈心、交心宣传垃圾分类，如婺城区竹马乡向家源村党支部书记姜宝钗，在抓垃圾分类工作过程中，一次上门群众不理，二次上门群众骂她，三次上门群众打她，但她仍然坚持上门做工作。垃圾分类做好了以后，村子的环境变美了，她得到了群众的认可，在群众中的威信也大大提高了。二是发挥妇女主力军作用。各级妇联积极发动培训农村妇女活动，组织开展“好姐妹宣讲团”“垃圾分类、巾帼先行”“携手垃圾分类、共创美丽家庭”等活动。三是动员共青团、教育部门。共青团各级组织广泛开展“让垃圾分开旅行”“家园风景秀”等活动，动员青少年和社会志愿者积极参与垃圾分类。教育部门在全市中小学全面开展垃圾分类相关知识教育，通过“小手拉大手”等活动，促进农户分类。四是企业积极参与。对于设在农村的各类工厂，明确由各级工会负责，组织开展阳光堆肥房的村企联建、企业职工生活垃圾分类等工作。

（5）初步成效。

①农村人居环境大变样。实行农村垃圾分类后，垃圾不落地，堆放、转运等环节二次污染明显减少，农村边角都变得干净了，群众反映苍蝇、蚊子变少

了，臭味没有了，改变了农村原先“一场大雨、一河垃圾”的现象。

②推动乡村旅游大幅发展。据统计，全面推行垃圾分类减量的2015年，金华市农家乐接待游客达1 688.8万人次、实现营业收入10.82亿元，分别比2014年增长18.9%和24.1%；2016年以来，农家乐进一步加快发展，上半年金华市农家乐接待游客976.7万人次，营业收入6.91亿元，同比分别增长24.5%和28.4%。垃圾分类有力推动了美丽乡村建设，带动了古村落观光、休闲农业、民宿经济等乡村旅游业的快速发展。

③促进养成文明新风。垃圾分类的过程，既是农民良好卫生习惯的养成过程，又是农民文明卫生素养的提升过程。村庄干净了，也倒逼着农民改变自身不良习惯，如村民以前随手乱扔垃圾现象比较普遍，现在家庭主妇甚至会在分类垃圾桶边剥笋壳，边剥边分类；农户门前“三包”、卫生费收缴等写入村规民约，洁净庭院、美丽家庭等评比活动开展；笑脸墙、红黑榜等制度的实施，也是村民自治自律的生动实践，这些都进一步促进了农民自我管理和文明素质的提升。

（6）经验评价。金华市针对农村常住人群现状和特点，在总结农民智慧的基础上，全面推广简便易行的二次四分法。农户只需以是否易腐烂为标准，操作简便，易学易做，群众普遍支持。据金东区抽样调查，这一分类办法的群众知晓率和满意度分别达100%和99.3%。二次四分法在保证较好的分类减量效果的前提下，大大降低了垃圾分类推行的难度，利于农户分类习惯的养成，有力促进了分类工作的全面推行。

金华市普遍推行的阳光堆肥房，采用多孔管道自然通风，全程运行无动力；使用玻璃阳光房保温和改良后的微生物菌种发酵，比普通堆肥效率高，出肥时间从半年缩小到2个月；保洁员按要求将有机垃圾投入相应仓体即可，无需专门人工管理；阳光房高位投料、低位出料，无机械设备，非常便于操作和维护；堆肥设施可使用40～50年，比一般的堆肥机寿命长30年以上。

以往金华农村1吨垃圾的平均清运成本约为200元，焚烧、填埋处理成本分别为每吨110元、90元。全市全面推行农村垃圾分类后，每年可减量垃圾66万吨以上（全市农村人口327万，每人日均产垃圾0.66千克，减量按85%计），每年可减少清运和处理费用大约2亿元。设施建设的一次性投入完全可以在今后8～10年的节余中收回。

（四）乡村垃圾处理的其他模式

1.上胜町模式

上胜町是日本德岛县的一个小乡村，隐藏在森林茂密的群山之中，地势陡峭，交通较为不便，加之当地人口以老年人为主，垃圾外运较为困难。在实行“零垃圾”运动之前，上胜町居民大多采取野外焚烧和填埋等措施处理垃圾。在

20世纪末，当地政府决定大力推行垃圾分类和本地资源化利用，目标是打造一个“零垃圾”社会。其主要举措有：

（1）不设置垃圾回收车，垃圾分类极为精确。上胜町并没有专门的垃圾收集车上门回收垃圾，而是需要居民自己将垃圾送到垃圾回收站。居民所产生的垃圾均需要居民在家简单分类后送到辖区内唯一一个垃圾回收站再进行细分，垃圾回收站里有专门负责的工作人员指导居民进行进一步分类，垃圾分类项目精细达34种。

（2）厨余垃圾全部堆肥处理。政府对购买电动厨余垃圾处理机的家庭给予一定补助。由于上胜町60%以上的家庭都从事农业，因此堆肥后的肥料直接用于肥沃农田，真正实现了循环再利用。

（3）循环利用盛行。居民将可再利用的垃圾进行洗净后加工改造成手工艺品，赠送或出售给本地居民和游客，真正做到物尽其用，同时还能使手工艺者得到一定收益。

2. 村垃圾处理的vegeloop（蔬菜循环）模式

日常生活中存在大量的“烂蔬菜”，因其品相不佳而遭到废弃，不仅造成了巨大的浪费，还给农民带来了巨大的损失。日本为此出现了一种黑科技vegeloop，让废弃的蔬菜“化腐朽为神奇”。Vegeloop模式具有以下关键特点：

（1）蔬菜残渣成为肥料。将废弃的蔬菜捣碎制成肥料，再将同种蔬菜的种子混合，装进由可降解材料制成的并印有蔬菜图案的包装纸中，包成蔬菜本身的形状，制作好的vegeloop就和原来的蔬菜一样。

（2）vegeloop创意。将vegeloop像种子一样直接埋在土里并浇水，包装纸受到水的作用会自动溶解，种下的vegeloop会慢慢发芽，开花，直至长出蔬菜。Vegeloop的创意不仅让许多人体会到栽培蔬菜的乐趣，更让人们以这种新颖的方式参与到环保中，让大量的废弃蔬菜得到再利用。

3. 人工湿地模式

人工湿地是通过人为建造和控制运行的一种类似沼泽的地面，将污水引入人为建造的湿地，利用人工介质、土壤、植物及微生物等共同作用净化污水。人工湿地模式因其较低的成本和较好的处理效果，是如今广泛运用于农村污水处理的主要技术之一，对改善农村生态环境具有重要作用。人工湿地可分为地表流人工湿地、潜流式人工合成湿地、垂直流潜流式人工湿地和水平流潜流式人工湿地。

人工湿地具有如下优点：建造和控制运行成本较低；易于维护，技术要求较低；污水处理效果较好，较为可靠；可缓冲对水力和污染负荷的冲击；能直接或间接为其他产业提供效益，如水产、畜产、造纸原料、建材、绿化、野生动物栖息、娱乐和教育等。

人工湿地模式同时也有如下缺点：湿地一般占地面积大；易受到病虫害的

影响；生物和水力复杂性加大了对其处理机制、工艺动力学和影响因素的认识理解，设计运行参数不精确，因此常由于设计不当使出水达不到设计要求或不能达标排放，有的人工湿地反而成了污染源。

三、乡村厕所革命

（一）“厕所革命”的渊源

就世界历史而言，冲水式马桶从大约公元前3 000年起便已存在，现代化的抽水马桶出现至今约有270年。在这段历史很长、普及不长的时间中，厕所这个被现代人视为不可或缺的生活场所，一直被认为是文明程度的象征。

“厕所革命”最早由联合国儿童基金会提出，是针对发展中国家的厕所进行改造的一项举措，改善厕所卫生状况直接关系到这些国家人民的健康和环境状况。而厕所的匮乏容易加速病菌传播，是导致儿童患病和死亡的主要原因之一。

2011年，盖茨基金会启动了“马桶重建计划”。这一计划面向全世界约2.6亿没有下水道系统可用的人们，旨在通过技术升级，建设不用上下水、不用接电，建造、运作和维护总费用极低的马桶，以提供低廉、卫生、可持续的如厕服务。

2013年7月24日，第67届联合国大会通过决议，将每年的11月19日设立为“世界厕所日”，旨在倡导人人享有清洁、舒适及卫生的如厕环境，提高全人类的健康水平。

（二）中国乡村厕所的改造进程和新三年行动计划

中国的“厕所革命”可追溯至20世纪80年代。公开报道显示，借助1990年亚运会举办的时机，北京开展了一场浩大的厕所整治行动，即“厕所革命”。据统计，1984—1989年，北京共新建、改建公厕1 300多座，改建通下水道的溢流粪井1 000个，扩大公厕面积1.6万平方米，增加坑位3 300个，6 000多座公厕基本上实现了水冲。中国在2015年重启“厕所革命”，致力于提升中国环境卫生状况，改善农村生活环境，并履行联合国可持续发展计划中对使用清洁水资源的承诺。

2015—2017年，中国国家旅游发展基金牵头共投入16.4亿元，新建或改造的旅游厕所高达7万多座。2018年以来，共新建或改造了近2.4万座旅游厕所，其中1.5万座在中西部地区建成。

2018年2月，中共中央办公厅、国务院办公厅印发了《农村人居环境整治三年行动方案》，明确要求：开展厕所粪污治理。合理选择改厕模式，推进厕所革命。东部地区、中西部城市近郊区以及其他环境容量较小地区村庄，加快推进户用卫生厕所建设和改造，同步实施厕所粪污治理。其他地区要按照群众接受、经济适用、维护方便、不污染公共水体的要求，普及不同水平的卫生厕所。引导农村新建住房配套建设无害化卫生厕所，人口规模较大村庄配套建设公共厕所。加强改厕与农村生活污水治理的有效衔接。鼓励各地结合实际，将厕所粪污、畜禽养殖废弃物一并处理并资源化利用。

政府围绕改善农村人居环境，加大资金整合力度，积极推进美丽乡村、道路建设、厕所改建等项目，农村厕所环境有了很大程度的改善。2019中央财政计划安排70亿元推动全国3万个村庄改造厕所，共覆盖1 000万左右的农户。但由于农村人口基数大、住房分散、地区经济发展不平衡等问题，农村厕所“脏、乱、差、少、偏”等问题依然突出，“厕所革命”任重而道远。

（三）中国农村厕所改造特点及常规改造技术

1.农村无害化厕所改造的三个突出特点

一是单个工程量小，总体工程量大。二是施工工艺简单，施工标准高。三是建设时间短，使用管护时间长，涉及农民住户切身利益。

厕所改造是一项普惠农村千家万户式的改造行动，单个工程以家庭为单位，而每户所面临的实际情况以及改造意愿均可能有所不同。从大乡村范围而言，又是一项工程体量极大、施工标准高的项目。整体来看，改造工作的推动将形成一个较长的实施进程。

2.六种农村厕所无害化处理类型

根据周边基础建设情况确定，农村厕所改造技术大致可以分为四类。在城镇污水管网覆盖到的村庄和农村新型社区，推广使用水冲式厕所；在一般农村地区，推广使用三格化粪池式、双瓮漏斗式厕所；在重点饮用水源地保护区内的村庄，全面采用水冲式厕所；在山区或缺水地区的村庄，推广使用粪尿分集式厕所等。

《农村户厕卫生规范》规定了农村户厕卫生要求及评价方法，以及适用于农村户厕的规划、设计、建筑、管理和卫生监督、监测方法。《粪便无害化卫生要求》规定了粪便无害化卫生要求限值和粪便处理卫生质量的监测检验方法；主要用于专业部门对处理效果的监督、监测和卫生学评价。以《农村户厕卫生规范》为标准，其中推荐的六种无害化卫生厕所类型包括三格化粪池厕所、双瓮漏斗式厕所、三联通沼气池式厕所、粪尿分集式厕所、双坑交替式厕所和完整上下水道水冲式厕所，其中上下水道水冲式厕所为常规水冲式厕所，联入污水管道。以下为其他五类无害化处理具体实现途径。[①]

（1）三格化粪池厕所。

工艺流程：要求三格池总容积≥1.5立方米，池深≥1 200毫米。

① 资料来源：中国政府网　疾病预防控制局。

优点及适应性：

- 结构简单，易施工，造价合理，管理方便，粪便无害化处理效果和肥效好；
- 三格化粪池可用现场砖砌、水泥预制等方法建造，在工厂生产后现场组装的方式也常见；
- 在全国大部分地区适用，要选择节水型便器，尤其南方应用多，北方厕所入室、做好防冻措施也可应用。

注意事项：

- 人口多、用水量大时要适当增加化粪池容积或增加池数；
- 在冲水水压不稳定的农村，最好选择高压冲水泵或舀水方式；
- 洗澡洗涤用水不能排入化粪池，儿童粪便投入第一池；
- 化粪池破损要及时修复，不能暴露粪水，尤其不能渗漏；
- 如不使用粪肥不能直接排放附近水体，需加第四格或其他方式进一步处理。

(2) 双瓮漏斗式厕所。

工艺流程：要求两个瓮总容积≥1.0立方米，瓮深≥1 500毫米。

优点及适应性：

- 双瓮漏斗式厕所与三格化粪池厕所的原理相同，采用节水型冲水便器，粪便无害化处理效果和肥效好；
- 适用于土层较厚地区，中原地区、西北、西南地区均可使用，其结构简单，易于企业规模化生产，可大量、快速定制生产，运输、安装方便；
- 缺水地区用少量水冲洗即可使用，北方地区瓮加脖增加埋深可以使用。

注意事项：

- 人口多、用水量大时要增加至三瓮或增加瓮容积；
- 控制用水，选择高压冲水泵或舀水方式，不能使用大冲水量的便器；
- 洗澡、洗涤用水不能排入瓮中，儿童粪便投入前瓮；
- 双瓮破损要及时修复，盖要密封，不能暴露粪水和渗漏；
- 如不使用粪肥不能直接排放附近水体，需其他方式进一步处理。

(3) 三联沼气池式厕所。

工艺流程：需要有资质的专业队伍建造，也可企业生产后现场组装。

优点及适应性：

- 粪便无害化效果好，肥效好；
- 沼液可以直接喷施果实，有杀虫和提高产品质量的功效；
- 沼气可以做饭和照明，节省燃料；
- 经济效益比较明显；

- 尤其适合气候较温暖地区，寒冷地区冬季做好保暖也可应用。

注意事项：

- 占地面积相对较多，一次性投入较大；
- 需要饲养家禽或牲畜（3～5头猪粪尿可满足一家用气要求）；
- 用水较多，需要在取水较方便的地区使用；
- 出现故障一般需要专业人员维修。

（4）粪尿分集式厕所。

工艺流程：主要是分别有粪和尿两个收集口的便器，下面是容积≥0.8立方米的贮粪池和≥0.5立方米的储尿池。

优点及适应性：

- 生态旱厕，造价低廉；
- 基本不用水冲，仅需少量水冲洗小便池；
- 干燥的粪便体积小、无臭味、无害化，可做粪肥；
- 适合在缺水、干旱、寒冷地区使用。

注意事项：

- 当地需有充足的草木灰，便后需要及时加灰覆盖；
- 不适用于人口较少的家庭或公厕；
- 排尿管冻裂或脱落后要及时维修，否则粪尿混合散发臭味；
- 不容易保持清洁，需要勤于清扫维护。

（5）双坑交替式厕所。

工艺流程：厕屋内并列两个容积≥0.6立方米的贮粪坑，交替使用和密封。

优点及适应性：

- 传统旱厕形式，不改变原有如厕习惯；
- 不用水冲，黄土覆盖；
- 固体粪肥方便运输和施肥；
- 主要适应于中、西部习惯使用固体粪肥的地区。

注意事项：

- 便后及时黄土覆盖；
- 管理不好容易出现粪便暴露、臭味；
- 两个坑不能同时使用，一个使用，另一个要加盖密封；
- 厕内卫生较难保持，需要勤打扫。

从结构原理对比而言，三格化粪池稍具优势，即由相连的三个池子组成，粪便在池子内经过30天以上的发酵分解与沉淀杀菌，第三池粪液会成为优质肥料。双瓮漏斗式化粪池也可以达到无害化处理，这样的化粪池一年清掏两次即可，每次冲厕用水仅为0.3～0.4升，农村厕所冲水量仅约为城市水冲式厕所的1%。

（四）厕所革命的先进经验

根据中华人民共和国中央人民政府网显示，在第四次全国厕所革命推进大会上，原国家旅游局推出厕所革命技术和管理创新模式，其中囊括的科技创新五大突破、管理模式五大探索在未来乡村厕所革命的推进过程中有深度的参考价值。

（1）高效节水方面：免水冲、微水冲技术能解决缺水环境下厕所难题，最大程度节约水资源。以北京蓝洁士科技发展有限公司、上海森禾环保科技有限公司、昆明惠云夜光工程有限责任公司和四川绿华宏远环保科技有限公司为代表，提出了具体解决方案。

（2）低碳排放方面：生物反应膜处理净化处理技术实现了低碳零排放，可以有效保护自然环境。以上海华杰生态环境工程有限公司、大连金州金水清洁设备厂、吉林省路克奔环保设备制造股份有限公司和江苏华虹新能源有限公司为代表，提出了具体解决方案。

（3）生态循环方面：利用太阳能、风能、生物能处理污水，可以降低能源消耗，实现资源循环再利用。以宜兴艾科森生态环卫设备有限公司、三亚鹿回头旅游发展有限公司、苏州克莱尔环保科技有限公司和青海大黄蜂旅游设施工程有限公司为代表，提出了具体解决方案。

（4）技术转化方面：积极应用新技术，用实践检验理论成果，推动厕所科技再创新，可广泛应用于景区中，以苏州大阳山国家森林公园、避暑山庄及周围寺庙景区管理委员会、泰安市泰山风景名胜区给排水工程指挥部、海螺沟景区为代表。

（5）PPP模式方面：创新厕所投融资方式，政府、企业、资本良性互动，吸引全社会广泛参与。以中国光大集团光大置业有限公司、保定野三坡乡村旅游厕所开放联盟、海口龙马环卫和四川旅发环保科技有限公司为代表。

（6）机制创新方面：所长负责制，管理员小组评比专业公司运营，创新了管理机制，提升了厕所管理水平。以上海珍得巧克力剧院、安庆市岳西县河图镇明堂村村委会、港中旅（宁夏）沙坡头景区和天山天池景区为代表。

农村厕所改造是一项“真抓实干、久久为功”的长效工作。

在持续推进厕改工作方面，一般在年轻人占一定比重的家庭好推行，在不具备改造条件的家庭还需要先完善基础改造，老年人的生活习惯和成本顾虑也是影响推进的重要因素。

农村厕所后续管理及维护应考虑资金问题。政府的补贴款是用于建设厕所，而完成建设后还需要由业主方承担一年2～3次的抽厕费用；乡村公厕则面临后续管理的问题，人员及资金可考虑由政府补贴、村集体支持、村民出资三部分整体构成。

农村厕改革工作是改善环境、防治疾病的治本之策，推动了农民传统卫生习惯的改变，有力促进了农村生态文明建设，更重要的是保障了民众的健康。

第四部分

乡风、治理篇

本篇对乡村振兴20字战略目标中的“乡风文明”和“治理有效”进行探索。从乡村人才建设的角度进行切入，对乡村人才类型和结构优化的模式、乡村人才培育的途径进行了分析。除此之外，“外脑智库+本地建设”的联合发展模式，是基于目前智库团队广泛参与乡村振兴、本地人才整合培养的方式提出的创新型人才建设方案。在乡村治理层面，以基层党建为引领，自治、法治、德治“三治”融合，强化乡村治理有效，以乡村文化振兴协同乡村自治。

第九章

新农人才模块

一、乡村振兴人才制约因素分解

（一）中国乡村人才问题

1. 老龄化问题

据2010年第六次人口普查数据显示，我国农村60岁以上老年人口数量占农村人口总数的14.98%，城镇60岁以上老年人口数量占城镇人口总数的11.69%，比较而言，农村老年人口比例高出3.29%。根据普查结果可以得知，2000—2010年，我国农村人口老龄化程度提高了4%，而在同一时期，城镇老龄化人口程度只提高了2%。随着年轻一代生育观念的改变、现代医疗技术的发展以及大规模农村人口流向城镇等原因，农村老龄化的程度在持续加深。目前农村空巢现象严重，老人与孩子成为农村的主要留守人员，劳动力的缺失，直接影响着农业结构的调整和农业现代化的发展，乡村的发展面临困难。

2. 城乡人才单向流动问题

农村较之以前已经取得了很大的发展，乡村风貌也比以前有所改善，但是总体水平与城镇仍然存在较大差距。农村的就业岗位与就业需求并不匹配，相对于农村而言，城镇的发展机会、社会保障、医疗卫生及子女教育等都有着明显的优势，外出人才返乡优势不大。

（二）中国乡村人才问题形成原因

1. 大城市对年轻人的强大吸引力

大城市尽管生活成本很高，但依然是年轻人就业停留的首选。他们期盼着在找到一个地方安居乐业之前，先挣一笔安家立命的钱，尤其是在他们经济状况不佳的时候，在大城市里找到薪资相对高的工作的可能性要大一些。另外，大都市生活丰富多彩，交际的机会也多得多，这对于年轻人开创人生的道路是至关重要的。

2. 乡村基础设施、公共设施落后

目前，农村在基础设施和公共服务上仍然存在很多不足，农村医疗、教育、社保、养老等基础性公共服务不达标，这与村民的健康、教育、养老保障等都息息相关；农村环境基础设施建设滞后，道路、供水、污水处理、垃圾处理、供电设施等建设不完善，影响村民的生活质量。年轻人对生活质量要求更高，更喜欢大城市的环境和条件。

3.制度性原因（土地、户口）

户口加剧了农村人口向城市的单向流动。目前农民进城后，户口、就业相对容易解决，但是城里人想要进村却出现了两个比较棘手的难题：一是城里人到农村，不能落户；二是土地管理法规定，城镇居民不能直接购买农村建设用地使用权。依据当前中国土地公有制的农村土地制度，农民对土地拥有使用权，并没有所有权，即农民不能转卖或是随意处置土地。所以城里人即使想要进村生活，考虑到户口和土地的限制因素，也会望而却步，这就造成了乡村人才去往城市的单向流动。另外，现行的土地征用制度强制性较强，容易引起土地纠纷。农民的土地规模小，一般在遇到承包、征地方面的补偿或是分配时，农民的土地财产权力容易被忽略，会出现补偿不足的情况。没有稳定的产权，土地经营权不能自由流通，农村人才安全感就不足，就会外出以寻求更稳定的安全感。

二、乡村人才类型与结构优化模式

（一）乡村振兴人才类型

乡村振兴，说到底是人的振兴，有人才能有作为。习近平总书记高度重视人才的作用，他曾经指出，发展是第一要务，人才是第一资源，创新是第一动力。在乡村振兴的具体路径中，每一方面都离不开人才的作用，人才振兴是乡村振兴的首要任务。

1.体制内与体制外人才

乡村人才从体制上可以分为体制内和体制外两种人才；体制内主要为村官，体制外主要为志愿者与乡民。

村官人才主要是大学生村官，或是当地比较有名望、有威望的人；志愿者可以是本地人，也可以是外地人因对村庄产生依恋而留下来的人，他们与当地村民一起，共同为农村的发展效力。村官、乡民、志愿者形成一个稳定的闭环，三方齐下，相互督促。

2.外来人才与本地人才

乡村振兴的人才从地域上说，可以分为本地人才和外来人才。本地人才一般指本地的乡贤、有经验的老者及外出学习后返乡的爱乡人士等，他们更了解家乡的情况，更懂得如何因地制宜地搞发展，也有更浓厚的家乡情怀；外来人才则主要是指通过设置好的就业岗位和高薪吸引来的人才，他们能增加农村的活力，为农村的发展注入新的血液。无论是本地人才还是外来人才，只要他们热爱这个农村，都会成为乡村振兴的主力军。

3. 技能型人才与文化型人才

乡村振兴的人才需求从类型上可以大致分为技能型人才和文化型人才。技能型人才是指掌握一项或多项专业技能的人，比如技术专家、技术工人、手工艺人等都可以归为此类。另外，种田能手、养殖能手、村宴厨师及婚丧司仪也可以认为是技能型人才。

文化型人才主要是区别于技能型人才而分类的，主要为管理人才、运营人才、销售人才等，领域涉及农村产业、文化、社会等方方面面。

（二）乡村振兴人才结构优化

乡村人才必须形成一个稳定、有持续发展能力的人才体系结构。根据人才在体系中的职能和作用，应培育完善如下人才类型，以优化人才体系结构。

1. 领路者、带头人、企业家

“火车跑得快，全靠车头带。”“河中村以前是个‘空壳村’，村集体经济薄弱，对外还欠了一些债务。村集体说话没人听，组织开个会，连人头都凑不齐。”重庆荣昌区清河镇河中村村支部书记雷勇说，“村里发展产业，大伙儿也是各搞各的，这家种3亩水稻，那家搞2亩龙眼……缺乏统一组织、规划，容易‘打乱仗’。”2017年，荣昌区决定，通过财政补助为村集体经济发展注入启动资金，带动村民“抱团”创业。在村支书带领下，村里开发了河中村的宝地——河中岛，还把农民组织起来，共同举办水果采摘季。正是在领路人的带领下，河中村的乡村产业得到了蓬勃发展。

2. 新乡贤

“新乡贤”这一概念是在丰顺举办的第十三届中国农村发展论坛上被定义的。新乡贤是指在当代乡村，一些曾为官在外后告老还乡，或在外为教后返归乡里，或长期扎根乡间而以自己的知识才能服务乡间的一些有爱乡情怀的人。这些新乡贤不仅具有传统乡贤的一般特征，如乡土情怀、道德品行、伦理情操等，还有现代的知识、技能和新的文化视野，既可以起到道德指引的作用，还可以起到新文化、新观念、新思想、新技能传播者的作用；不仅可以协调和化解乡村邻里之间的矛盾，也可以引导舆论、明辨是非、凝聚人心、端正风气。新乡贤一般是具有较高素养的人，他们重视乡村发展，乐于传播乡村文化，利用自身的优势帮助村民们解决邻里之间的矛盾纠纷，有利于乡村整体环境的良好塑造，为乡村振兴的发展提供一个安宁平和的发展空间。

3. 专业骨干

2018年中央1号文件指出：“加强农村专业人才队伍建设，特别是扶持培养一批农业职业经理人、经纪人、乡村工匠、文化能人和非遗传承人等。”专业骨干主要就是专业技能人才，乡村中的专业技能人才是非常缺乏的，很多乡村的产业止步不前，可能就是因为缺少技术上的支持，专业骨干可以帮助乡民们解决很多技术上的问题，使得村民们少走很多弯路。

4. 基层干部

基层干部就是乡村组织中能够时刻带领大家梳理正确意识、找准奋斗方向的带头人。基层干部就像是战斗堡垒一样，在乡村振兴中发挥着凝聚人心的强大作用，他们会为乡民们疏通外界关系，寻求多方面的支持，村官就是最具有代表性的基层干部。

三、乡村人才类型培育两大途径

（一）新乡贤培育

1. 新乡贤形成的过程

新乡贤的形成存在一定的因素，新乡贤主要包括经济能人、社会名流、文化名人。新乡贤的成功认证主要在于是否具备以下三个因素：

第一，权力是新乡贤的官方认证，每一位新乡贤都经过时间的磨练，或是获得了一定的成就，或在某一方面取得了名望，这种新乡贤是经过社会大众认可的。

第二，经济实力是新乡贤形成的最重要因素，新乡贤有着一定的经济基础，因为心系家乡才想要回到家乡，不在乎钱财的多少，只为推动家乡的发展。

第三，文化、道德等也是形成新乡贤的重要因素，每一位新乡贤的道德素养都是值得信赖的，回乡旨在宣传家乡的文化，为家乡打造更好的文化形象。

2. 新乡贤的培育之路

对具有经济实力、具有文化道德感召力的乡村人才，应该作为新乡贤培育的重点对象，他们将会成为整个乡村最大的一股清流，在乡村振兴中扮演者无可替代的重要角色。

现在很多地方在评选新乡贤，希望通过评选新乡贤，激励更多乡贤的产生，同时也在被选的乡贤肩上赋予责任，希望他们在乡村振兴过程中发挥更大的作用。总的来说，评选新乡贤是值得推广的做法，应当把具有一定威望与具有较高道德素养、有爱心、具备领导力的人选出来，让他们成为乡村发展的脊梁。

3. 新乡贤持续形成机制设计

第一，营造新乡贤形成的环境。应创造激励人才返乡的良好制度环境，为返乡人才落户、就业、社会保障等扫清障碍。应营造人才发挥作用的环境，营造公开、透明的营商环境，营造稳定和谐的社会环境，营造积极向上的文化环境。

第二，对新乡贤形成给予权力加持。新乡贤虽然在村中已经具有一定的威望，但这还远远不够，即使是有威望、有名声，在遇到事情时也会遇到阻碍，这就需要法律或是政府的权力授予或是加持。只有经过正规权力的加持，才能使新乡贤放开手脚，大胆创新。新乡贤可以在各种合作社、协会组织中任职，甚至让新乡贤进入乡村基层管理队伍，让新乡贤找到发挥作用的平台。

第三，发挥新的乡贤作用。新乡贤的出现弥补了乡村振兴中人才的不足，作为一个新崛起的群体，新乡贤的存在等同于传统乡绅的升级版，他们关爱家乡，热爱村民，热衷于传播乡村的优秀文化，对乡村的发展起着指导性的作用。例如，重庆市永川区仙龙镇太平桥村，村里成立了“乡贤评理堂”，村民们有了矛盾纠纷，基本上在这个小小的地方就能解决。小一点的矛盾现场评理，大一点的纠纷问清要害，再约定调查和评理的时间。在永川区，现有乡贤评理员107位。他们平时活跃在田间地头，评判家长里短，维护公序良俗，涵育文明乡风。借助群众身边的“乡贤评理堂”，依托群众信任的乡贤评理员，永川区健全矛盾纠纷多元化解机制，力求小事不出村、矛盾不上交、邻里更和谐，在促进自治、法治、德治有机结合中推进乡村善治，在新时代践行“枫桥经验”，新乡贤的作用发挥得淋漓尽致。

4. 鼓励新乡贤参与乡村治理

习近平总书记在党的十九大报告中指出：“加强农村基层基础工作，健全自治、法治、德治相结合的乡村治理体系。”现在的乡村治理应是法治与道德相结合，而新乡贤就是道德治理方面最重要的一支力量。在乡村治理中，新乡贤上通下达，向政府表达村民的意愿，向村民传达政府的政策或是方案，在乡民与政府之间搭起了一座桥梁。当有新的政策方针下达时，新乡贤积极响应，带头有所作为；当村民之间发生矛盾时，新乡贤就是化解矛盾的“安全阀”，为村民们树立起一个团结友好的形象或是标杆，积极引导村民们学习新的知识技能，开拓视野。

新乡贤一直在参与乡村治理的过程中面对各式各样的问题，怎样参与乡村治理或是以什么样的身份参与才能更好地发挥新乡贤作用？乡村可以自发组织新乡贤管理部或是乡贤研究会，新乡贤们在固定的时间聚集在一起讨论村中事物，并提出不同的研究方案；新乡贤可以挂职“村官”，就是村委会聘任新乡贤为村委会的顾问等，协同村委会处理村中事物。

5. 完善新乡贤培育中政府的职能

新乡贤在参与乡村治理的过程中，需要政府的支持。新乡贤是民意民情的代言人，政府需要完善基层民主自治制度，拓宽包括新乡贤在内的民众参与治理的机会和渠道；政府应该更深入地挖掘新乡贤对乡村的情感认同，增强新乡贤对乡村的依赖感。政府在对待新乡贤的态度上就是要支持与引导。

（二）乡村群众培训与教育

乡村建设的重要参与者就是乡村群众，乡村群众才是乡村最根本的形式和最重要的组成部分。现时代的乡村建设需要全村民参与，对乡村群众的培训与教育确是非常必要的。

1. 培训目标

对乡村群众的培训目标可以分为以下几项：

(1) 掌握技能：授人以鱼不如授人以渔。推广更多的技术活动，能够帮助乡民们拓宽就业的路子或是增加创业的方向。例如，安徽省阜阳市太和县公共就业和人才服务局，开办了创业培训，每个月1次，每次10天。培训班从各个乡镇招收愿意学习的村民，邀请市里的培训老师进行授课。在短短的10天里，培训老师为学员们解答他们在创业过程中遇到的疑惑或难题。通过培训，学员们树立了信心、理清了思路。现在越来越多的人选择回乡创业，非常感谢政府为他们提供了这样的一个免费培训平台。

(2) 契约精神：没有规矩，不成方圆。行业有行规，但是很多时候在已经制定了规则的情况下，很多人却没有遵守规则。不遵守规则，市场就会出现混乱。当村民想要进行创业时，制定行规、遵守规则是对市场的尊重，也是维持市场秩序的重要举措。当前亟须对村民的契约精神进行培育，让乡村从传统农工社会真正走向契约社会。

(3) 遵纪守法：遵纪守法是每一个公民在法律道德方面的底线，任何违纪违法的事都不能做，这不仅是对他人负责，也是对自己及家人负责。

(4) 树立信心：乡村群众很多时候会因为自身知识的缺乏而对创业产生不自信的表现，对乡村群众进行培训、帮助他们树立信心也是很有必要的。现在，有政府的支持，有技术的支持，乡村振兴并不是空话，村民的信心来源于他们对政府的信任，也来源于他们眼界的开阔。

(5) 持续赋能：政府负责为乡村群众邀请有成功经验的创业培训讲师，为乡村群众不断赋能，分享成功的经验，为他们带来新的思路，也为他们解答在乡村产业中遇到的问题，及时提供好的建议。

2. 乡村群众培训的内容

第一，技能培训。对乡村群众进行有针对性的技能培训，询问乡村群众的意愿，搜集村民的想法，聘请有技能的人员，对村民进行手把手实地教学，保证每一位村民都能学有所成，学有所用。

第二，市场培训。产品卖得出去才算是产业成功。村民没有销售的经验，对市场的分析也只是片面的。对乡村群众进行市场培训，教会他们如何分析市场行情、如何推销自己的产品、如何分辨正确的渠道、如何在市场占据一席之地。

第三，规则与法律培训。乡村群众的法律意识薄弱，对乡村群众进行法律知识方面的培训，一方面是增强乡村群众的维权意识，保护自己的权益；另一方面也为他们普及乡村建设中的规则与法律。

第四，文化培训。增强乡村群众文化意识，使每一位村民对自己家乡的文化都产生更多的认同与依恋，宣传本村文化特色，为本村的文化特色自豪。

3. 培训方式

对乡村群众的培训方式主要以下几种方式：

第一，培训班。政府或是当地的就业局组织创业培训班，可以分为实业培训和电商培训，每个月定期开几个培训班，只要村民带着身份证或是其他有效证件，都可以免费进行培训。

第二，志愿者辅导。组织村里的志愿者（懂得相关知识的或是具备专项技能的人才）每周进行一次固定时间、固定地点的志愿者答疑活动。村民将所遇到的问题反馈给志愿者，志愿者帮助村民答疑，如有回答不了的问题，志愿者在汇总后反映给政府，请求帮助。

第三，节庆、表演。每个月举行一次节庆表演，以当地文化特色为主，由本地村民参与表演，将文化传承下去，也加深村民对本地文化的理解。

第四，宣传与熏陶。新乡贤可自发组织讲座或是论坛，宣传新时代的利农政策或是其他地方乡村振兴的成功案例，增强本地村民对乡村振兴的向往与信心。

四、乡村人才振兴的两大创新方式

（一）乡村创客与创客工作室

1. 乡村创客与创客工作室

创客运动是在西方后工业社会背景下发展起来的，是一场以创客为主体，在全球范围内推广开放创新理念、培育文化科技创意、推动大众创造实践的创新运动。

乡村创客是指具有创新精神，从事创新、创意、创业的人。乡村创客已成为乡村振兴的重要力量。乡村创客来源广泛，可以是返乡创业的村民，也可以是外来的知识精英、商业精英或其他创业人士。

创客工作室就是分别集中各个行业创客组成一个工作室，推动某行业技术的革新和高技能人才的培养，进行精品商品的售卖，带动行业发展，促进新人技艺的提升，并成为这个地区的行业领头人。在某一领域内，创客工作室起到了深入研究、交流讨论、示范引领的作用。

一般来讲，传统的大师工作室或匠人工作室也被认为是创客工作室的一种。

2. 创客工作室特征

（1）一艺一品。每个创客工作室，都会有自己独特的技艺或创新，这种技艺相对稀有，创意相对新颖。举例而言，传统民间技艺与现代相结合就是一种非常好的创客形式，既保持了传统，又具有创新特色。

（2）活态化的创意展示方式。在创客工作室中，传承久远的独特技艺会和现代技艺联系起来。在展示作品的同时，会有创客制作展品的流程，让大家可以欣赏到展品制作的工艺，不再是简单的产品展示，而是通过工艺流程的展现活化整个展品的生命。

（3）传统与现代结合。在创客工作室中，展品不仅仅可以进行展示，还可以进行售卖。在展示传统技艺的同时，推广给大众最终的成品，以此获得一定的收益。

3.创客工作室的作用

创客工作室的作用，可以总结为六位一体，即展示、创作、会客、授艺、交流和销售。

（1）展示。在创客工作室中，对使用独特技艺而制作出来的物品进行展示，起到推广作用。

（2）创作。创客们对物品进行再次创作，或者对传统的技艺进行创新。

（3）授艺。在创客工作室中不仅有出色的创客，还有对这门独特技艺进行传承的学生，在发展中培养创客队伍。创客在工作室中教授技艺，对技艺进行传承，在授艺中，还可以进行交流，从而不断创新。

（4）交流。在创客工作室中，往往有提供人们和创客互动交流的场所和机会，这种场所可能是开放的工作空间。人们可以在工作室中与大师进行交流，对物品或者技艺流程进行探讨，更有利于技艺的传承和创新。

（5）销售。在创客工作室中，制作的物品都是可以进行售卖的。通过售卖不仅可以获得一定的经济利益，还可以将这种独特的技艺进行传播，让更多人了解。

4.创客工作室运营面临的难题

乡村创客工作室要持续运营，会面临如下难题：

（1）资金问题。创客的创新、创意和创业，往往是高风险的。尤其对于乡村创客来说，由于其收益相比于城市往往偏低，为支持创客工作室的正常运营，持续的资金支持是必不可少的。非常多的乡村创客工作室就是因为不能获得长期资金支持而关闭的。

由于乡村创客具有一定的公益性质，以及乡村创客工作室的高风险特征，政府持续的资金支持或政策优惠便非常必要。

（2）人才紧缺问题。创客工作室的创客或技术人才，是非常紧缺的。同时，由于乡村的环境问题、氛围问题，乡村创客的专业技术人员会更为缺乏。

乡村创客的人才短期内可以通过公益的方式解决，如吸引志愿者团队、高校和科研院所的专家团队进入乡村，将创客工作室与学习和科学研究挂钩，解决乡村创客的人才短缺问题。长期来看，乡村创客可以通过创客小镇建设来满足创客的交流，营造创客氛围，吸引创客加入。

（3）市场环境问题。乡村相比于城市，人流量、信息量具有数量级的差异。因此，乡村创客的市场环境相比于城市，具有天然劣势。乡村必须通过互联网基础设施建设、特色创客工作室聚集等来营造市场环境。

5.创客引进方法

（1）官方认证。官方认证就是国家所认证的手工艺人，他们大多是属于非物质文化遗产的手工艺人，手里紧握着重要又传统的技艺。地方可以适时选择名气较大的国家级手工艺人，为当地的创客工作室进行宣传，使当地的创客工作室能够更加吸引游客。

(2) 地方认证。地方认证的创客和手工艺人，大多是传统的民间工匠，是在当地众所周知的民间手工艺人，例如手艺精湛的木匠等。这种创客工作室是非常具有民间艺术色彩和地方习俗的，能够代表当地的手工艺技术。

(3) 市场认证。市场是最权威的认证。在市场中已经取得成功的创客，再次成功的概率更大。乡村应当选择在市场中具有一定成绩的创客进入创客工作室。

6. 创客工作方式

(1) 常驻型。常驻型创客长期在当地进行艺术品的创作和技艺的传播、教授，游客们大部分时间都是与常驻创客进行交流。

(2) 挂名型。通常是国家级的著名手工艺人，在一个创客工作室进行挂名，以提升工作室的名气、知名度和传播度，吸引更多的旅客。

(3) 短期工作型。某些创客工作室会邀请在这个领域比较知名的创客，来工作室进行短期的技艺交流和手工技艺的传授，也可以提升当地创客工作室的知名度。

7. 创客工作室工作条件匹配

(1) 在创新创优方面突出。在这个行业中，能够在技术革新和技术改造中有比较有影响力的部分，解锁革新或者创新技术。在实际应用中，能够取得较为显著的社会效益和经济效益，带动乡村的经济发展，研发出有价值的新产品、新工艺等。

(2) 技术方面突破更多技术难关，有更多新技艺。在行业的传统技艺得到传承的同时，还能够在传统的技艺上进行突破，以提高现存的传统技艺，提升生产效率，同时能够创造出更加优质的产品。

(3) 在科技成果方面，有更多的实用价值。在对旧的技艺进行改良和创新时，所研发的新产品、新技艺通过后续的实验、开发、应用、推广，能最终商业化；所有使用的科技发明、创新成果转化为现实生产力后必须要有较高的实用性。

(4) 在技艺教授方面，需要培养更多高技能紧缺人才。创客工作室在教授技艺时，不仅只是在熟悉此项技术的人中进行，还要注重培养更多人才。要有一定规模的培训班传授技艺，产生辐射效应，能够让传统技艺得到更持久的传承、延续和发展。

(二) 乡村大学

1. 什么是乡村大学

所谓乡村大学，是在乡村开办培训班，或以其他形式的培训方式，对农民进行大规模培训的方法。

在乡村开办培训机构，在民国时期的乡村建设运动时便有此传统。在乡村建设运动期间，中国一大批爱国知识分子深入乡村，开办各种培训院、研究所、讲习所等，对农民进行生产技术、文化素质的培训，取得了较好效果。燕京大学、金陵大学、齐鲁大学、北平师范大学、北平中法大学、北平大学等大学都参与了各种形式的农民培训。

类似于乡村大学，很多地方也开展了田间大学的实践，取得了良好效果。所谓田间大学，是大学、科研院所或其他专门机构，对农民的某项技术进行培训的方式。田间大学在对农民的技能培训方面，作用显著。如青海大学和青海农林科学院，对精准扶贫点杜家洼村进行了深入的技术培训，举办了羊养殖，燕麦、蚕豆、马铃薯、油菜种植技术培训班，并选派专家进行技术讲座和现场指导。

2. 乡村大学开办单位

乡村大学应当由掌握先进技术、拥有丰富师资、具有乡村培训和教学经验的机构来开设。大专院校和科研院所是最适合开设乡村大学的。例如，重庆理工大学在长期支持重庆武隆、重庆万州的乡村振兴和精准扶贫过程中，针对农产品销售、乡村人居环境改造、乡村民宿业开办、乡村美食业运营等，对数千名农民进行了培训，取得了很好的效果。

企业也可成为乡村大学开办单位。企业往往具有某方面的专长，对村民的培训针对性和实操性都很强。例如，一些农业公司针对村民某项产品的种植技术进行培训，效果非常明显。

3. 乡村大学师资

（1）大学、科研院所专家。乡村大学需要各种类型的师资，大学和科研院所最具师资条件，要为这些师资到乡村提供必要的培训支持。一些地方政府、学校出台了针对大学师资参与乡村培训的职称评定优惠条件，就具有非常明显的作用。同时，也应对这些师资进行再培训，让他们掌握和农民沟通的方法、掌握农民培训教学方法。

（2）本村技术能手、文化传承人等本地精英。每个村都有自己的技术能手、文化传承人。这些人是最被乡村认可的专家。他们可以对村民进行言传身教与长期培训。基层政府应为这些技术能手、文化传承人提供培训帮助，包括提供教学场地和必要经费。同时，也让这些技术能手和文化传承人参加培训，以帮助其进一步提升技能，掌握教学方法。

（3）村官。村官一般是具有理论经验与创新务实精神的青年，对乡村现状掌握相对比较透彻。村官承担乡村大学教学任务的条件是得天独厚的，辅以专业技术和教学方法的培训即可。

（4）乡村创客。 应充分利用乡村创客的创新、创业激情，为创客提供创客工作室，他们可承担乡村大学的部分功能。

（5）大学生志愿者。大学生志愿者是具有较高文化素质、具有创新视野的青年，他们有激情、有动力。在世界各国的乡村建设实践中，大学生志愿者都起到了很好的作用。可充分发挥大学生志愿组织的作用，吸引广大青年到乡村参加志愿活动，培训和辅导村民。

4.乡村大学配套支撑措施

（1）制定符合本区域特点和产业特色的乡村专业人才评价标准，探索建立以知识品德、实用技术、劳动创造、带头示范、生产实绩、社会公认等为主要内容的乡村专业人才评价体系。

（2）鼓励高等院校、职业院校开设服务乡村类专业和课程，有针对性地培养农村教师、全科医生、乡村医生、农技推广员、养老护理员、乡村工匠、非遗传承人等专业人才队伍，拓展乡村专业服务人员职业发展空间。

（3）建立健全乡村专业人才培训和职称评定机制。制定乡村工匠培训和评价办法，鼓励本地工匠依规承建乡村小微工程。

（4）参照师范生“上岗退费”政策，对扎根农村就业创业或服务农村时间达到三年的高校毕业生，经核准后可退补大学学杂费。

五、“外脑智库+本地建设”联合模式

在乡村振兴的人才关键问题上，除了以“教育”的方式扛起乡村内部人才培养的重任外，还要大力引进外脑资源。外脑智库就像流动的财富一样，会为乡村振兴带来新的思想和高度，激活乡村人才的池水。

（一）乡村振兴专家智库

1.乡村振兴专家智库的组成来源

乡村振兴的提出即意味着乡村内生型动力不足的境况，国家通过政策导向、资金支持、产业扶贫等方式进行大方向的把控。在落地层面，乡村振兴专家智库的建设尤为重要。

乡村振兴专家智库是将外部的人才资源通过有效的组建模式，整体形成服务乡村振兴的高效人才库利用体系。专家智库的组成来源一般有以下几个部分：

学者，包括乡村振兴所涉事务实战型学者专家，各大高校对乡村振兴所涉事务进行专门研究和实践的老师、学生。

企业，包括参与乡村产业建设、项目开发的各类企业负责人和技术负责人，尤其是在科技农业、互联网农业、特色小镇建设、田园综合体建设、养老服务等方面的涉农企业。他们在农村方面的开发经验和技术，能够助力乡村振兴。

商业智库，包括规划、设计、建筑、景观、管理等各种类型的咨询类商业服务机构，其往往具备融通经验，能广泛猎取全行业内的经验和信息，在学者、企业和当地开发中形成融汇贯通的作用。

政府，从政策、战略、方向、资金等方面给予乡村振兴各方面指导及监督，提供平台融合的力量。

2. 乡村振兴专家智库的组建及运作

（1）中央农办、农业农村部乡村振兴专家咨询委员会成立。2019年3月，中央农办、农业农村部乡村振兴专家咨询委员会成立大会暨第一次全体会议在北京召开。会上强调，要围绕乡村振兴中的重大问题，加强调查研究，把乡村振兴专家咨询委员会打造成“三农”研究的一流智库，为服务党和国家决策作出贡献，推动乡村振兴战略更好地落实落地。

加强专家咨询工作是实施乡村振兴战略、中央农办发挥好决策参谋作用和农业农村部履职尽责的迫切需要。专家咨询委员会主要通过开展乡村振兴重大政策理论研究，助力加快建立健全城乡融合发展的体制机制和政策体系，不断增加乡村振兴的制度供给；通过广泛听取各方面意见，集中各方面智慧，拿出切实可行的政策举措，为党中央科学决策提供信息和智力支撑；利用专家咨询队伍研究问题、理清思路、谋划对策，更好地履行中央赋予中央农办、农业农村部的职责。同时，在专家智库的支持下，各职能部门通过运用研究成果，推动重点工作的开展，以专家咨询委员会为中心，加强上下、内外以及各类智库之间的调研协作和信息交流，形成协同创新的研究格局。

（2）各级政府、协会等主导设立的专家智库。各级政府可根据本区域乡村振兴开展情况，设立相应的专家智库，专业协会可以协助者的角色助力地方政府专家智库的设立，主要包括专家资源的整合、智库的组织设计及运作维护，核心是为乡村发展提供服务。具体操作中，可以由政府通过购买服务的形式或由相关参与方提供智力扶贫形式。

（二）乡村人才服务站

乡村人才服务站是将智库的模式再下沉，通过一对多的定点服务方式进行搭建。每30个村建立一个专属人才站、“多村一品”的可以在核心村建立人才站，这些人才可以被引进，不专属于某一个村，可以通过下乡的形式解决分管村落的人才问题。乡村人才服务站的人才来源由两部分组成，一是在乡村振兴专家智库中愿意以下乡定点方式支援的专家人才，二是自下而上选拔的乡村人才，在经过专家智库培养、培训后再服务于乡村振兴的一线人员。

（三）远程培训

有效利用乡村信息类基础设施的建设成绩，同时跟随新基建下乡村的进程，将远程教育及远程咨询引入乡村振兴实践中。

开通线上人才咨询服务系统，让农民可以用最简单的方式解决棘手问题。进一步发展互联网知识库，让农民通过手机解决大部分产业和发展问题。

（四）探讨实现“名誉村主任”制度

奉化市西坞街道探索推行“名誉村主任”制度，通过聘请12名乡贤回乡担任“名誉村主任”的方式，以“聘任一人、引领一群、带富一方”为目标，进一步强化党建引领乡村振兴内生动力。

1.因地制宜精准配对

西坞街道通过筛选排摸方式，把讲政治、能力强、勇担当，且有志回乡任职作贡献的乡贤请回来，因地制宜、因人而宜，通过村两委班子共同邀、党委政府上门谈的方式，科学配置各村“名誉村主任”，帮助乡村理清发展思路、壮大集体经济、改善人居环境、推动基层治理等。如花木种植大村金峨村，邀请了种植大户周国宝担任该村“名誉村主任”，着重引领村民种植新品种、探索破解花木销售瓶颈问题，拓宽销售渠道。

2.定标定责助力发展

“名誉村主任”发挥各自在资本、技术、人才、经营、人脉等方面的优势，制定出“三个一”的履责目标清单，即每月参加一次村级重大事项讨论决策，每半年为村庄发展建言献策一次，每年完成一件利村惠民好事，助推乡村振兴。如经济相对薄弱的孔峙村，邀请了宁波俞甬环科预拌砂浆有限公司董事长俞玉青为“名誉村主任”，他帮助该村解决文化礼堂修缮资金缺口50余万元，并租赁村集体土地开办企业，提供了一批就业岗位，增加了村民收入。

3.常态交流严格管理

“名誉村主任”不占村两委职数、不领工资报酬，但也接受西坞街道党工委的管理。街道党工委定期召开工作座谈会，听取“名誉村主任”的意见建议、问题困难和下一步打算，并介绍先进经验和典型事例，激励大家比学赶超。同时，不断加强对“名誉村主任”的日常教育管理，每年组织一次政治培训，年底进行一次述职考核，评选优秀“名誉村主任”，及时调整不称职人员，引导乡贤真正将“名誉”做成“荣誉”、把“主任”干成“责任”。[①]

“名誉村主任”的制度模式是地方助推乡村振兴的一项创新举措，旨在吸收热爱家乡事业的社会各方面优秀人士参与乡村建设。这样，不仅可以带来资金、资源、信息、人才以及科技项目回流，也会有力推动地方产业转型升级，提升乡村治理现代化水平。

① 资料来源：奉化新闻网。

案例

保康刘家坪

——乡村振兴从机制健全的人才战略开始

引言： 湖北省保康县城关镇刘家坪村乡村振兴规划项目主要涉及重点产业选择、空间规划、乡村整体提升、服务系统规划、乡村治理体系创新等内容，这里重点介绍服务系统规划里涉及的教育培训体系和人才创新体系两方面内容。

教育培训体系

大力培育高素质农民：

刘家坪加大对已有的种养大户、家庭农场主、农民专业合作社负责人、农业龙头企业骨干的培育力度；组织高素质农民通过弹性学制参加襄阳市、保康县中等农业职业教育；刘家坪村以返乡农民工、复员转业军人、村社党员干部、返乡创业青年、农村致富带头人为主要对象，加大对其专业技能和管理水平的培养力度。村委会鼓励支持有条件的农户开展农家乐、家庭民宿等乡村旅游项目，使农民转变为个体经营者。

鼓励社会各界投身乡村建设：

保康县建立了有效激励机制，以乡情乡愁为纽带，吸引支持在外地的企业家、退休党政干部、专家学者、医生教师、规划师、建筑师、律师、技能人才等，通过在村里担任志愿者、投资兴业、包村包项目、行医办学、捐资捐物、法律服务等方式服务乡村振兴事业，并给予其一定报酬；村两委班子认真落实国家允许符合要求的公职人员回乡任职的管理办法，调动其参与乡村振兴的积极性和主动性。截至目前，刘家坪村已经吸引外来各界人士30多人。

发挥科技人才和专业人才支撑作用：

保康县委、县政府全面落实建立高等科研院所等事业单位专业技术人员到乡村和企业挂职、兼职和离岗创新创业制度，对其进行以奖代补；完善了利益激励机制，落实科技成果转化收益、兼职取酬等政策，推进刘家坪作为农业科研成果权益改革试点，目前刘家坪村已经和农业高等院校对接合作建设了农业科研基地；刘家坪还根据自身资源优势扶持培养了一批农业职业经理人、经纪人、乡村工匠（玉石、根雕）、文化能人非遗传承人（荆楚文化）等，目前技术类职业农民已经有十几户。

多渠道多形式培育引进乡村人才：

保康县城关镇政府建立了自主培养与人才引进相结合，学历教育、技能培训、实践锻炼等多种方式并举的人力资源开发机制；建立城乡、区域、校地之间人才培养合作与交流机制，已与武汉、襄阳等高校达成了合作机制；推进选调生基层锻炼工作与大学生村官工作有序衔接，每年招录一定数量的应届优秀大学毕业生到村工作；全面建立城市医生、教师、科技文化人员等定期服务乡村机制，细化落实国家关于鼓励城市专业人才参与乡村振兴的政策。

人才创新体系

人才引进（乡村智库）：

刘家坪村通过襄阳市、保康县政府协助，引进湖北当地专业高校、企业、社会的优秀人才组建村级智库，村级智库组建之后不仅仅只是刘家坪村的智库，也是乡村振兴的智库，由刘家坪推向湖北省和全国。

人才回流：

村集体成立公司，采取激励措施鼓励村里外出务工的人才回乡发展，对回乡发展的人才不仅给予其应有的工资，还给予其部分股权分配，让他们通过智力成果享受股份占比。

人才培训：

刘家坪村实现人才的内部转化，对走出去参与培训的村民给予奖励，但是对培训的内容会给出相应方向，如参与旅游、村民公约、物业、产业、养老、农田代管等各个方面的培训。

人才带动：

利用村里年轻人的专业技能发展专业性人才。发挥互联网平台，使这些专业技能员工能在网上进行线上教学互动，一方面可以培训出更多相关的技术人才，另一方面也对刘家坪进行了宣传，吸引更多的游客进村“做客”。

（感谢供稿：刘家坪项目组）

第十章

乡村自治模块

现代化的短板在乡村，没有农业农村的现代化，就没有国家的现代化。要实施乡村振兴战略，就必须在产业兴旺、生态宜居、乡风文明、治理有效、生活富裕的密切结合中寻找制度配置之道。其中，“治理有效”在诸因素之中起着举足轻重的作用，加快推进乡村治理体系和治理能力现代化是实现乡村振兴的必由之路[①]。

2019年6月，农业农村部发布了20个全国乡村治理典型案例，并下发通知，要求各地认真借鉴典型经验做法，推进乡村治理体系建设。这20个典型案例的共同点是，在基层党组织的领导下，探索形式多样的治理模式，大体上分成了四个类型：①注重加强基层组织建设，密切党群干群关系，进一步完善乡村治理体制机制，以福建省泉州市罗溪镇、四川省成都市战旗村为代表。②侧重于发挥自治、法治、德治的作用，探索“三治”结合的有效途径，健全乡村治理体系，以浙江桐乡市、宁夏吴忠市红寺堡区等为代表。③通过完善基层议事协商机制、利用现代信息技术、开展积分考评、规范管理村级事务等创新治理方式，提升乡村治理能力，以浙江象山县、湖北秭归县等为代表。④基本聚焦于宅基地改革、村级权力监管、红白喜事大操大办、天价彩礼和殡葬陋习等突出问题，寻求有效解决办法，提升乡村治理效果，以江西鹰潭余江区、浙江宁海县等为代表。

一、基层党建、集体组织与乡村公约

2019年6月，中共中央办公厅、国务院办公厅印发《关于加强和改进乡村治理的指导意见》，明确加强和改进乡村治理的总体目标：到2020年，现代乡村治理的制度框架和政策体系基本形成，农村基层党组织更好地发挥战斗堡垒作用，以党组织为领导的农村基层组织建设明显加强，村民自治实践进一步深化，村级议事协商制度进一步健全，乡村治理体系进一步完善。到2035年，乡村公共服务、公共管理、公共安全保障水平显著提高，党组织领导的自治、法治、德治相结合的乡村治理体系更加完善，乡村社会治理有效、充满活力、和谐有序，乡村治理体系和治理能力基本实现现代化。

2019年7月，中央农村工作领导小组办公室联合农业农村部、宣传部、民

① 乡村振兴重在治理有效. 张翼.《光明日报》，2018年10月23日，11版。

政部、司法部发布了《关于开展乡村治理示范村镇创建工作的通知》，明确提出了示范村的创建标准：

（1）村党组织领导有力。村党组织班子团结、工作规范，对村级各类组织实现统一领导，党组织战斗堡垒和党员先锋模范作用有效发挥。

（2）村民自治依法规范。村民自治制度健全、议事形式丰富，村务监督机构普遍建立并依法参与监督，村规民约为广大村民知晓并认同，能有效调动村民参与自治的积极性。

（3）法治理念深入人心。经常开展群众性法律法规宣传活动，积极开展法治文化阵地建设和法治文化活动，能为村民提供便捷的法律基本服务，村“两委”成员带头尊法学法守法用法，村民法治意识明显增强。

（4）文化道德形成新风。深入开展社会主义核心价值观教育，广泛开展道德建设实践活动，建立崇德向善的激励约束机制，保护和弘扬传统优秀文化，大力开展移风易俗行动。

（5）乡村发展充满活力。有明确的发展规划，村级集体经济组织不断发展壮大，村民增收渠道多样，村容村貌整洁美观，人居环境明显改善。

（6）农村社会安定有序。深入开展农村基层综合治理，各类组织和人士积极参与乡村建设和治理，矛盾调处机制健全，有效抵制黑恶势力、封建迷信活动和不良社会风气，无重大治安刑事案件、越级上访和非法宗教等活动，村民关系和谐。

（一）基层党建工作

1. 实施基层党建的重要性

党的十九大报告第一次把党政建设纳入党建总体布局，强调将党政建设放在首位。基层政权建设是国家治理体系和治理能力现代化的基础，通过加强基层组织建设，充分发挥基层党组织战斗堡垒作用和党员先锋模范作用，实现抓党建与抓发展有机融合、互促互进，构建共建共治共享的社会治理格局，走中国特色社会主义乡村善治之路。

2. 加强基层党建的成功实践

2019年6月，农业农村部就乡村治理发布了首批“20个全国乡村治理典型案例”，在“加强基层党建”一类中，福建省泉州市洛江区罗溪镇、四川省成都市郫都区唐昌街道战旗村等案例分别从“党群圆桌会”模式、党建引领社会组织协同治理等方面对如何加强基层党政建设进行了积极探索实践，并取得了一定的成绩。

（1）福建省泉州市洛江区罗溪镇，位于福建省泉州市洛江区北部，该镇以“党建同心圆”为抓手，有效探索出一条“党群一体，实现共建共治共享”的道路。为加强基层治理，2016年以来，在区委领导下，该镇先后在新东村、洪四村、建兴村和广桥村开展试点，探索在基层政权的神经末梢——村民小组，建立由党员、小组长、村民代表、各类人才组成的党群圆桌会，作为创新社会管理、加强基层政权建设、拓宽群众诉求渠道的有效载体，形成“1个支部+1个党群圆桌会议事制度+社会力量”的“1+1+S”同心圆模式，实现“自己的事情自己办，自己的权自己使，自己的利自己享”。2018年，同心圆模式已在全镇17个村推广。①

（2）四川省成都市郫都区战旗村，是著名的“乡村振兴网红村”。党总支书记高德敏介绍，战旗村通过对战旗村内外资源、社区治理存在的问题及村民需求的综合分析，从基层党建和群众服务入手，围绕“自治、法治、德治”以及满足群众生产生活多元化的服务需要，开展乡村综合治理。理清党建引领城乡社区发展的治理思路，细化治理措施。“在坚持党的领导下，战旗村重点突出党组织在社区治理中的核心地位。”高德敏介绍，战旗村规范党组织领导下的村民协商议事机制，党组织定期听取居民委员会、议事会、居民监督委员会等自治组织报告，同时严格落实“三问三亮”“三固化、四包干”工作制度，街道、社区（村）干部常态走访联系群众，及时协调办理群众诉求。②

（二）乡村集体组织

1. 乡村集体组织的构成与职责

乡村集体组织主要是指村民委员会及村务监督委员会、村集体经济组织、农民合作组织和其他经济社会组织。村务监督委员会主要负责村务决策和公开、财产管理、工程项目建设、惠农政策措施落实等事项上的监督工作；集体经济组织主要负责管理集体资产、合理开发集体资源、服务集体成员等方面的工作；农民合作组织和其他经济社会组织需依照国家法律和各自章程充分行使职权。

2. 乡村集体组织的工作实施

（1）规范村级组织工作事务。规范村级组织工作事务是乡村集体组织工作的重中之重，应做到清理整顿村级组织承担的行政事务多、各种检查评比事项多的问题，切实减轻村级组织负担。在乡村集体组织的管理上，各种政府机构原则上不在村级建立分支机构，不得以行政命令方式要求村级承担有关行政性事务，交由村级组织承接或协助政府完成的工作事项，要充分考虑村级组织的承接能力，实行严格管理和总量控制。从源头上清理规范上级对村级组织的考核评比项目，鼓励各地实行目录清单、审核备案等管理方式。规范村级各种工作台账和各类盖章证明事项。推广村级基础台账电子化，建立统一的“智慧村庄”综合管理服务平台。

（2）丰富村民议事协商形式。健全村级议事协商制度，形成民事民议、民

① 民生网 2019-06-14 19:48:05 党建“同心圆”，激活基层治理神经末梢——福建省泉州市洛江区罗溪镇党建引领乡村治理落地. 民生网，2019年6月14日。

② 四川唯一！成都战旗村入选首批全国乡村治理典型案例. 张明海.《川报观察》，2019年6月5日。

事民办、民事民管的多层次基层协商格局。创新协商议事形式和活动载体，依托村民会议、村民代表会议、村民议事会、村民理事会、村民监事会等，鼓励农村开展村民说事、民情恳谈、百姓议事、妇女议事等各类协商活动。

(3) 支持多方主体参与乡村治理。加强妇联、团支部、残协等组织建设，充分发挥其联系群众、团结群众、组织群众参与民主管理和民主监督的作用。积极发挥服务性、公益性、互助性社区社会组织作用。坚持专业化、职业化、规范化，完善培养选拔机制，拓宽农村社工人才来源，加强农村社会工作专业人才队伍建设，着力做好老年人、残疾人、青少年、特殊困难群体等重点对象服务工作。探索以政府购买服务等方式，支持农村社会工作和志愿服务发展。[①]

（三）乡村公约

1. 乡村公约的构成与效力

乡村公约是村民群众在村民自治的起始阶段，依据党的方针政策和国家法律法规，结合本村实际，为维护本村的社会秩序、社会公共道德、村风民俗、精神文明建设等方面制定的约束规范村民行为的一种规章制度，它属于公约的一种形式，内容主要分为两个方面：一方面是规定村民的行为，应该怎么做；另一方面则是规定村民违反和破坏规章制度的处罚条款，主要有进行教育、给予批评、作出书面检查等内容。

(1) 村规民约的法律性质。村民自治应当“依法而治”。这里的“法”，首先是指国家的宪法、法律、法规，以及国家的政策。所谓村民自治章程或村规民约，是村民共同认可的“公约”，是村民实施村民自治的基本依据。它是村民基于法律的授权，根据当地的实际情况，依照村民集体的意愿，经过民主程序而制定的规章制度。

(2) 村规民约的法律效力。村规民约是村民会议基于《村民委员会组织法》授权而制定的，因此，只要其遵循了法定程序且内容合法，就具有法律效力，换句话说，村民都应当受其约束。村规民约，不仅是村民自治的依据，也是村民会议或村民委员会对当地农村进行管理的依据，因此，那些驻在农村的机关、团体、部队、全民所有制企业、事业单位的人员，以及不属于村办的集体所有制单位的人员，虽然不参加村民委员会组织，也应当遵守有关的村规民约，自觉地约束自己的行为。

村规民约的法律效力并不是无限的，而是受到限制的，并不是规约中的任何内容均具有法律上的约束力。村规民约是基于法律授权而制定的，是用来填补法律空白的，而不是用来替代法律的，更不能与已有的法律相冲突。因此，村规民约中的内容，凡是违反法律强制性规定的或与现行法律相冲突的，均不具有法律效力，不能够用来约束村民。

① 部分摘自中共中央办公厅、国务院办公厅印发的《关于加强和改进乡村治理的指导意见》。

（3）村规民约的处罚权设置。村规民约，虽然是村民通过村民会议自主制定的，但这并不意味着村民们愿意怎么制定就怎么制定。“合法性”是对村规民约最基本的要求，这就意味着章程或规约不得含有侵犯村民的人身权利、财产权利、民主权利等合法权利的内容。如果村规民约中含有侵犯村民权利的条款，即使已经过村民会议多数人的同意，在法律上也是无效的。

处罚权的设定，直接影响到村民的人身权和财产权，因此，只能由法定机关依照法定程序来制定，我国的《立法法》和《行政处罚法》对行政处罚的设定和执行规定了非常严格的程序。村民会议，并非国家机关，作为村民自治组织，无权擅自设定处罚权。

村民的赌博、打架斗殴等行为如果违反了《治安管理处罚法》，村民委员会可将其扭送至当地公安机关，由公安机关对其行为依法进行行政处罚。

2.乡村公约的意义

村规民约关键字：乡风渊源、遵纪守法、土地管理、科学养殖、环境保护、集体公德、爱岗敬业、勤学求知、文明礼貌、邻里团结、家风家训、红白理事、新村民守则。

（1）重振乡村家规家风。家风是中华民族代代延续的宝藏，是构成社会风尚的基础，优良的家风蕴藏着十分丰富且具有哲理的教育理念。习近平总书记对此有专门论述，如“家庭是人生的第一个课堂”“家风是一个家庭的精神内核”“家风是社会风气的重要组成部分”。乡村自古就是以家庭、家族为基础单位，良好的家规家风对乡村教育、乡村风气具有重要意义，应继承发扬。如全国文明村桃川镇杨下村，自2017年以来，全村191户中有20户村民制定了家规家训并公之于众，“夫妻相敬，举案齐眉，婆媳相让，一家和气”等家规在每户门前张贴，引起了强烈反响，全村掀起了“树家风、立家训”的风潮。

（2）弘扬核心价值观。弘扬遵纪守法、爱岗敬业、遵守公德的集体观；发扬勤学求知、文明礼貌、邻里团结的个人观；倡导科学养殖、环境保护、土地管理的生态观。将社会主义核心价值观融入乡村价值体系，通过趣味活动、读本、座谈会等形式，让村民学习、践行新时代乡村核心价值观，倡导积极、健康、向上的乡村生活方式和生产方式。

（3）加强乡村基层治理。乡村治理的核心是基层党组织的建设，应突出基层党组织的领导作用，发展各类“自治”组织，推进乡村组织治理完善；“法治”与“德治”相结合，加强法治教育，健全乡村公共法律服务体系；加强道德教化，制定村民守则，树立良好道德风尚。

加强基层自治。村民自治，是乡村治理的有效手段，也是必然要求。发挥村民的主人翁作用，献智献力，共建家园。如浙江杭州余杭区的良渚村，其在社会基层自治上是榜样。良渚文化村有一套规范的议事流程：村民提出建议，由社区牵头，号召居民代表、法律人士、物业公司共同洽谈，形成方案，再公示征求村民意见，实施后的成效也要公示。这种做法保证了社区公共事务的民主参与、简洁有效和公正公开。

案例

平坝塘约村——党建引领，改革推动下的振兴道路

引言：在小小的贵州安顺乐平镇里，有一个全国闻名的乡村振兴示范村——塘约村。2013—2017年，塘约村实现了从国家级二类贫困村向“小康示范村”的巨大嬗变，它是新时期农村改革的奇迹缩影，也是乡村振兴战略的先锋部队。塘约村在乡村振兴规划中着重在“治理有效、村民自治”上下了很大的功夫，针对本村问题制定了全民公约“红九条”与“黑名单”制度，党员带头，上下一心，严格执行，使得塘约村走出了一条基层民主的“村民自治”成功路。

历史背景

2014年之前，塘约村流传着一句顺口溜：“春节前后酒席多，一天要吃五六个，出门苦挣几万元，十天酒席吃一半。”当年，塘约村每个村民人均年收入不足4 000元，可每年花在婚丧嫁娶及各类名目上的礼金就要1.2万元，村民自己的收入根本无法支撑这笔费用，村内贷款送礼成风。第十三届人大代表、塘约村党总支书记左文学算过一笔账，当年仅滥办酒席一项，塘约村一年就要吃掉近3 000万元。而那一年，村集体的年收入还不足4万元。这些酒席不仅将大伙的腰包吃空了，时间也吃没了。村里光是办酒席一项，就能把塘约村毁了。

政策引领，村民自治

“当礼尚往来变成了‘人情债’，这种风气不剎不行。”左书记说。2014年那场百年不遇的特大洪水之后，百废待兴的塘约村通过“村社一体、合股联营”的方式，由基层党组织引领，村集体与合作社同气连枝，村民以土地入股，勤恳务农，培育出优质的经济作物，合作社打通销路、开发市场，通过几年的努力，实现了整村脱贫。左书记很早就看到了村民高度自治的优越性，所以塘约村在政策制定上以激发村民的内生动力、达到高度自治，实现良好的内生循环为目标，管理核心及管理制度自始至终紧紧围绕人来展开。在充分发挥党政建设积极有效的影响力的前提下，塘约村把人组织起来，把外出打工的人吸引回来，使贫困人口成为脱贫的最好资源，让人的内生动力在集体中发挥出来、并形成规模力量才是乡村振兴的关键。只有发挥好了人的作用，使村民实现高度自治，才能真正实现治理有效，达到共同富裕的目标。

著名的“红九条”与“黑名单”制度

为了防止村民返贫，改革村风、治理有效是一件大事。塘约村的村民管理制度也同样严格，村民自治就是在这一条条切实有效、执行有力的制度中建立起来的。最有名的制度就是“红九条”与“黑名单”制度。“红九条”的内容涉及公共建设、民风民俗、信用借贷、住房规划、政策执行、伦理道德，在日常生活的方方面面均起到了约束作用。

塘约村“红九条”：①不参加公共事业建设者；②不交卫生管理费者；③滥办酒席铺张浪费者；④贷款不守信用者；⑤不按规划乱建房屋者；⑥不积极配合组委会工作者；⑦不支持村支两委重大决策者；⑧不孝敬、不赡养父母者；⑨不管教未成年子女者。

谁踩了这九条“红线”，就得被“拉黑”——3个月内不享受惠民政策，村委也不为其办理任何盖章手续。这个制裁非常严厉，危房改造、低保评定、困难户评定都不考虑进入黑名单的村民了。银行存折丢了去挂失，身份证丢了要补办，凡需要村里盖章的都不给办理。3个月之后上会讨论，通过评议之后才能恢复身份。这两项制度由党总支、村民委员会与老年协会共同制定，其中从塘约村老年协会的成立可以看出，村子里非常重视老年人的权威性作用，通过协会重新建立老年人在村中的地位。

红白理事会

针对滥办酒席铺张浪费的现象，村里成立了红白理事会，加强管理，并组建了30余人的服务队伍，免费为村民提供酒席操办“一条龙”服务。服务队所需设备及服务人员劳务补贴全部由村集体资金统一列支，大大减轻了村民的负担。自从红白理事会成立后，全村的酒席总量减少了70%，用60万元换回了之前村民浪费的3 000万元。

结语

正是由于党政领导班子的正确引领、乡村治理政策的切实有效、村社联营的抱团式发展、村民集体的高度自治，才实现了民心由散到聚、村庄由乱到治、村民由穷到富的变化，使得塘约村真正走上了村民共同富裕的道路。

（感谢供稿：塘约村项目组）

二、强化乡村治理有效的五步法

（一）强化乡村道德体系

1. 宣扬正确的道德信仰

乡镇政府、村委会应重视加强村民道德意识宣传，提升乡村德治水平。定期举办文化活动和主题宣讲会，改变当下金钱至上、功利主义和享乐之风等不良风气，弘扬乌鸦反哺、羊羔跪乳、与人为善、互帮互助、与邻和睦等乡村美德；加强对青少年的道德教育，培养正确的道德观。

2. 制定村民道德守约

挖掘乡村传统道德体系中有价值的精髓部分，重塑乡村社会公德，激发乡民的道德认同感；制定村民道德行为规范守则、约定，并完善监督机制。让道德不再仅仅是一种精神品质、约定俗成，而是如法律一样，有理可依，有据可循。

3. 评选道德楷模

激发村民道德荣誉感，对道德表现良好的村民进行褒奖，并大力宣传；设计道德楷模评价体系，开展传统道德知识问答竞赛、道德人物评选会，表彰一批优秀的道德标兵，起到示范榜样作用。如山西长治县东掌村的“善行义举榜”，立起了道德标杆，带出了行为规范，营造了正气的新风。

（二）建设乡村信任机制

1. 建设乡村人际信任

改善乡村现行风气，整治奢侈之风、攀比之风、享乐之风、虚浮之风，营造纯净质朴、风清气正的乡风。利用村委会的组织功能，定期开展集会活动，加强人际联结，营造和谐文明的人际关系，构建互敬互助、平等友爱的人际信任机制，让陌生的社区成为温暖熟悉的家园。如浙江杭州良渚村，真正将社区建设成了家园，大家习惯将自己称为村民。村民们互帮互助，互相关心，对陌生人礼貌打招呼，对邻居友善相待，令人感到温暖。这一切都源于良渚村的村民文化建设。2011年，村里定制了《村民公约》，它由所有的村民自发提出，并讨论通过。公约中没有“禁止、不准、不许”等强制性词语，替而代之的是“提倡、乐于、希望”等极具感染力和亲和力的词，体现了公约的人性化，村民们反而非常遵守。通过物业带动业主，主动践行社区文化与村民公约，逐渐形成了良好的文化氛围，社区人际关系和风气焕然一新。

2. 建设乡村制度信任

建章立制，将信任机制融入乡村制度结构，再造乡村社会秩序，为乡村制度的运行提供有效、安全的信任机制；加强监督，对村干部实行自我约束，保障村组织制度运行的公开透明，提升公信力，提高乡村制度的有效性与合法性。

3. 建设乡村价值信任

民众信仰的缺失、精神文明的贫瘠，是乡村积弊已久的问题。对乡村价值体系的认同，是重塑乡村信任机制的根本。将社会主义核心价值观融入乡村价值体系中，并在实践中转换成共同的价值认同与普遍认识，使之成为村民的内心信念，从而自根本上提升乡村道德水准，构建持久的、健康的信任体系。

（三）培养契约精神

1. 依法治村，实现契约化管理

传统乡村管理主要依靠亲缘、地缘、人缘等关系网络，是一种熟人式、伦理式的管理方式，不利于契约精神的形成。依法治村，实现契约化管理，明确村干部、村民权利与义务，用制度管理，用合同约束，搭建村委、村民、协会等主体平等沟通的平台。如内蒙古阿鲁科尔沁旗实施村务契约化管理，通过签订扶贫合同，明确了协会与贫困户之间的权利、义务和责任，将以往口头上的协议落实在了纸上，进而保证了帮扶措施的落实和帮扶目标的实现，获得了村民、上级政府的一致认可。

2. 村干部、村民要自觉遵守乡村公约

乡村社会生态能否良好运行，村干部的带头作用十分明显，因此，村干部、村庄领头人要做出表率，引领村民讲诚信、守约定，共同维护乡村公约的公信力。

3. 产业主体、利益主体遵守行业准则

各产业主体、利益主体应当建立一套长久持续的行业规则，建立赏罚机制、奖惩机制，明确各方的义务，开诚布公，公平竞争，抵制恶意破坏行业诚信的行为，保障行业规则的公信力与持久力，营造良好的产业经营环境。

（四）催生健康乡村组织

1. 文化组织

近年来，随着公共文化的普及，乡村之中也产生了许多民间文艺组织，如文艺队、腰鼓队、秧歌队等，这些看似较为初级的社会团体，在一定程度上加强了人与人之间的联系，体现了新的价值理念和文化形态，也丰富了村民的文化生活，应给予大力支持。对于一些高级的组织，如棒球队、登山队等也应给予一定支持，这些都是培育乡村文化氛围的重要形式。

2. 产业组织

乡村行业协会、合作社等产业组织，加强了乡村群体之间的技能联系，让一批具有技术、思想的村民可以相互交流、合作，可将乡村资源要素有效利用起来，促进产业创新，推动乡村产业健康发展。

3. 志愿组织

志愿组织是近年来活跃在乡村的社会组织形态，包括社会志愿团队、高校志愿者、艺术家等社会力量。其目的都是为了建设乡村，助其更好地发展。这些组织成员大多是具有专业技能、知识、财富、见识及理想的群体，将他们的资源注入乡村，可以对乡村建设起到事半功倍的效果。

（五）培养新乡贤

1. 吸引乡贤回归

乡贤是指道德品格高尚、才学见识为乡人所推崇和敬重之人。传统社会中，乡贤在促进宗族自治、民风淳化、社会治理方面都影响深远。乡贤文化深刻地影响着乡人的言行，对乡村风气起着无可替代的作用。改革开放之后，乡村宗族组织面临解体，许多有文化、有知识的人远离故乡，乡贤文化逐渐倾颓和消弭，保护和培育新乡贤文化迫在眉睫。一方面，要大力培育本土乡贤，对本地的农业大户、乡村精英等进行大力培养；另一方面，要吸引新乡贤回归，对那些远离乡村的优秀人才，呼唤其归乡，发挥其在资源、文化、人脉、技术等方面的优势，反哺乡村，共建家园。

2. 留住新乡贤

注重培育新乡贤，不仅吸引其回归，更要吸引其扎根乡村。建立长效机制，如新乡贤培育机制、新乡贤激励机制等，使其在乡村也具有发展前景，树立自豪感与自信心，并且愿意以乡土情怀传承弘扬乡村文化。如山西长治县东掌村设立的“当代乡贤榜”，彰显了荣誉价值，让新乡贤具有持续建设乡村的意愿。

3. 建立新乡贤组织

进行组织设计，成立“新乡贤联盟”“乡贤理事会”，加深乡贤之间的联结，同时发挥乡贤在乡村治理中的主体作用，让新乡贤具有归属感、认同感、荣誉感和获得感，在乡村社会治理中发光发热。建立新乡贤人才数据库，使各村、各地新乡贤有完整的信息交流。乡村因为新乡贤的加入，将不再是孤立割裂的村庄，而是乡村共同体。

三、以乡村文化振兴协同乡村自治

梁漱溟先生认为：“原来中国社会是以乡村为基础，并以乡村为主体的；所有文化，多半是从乡村而来，又为乡村而设，法制、礼俗、工商业等莫不如是。”从某种意义上讲，乡村的振兴实际上是乡村文化的振兴。乡村社会秩序的崩溃，文化是核心原因。我们从乡村文化振兴的角度出发，试图以协同的角度参与乡村自治。

（一）乡村自主营造

1. 乡村文化自主营造

乡村历史文化挖掘是自主营造的第一步。传统的乡村中，共同的文化基础、宗族血缘是基础元素。发掘乡村文化的过程，就是发现共同信仰的过程，乡民能在这一过程中重新唤起对乡村的认同感，产生共同营造乡村的情感。

台湾的社区文化建设就是一大典范。台湾埔里镇鱼池乡大雁村山楂脚社区在“9·21”地震中受到严重毁损，之后又深陷老龄化，社区记忆面临消亡。当地居民为了记述每个人对社区的共同记忆，自行创作了一副马赛克拼图墙，长达百米。在这场活动的参与过程中，居民们找到了几近瓦解的社区感。

2.乡村景观自主营造

乡村景观营造是赋予乡村美感的重要手段。乡村景观的凌乱、萧条导致乡村丧失美感，传统的乡土意象破碎。新的景观往往沿用城市景观营造思维，缺乏“在地性”，与乡村格格不入。乡村景观营造的重要原则之一就是“在地参与”，只有当地人才能营造出他们想要的景观，也唯有当地人，才能使景观具有长时间的生命力。

如台湾桃米村，开创了“雇工购料”的社区营造模式。当地居民设计景观模型，社区工班负责实施，并充分利用当地原材料，尽可能减少对环境、资源的浪费。社区内的茅埔坑溪河道修复、湿地改造及蜻蜓流笼、蛙树屋、竹桥、凉亭等具有浓郁地方特色的建筑，均是当地人自主营造的成果。

（二）保护乡愁符号体系

1.保护乡村天然肌理和景观

耕牛犁地，农夫荷锄，鸡犬相闻，炊烟袅袅，是乡村最优美的景象，也是最能唤起人们对田园牧歌式生活向往的符号。保护田园，对田园荒芜、土地荒漠化进行整治，重造乡村田园，恢复乡村肌理；扮靓山水，进行林相改造、水域治理，营造优美的山水景观；修复村落，在不改变传统村落格局的情况下，修复村庄破败、毁损部分，改善乡村人居环境，营造功能与美感兼宜的村居系统。

2.保留乡村传统风俗习惯

乡村之所以令人留恋，正是因为有极具仪式感和文化气息的乡风习俗。对于一些传统节日习俗，如除夕守岁、春节拜年、元宵点花灯、清明扫墓、重阳节登高等予以保留；对传统集体文化活动，如看皮影戏、听戏剧、踩高跷、敲锣打鼓等予以鼓励支持；对传统礼仪，如抓周、拜寿、嫁娶、丧葬等礼节可去粗取精。这些风俗，共同营造出淳朴、热闹、富有人情味的乡村氛围。

3.保护传承民间工匠技艺

要抢救民间工匠技艺。传统的石工、手作、打铁、竹编、纳鞋等民间技艺，都是宝贵的财富，现已濒临消亡，要进行保护性开发；民间艺人是艺术的创作者，也是文化的传递者，保护创客，才是技艺得以传承的关键；加强非物质文化遗产的保护与传承，培养技艺接班人，弘扬工匠精神。

（三）活化乡村文化遗产

文化遗产活化是指为文化遗产找到合适的用途，使得该文化价值得到最大限度地传承和再现，同时将该文化原有结构和状态的改变降到最低。文化遗产具有科研、审美、经济等多重价值，只有在利用中才能实现这些价值，活化是最优化的利用方式。无论是对物质文化遗产还是非物质文化遗产，都可以运用到以下方式：

1. 生活活化

将文化遗产融入居民生活、生产之中，是最有效的利用方式，也是最根本的保护措施。离开了生活、生产的文化，也就失去了生命力。传统的民间艺术、技艺工艺等非物质文化遗产及传统民间建筑、村落景观（如水井、石磨）等物质文化遗产，皆可在日常生活、生产中加以使用，既可以满足居民的功能需求，也可以满足他们的文化需求。

2. 科技活化

利用现代高科技技术，活化乡村文化遗产，如利用计算机信息模拟技术，复原传统生产、生活场景，实现可视化呈现；通过虚拟现实技术（AR/VR）增强人们对现实场景的体验感。此做法的好处在于，几乎可以对原有文化遗产不产生任何改变，且能让人们体验到最真实的文化状态，感知文化遗产的魅力。

3. 创意活化

给遗产注入创意，通过创新的手法展现，深挖地域文化、村落文化，并加以艺术提升，构造核心吸引力。如将看不见、摸不着的习俗利用现代化形式进行重新演绎，使传统手工艺品的精细包装与创意得到展现。通过发展文化创意产业，实现文化遗产的活化利用。

4. 旅游活化

旅游活化是较为经济的方式之一。旅游活动本身就是场景的体验，乡村文化遗产与旅游结合，可以极大提升文化遗产的接触效率，更快地被外界接收，发生价值交换。这种交换反过来又会促进遗产更深层次的利用。但需要注意的是，旅游开发与文化保护本就是一对矛盾的概念，文化被开发的同时，也就意味着一定程度上失去保护。如何使二者达到平衡，是旅游活化文化遗产的关键所在。

（四）重塑自豪感、自信心

1. 继承创新传统生产方式

千百年来，春耕夏种，秋收冬藏，是中国农民传统的生产方式，也是中华文化的根，但经过几十年的发展，传统的生产方式已经悄然发生变化。乡村欲振兴，须顺应时变，需转变原有的小农生产方式，融入现代科学技术。因此，在继承传统农耕文化的同时，也要创新发展生产方式，建立新型的农业生产模式。

2. 弘扬传统生活方式

日出而作、日落而息的传统生活方式培养了中国农民勤劳的品质。顺应天时、符合自然的乡村生活理念，完美地契合了中国人天人合一的世界观。现代化的快节奏、高强度，容易使人们心灵疲惫，亟须释放，乡村生活便成为理想的选择。种种迹象表明，传统的生活方式不仅不会消失，反而会随着社会的发展，变得更加弥足珍贵。倡导积极健康的乡村生活方式，回归田园，让村民对自己的生活自豪，让都市人对乡村生活向往。

3. 珍惜自然资源

乡村的山水田园格局、自然风光、生物多样、清新空气都是独一无二的宝贵财富。要唤起村民对自然环境的爱护之心，积极引导他们的生态环境保护意识，规范他们保护自然环境的行为。在大力发展乡村经济的同时，坚持生态保护优先，构建环境友好型产业，促进生态、业态、形态融合发展。

4. 尊重文化遗产

乡土景观、传统民居建筑、传统习俗礼仪、民间工匠技艺等文化遗产既是宝贵的物质财富，也是珍贵的精神财富，共同构造了一个富有文化底蕴、充满生机的村居共同体。要培养村民尊重文化的意识和行为，让人人都成为保护传承的主人翁；建设乡村博物馆，对珍贵的、濒临消失的文化遗产进行收集、展示，唤起社会力量，共同保护乡村文化。

第十一章

土地结构模块

1949年后，中国确立了土地的社会主义公有制，同时宪法明确规定“任何组织或者个人不得侵占、买卖、出租或者以其他形式非法转让土地”。这形成了新中国最初国有土地使用制度的主要特征，一是土地无偿使用，二是无限期使用，三是不准转让。从《中国土地法大纲》《中华人民共和国土地改革法》《中华人民共和国土地管理法》（以下简称《土地管理法》）到《中华人民共和国农村土地承包法》（以下简称《土地承包法》），土地管理一直牵动着中国经济发展的最根本脉络。

经过长久的筹备期，2019年中央1号文件正式提出，“全面推开农村土地征收制度改革和农村集体经营性建设用地入市改革，加快建立城乡统一的建设用地市场”，乡村振兴迎来了绝好的机遇点与挑战点。如何入市、如何盘活、如何化解、如何增值等诸多问题摆在所有参与乡村振兴的实践者面前。在此机遇下，我们必须经过有效地分解、充分地研究，提出最适合本地化乡村土地运营之路。

一、农村土地制度改革的机遇点分解

（一）逐步完善的农村土地法

2018年12月29日，最新修订的《土地承包法》正式发布，2018年年底进行的人大常委会议，对《土地管理法》的修订也进行了深入探讨。乡村要振兴，土地制度改革势在必行。

承包地改革在前几年已初见成效，各地的土地流转市场逐步活跃。新版《土地承包法》则是从法律层面把改革成果确定下来；而接下来，新版《土地管理法》还将进一步推动宅基地改革、集体建设用地入市，等等，总体目标是全面盘活“三块地”。近几年来的中央1号文件在逐步放活宅基地使用权以及村集体开发集体建设用地的权利，给休闲农业等新兴产业提供了更多用地支撑，同时，也让农民能够直接享受土地变现带来的红利。

作为2019年“三农”硬任务之一，农村土地制度改革将进入深化施工期。

据中央农办主任、农业农村部部长韩长赋介绍，2019年将着重推进四项改革：一是按期完成农村集体资产清产核资；二是做好农村承包地确权登记颁证收尾工作；三是稳慎推进农村宅基地改革；四是培育各类新型经营主体。“要以土地制度改革为牵引，深入推进新一轮农村改革。”

承包地的“三权”分置是这次修改农村土地承包法的主要任务。未来土地可以抵押贷款，农民土地使用权可以入股，土地价值将得到市场化的肯定。农村宅基地改革将秉持“稳慎推进”的思路，将重点围绕宅基地“三权”分置，拓展改革试点，丰富试点内容，探索适度放活宅基地和农民房屋使用权有效途径。结合发展乡村旅游、下乡返乡、创新创业等，探索盘活利用闲置宅基地和农房、增加农民财产性收入的办法。一方面，明确“红线”底线，保护农民利益，包括不得违规违法买卖宅基地等；另一方面，在试点地方允许突破法律约束，尊重农民探索和摸着石头过河，继续扩大试点，改革着力点应放到使用权上去，进一步引导、规范和探索制度性安排，在改革上提供负面清单，实现宅基地使用权的进一步优化配置。

下一步，我国还将加强农村土地制度创新和制度供给，着力让农村资源要素活化起来。在落实承包地“三权”分置制度、强化耕地保护制度、改革农村土地征收制度、建立农村集体经营性建设用地入市制度等方面，都有望取得新突破。

乡村振兴最核心的问题就是土地问题。国家将会加强重大政策研究，强化乡村振兴制度供给，构建多元化投入保障机制，优化农业投资管理，完善农业支持保护政策体系，强化乡村振兴法治保障，健全“三权”分置的农地产权体系，完善所有权承包权权能内容。未来将探索建立土地承包权依法、自愿、有偿退出制度，同时推进土地经营权抵押贷款，建立土地增值收益分配机制，赋予集体经营性建设用地使用权抵押担保权能，明确集体经营性建设用地入市规则和监管措施，突破农村新产业、新业态发展用地问题。

（二）闲置宅基地的盘活机遇

近年来，党中央、国务院出台了一系列支持政策，有关部门结合农村宅基地制度改革试点、农村一二三产业融合发展、国土空间规划编制实施、农村土地整治和城乡建设用地增减挂钩等工作，采取有力措施，积极促进农村闲置宅基地盘活利用。

1.出台盘活利用闲置宅基地的政策措施

2018年中央1号文件、《中共中央 国务院关于建立健全城乡融合发展体制机制和政策体系的意见》《国务院办公厅关于支持返乡下乡人员创业创新促进农村一二三产业融合发展的意见》等文件的出台，为盘活利用农村闲置宅基地提供了政策保障，创造了有利条件。

2.推进农村宅基地制度改革试点

按照党中央、国务院的部署，2015年启动了农村土地征收、集体经营性建设用地入市、宅基地制度改革等农村土地制度改革三项试点工作。在农村宅基地制度改革方面，33个试点县（市、区）按照“依法公平取得、节约集约使用、自愿有偿退出”的目标要求，在加强宅基地总规模控制、探索退出的闲置宅基地统筹利用等方面开展了试点工作，总结了一批可行的改革成果。截至2018年年底，试点地区共腾退出零星、闲置的宅基地约14万户8.4万亩，办理农房抵押贷款5.8万宗111亿元。

3. 开展农村土地整治

近年来，自然资源部在全国范围内推动农村土地整治，组织开展城乡建设增减挂钩试点，支持各地整治低效利用的农村建设用地。通过实施农村土地整治，优化了农村建设用地结构布局，促进了现代农业发展。通过将土地整治形成的节余建设用地指标流转收益返还农村，实现了城市反哺农村，改善了农村基础设施条件和农民生活环境，增加了农民和农村集体经济组织收入。

4. 有关部门加强农村建设规划管理和指导，鼓励结合农村危房改造做好闲置农房利用

下一步，农业农村部将会同有关部门研究制定深化农村宅基地制度改革试点方案，开展农村闲置宅基地和闲置农房激活行动，实施农村闲置宅基地综合整治，加强村庄规划管理，指导督促地方加快编制实施实用性村庄规划。

例如，湖南省浏阳市自2014年启动不动产统一登记省级试点工作以来，把不动产统一登记试点、农村宅基地制度改革作为农村土地制度改革三项试点工作的突破口，探索形成了农村宅基地及房屋“房地一体”确权登记的“浏阳模式”。当地政府制定出台浏阳市农村宅基地管理使用等六项制度，探索实施农村宅基地所有权、资格权、使用权“三权”分置，打造了宅基地“赋权活能、房地一体”确权登记改革的新模式，发出了湖南省第一批农村宅基地“房地一体”不动产权证书。改革的实施，还有效打通了农房抵押处置难、变现难的瓶颈：截至2018年12月，全市累计办理农房抵押贷款4.15万宗、金额47.6亿元；不动产抵押登记证明5.3万份，抵押金额566亿元。①

（三）农村土地确权及集体建设用地入市

1. 农村土地确权

（1）农村土地确权的基本含义。土地所有权、土地使用权和他项权利的确认、确定，简称确权。是依照法律、政策的规定确定某一范围内土地（或称一宗地）的所有权、使用权的隶属关系和他项权利的内容。每宗地的土地权属要经过土地登记申请、地籍调查、核属审核、登记注册、颁发土地证书等土地登记程序，才能得到最后的确认和确定。2013年1月31日下发的中央1号文件提出，全面开展农村土地确权登记颁证工作。2013年3月，我国正式启动农村房屋不动产登记发证试点工作。农村土地制度改革，除了城乡结合部集体建设用地入市之外，主要就是纯农区的宅基地和农地改革。

① 农村土地制度改革“浏阳模式”再受关注.《浏阳网》，2018年12月14日。

土地制度改革范围包括农民拥有使用权的土地45亿亩和农村集体经营性建设用地0.5亿亩。农民拥有使用权的土地包括宅基地和农民承包经营的农地。据统计，目前农村宅基地2亿亩，农民承包耕地13亿亩，承包其他类型农地25.7亿亩。但原来登记的耕地承包面积存在低估，实际面积可能达到18亿亩。此外，农村集体经营性建设用地也已在改革日程上。45亿亩土地价值，估计有50万亿元，人均近6万元。

2014年11月20日，中共中央办公厅、国务院办公厅印发了《关于引导农村土地经营权有序流转发展农业适度规模经营的意见》。该意见指出，用五年左右时间基本完成土地承包经营权确权登记颁证工作，妥善解决农户承包地块面积不准、四至不清等问题。

（2）土地确权的意义。从原则上讲，农村土地确权赋予了农民更完整的土地权利。确权之后，农民工在家乡的承包地、宅基地、房屋等财产权利能够固化和得到保护，更有可能通过土地抵押贷款支持农业生产，甚至还可以通过流转为农民带来财产性收入，有助于那些外出农民工在城市立足。这也是传统财产权理论与古典经济学理论对产权明晰问题一直非常重视的根源所在。农村土地承包经营权登记，是确认和保护农民的土地承包经营权、保障土地流转交易安全、完善农村土地承包经营制度的一项基础性工作。

由于一轮、二轮土地承包均是责任承包制，客观上淡化了对空间信息的管理需求，加之法律的缺位，农村资产权属关系并没有得到根本的明确，在此基础上进行的流转、征地占用等行为，使政府掌握的权属资料与实际情况存在较大误差。种种原因造成了目前我国农村承包地地籍管理混乱的现状：①没有一个清晰的登记农村土地的账目和一个有效的、图账对应的农村地籍信息管理系统，政府无法清楚地掌握农用地的空间信息；②村民之间，集体与个人之间不少遗留问题关系错综复杂，造成权属信息不明确；③农村居民对其土地的产权没有证书依据。

为夯实农村产权制度改革的地基，需要理顺农村现有产权关系。只有在理清国家与集体经济组织、集体经济组织与村民之间的财产权利界限的基础上，才能构建起完整的农村资产财产权益体系，盘活农村生产要素，解放农村生产力。因此，对农村土地与房产的大规模确权登记，是农村产权制度改革的首要任务。

土地确权对于农民来说有四大利好，一是有利于依法保障农民的土地承包权益；二是经过确权颁证之后，土地既是资源，又是资产，农民的财产性收入就会增加；三是农民可用自己的权证进行抵押贷款；四是有利于明确土地承包经营权归属，为解决土地承包经营纠纷、维护农民土地承包的各项合法权益提供强有力的原始依据。

例如，全国文明村贵州省安顺市平坝区塘约村，通过对农村土地承包经营权、林权、集体土地所有权、集体建设用地使用权、房屋所有权、小型水利工程产权、农地集体财产权七权叠加，一并进行确权登记，之后再由村集体统一经营，带动了全村村民脱贫致富，使一个原本籍籍无名的省级二类贫困村，仅用三年时间就完成了从贫困村到小康村的巨大嬗变，村容村貌焕然一新，开启了深化农村综合改革的新模式。

塘约村的七权同确，巩固了集体所有制，把改革的成果更多更公平地惠及全体村民，将土地集中起来，由村集体进行规模化、集约化、专业化经营，并建立合理的利益联结机制，集中全村土地4 200多亩，发展脆红李、核桃、石榴、辣椒、莲藕、白菜、山鸡等种植、养殖业，合作社、村集体、村民按照3∶3∶4进行利润分成，促进全村村民脱贫致富。

（3）土地确权的难点。当前农村土地确权过程中遇到的问题自2011年中央部署开展试点工作以来，问题重重，疑虑声很多。2015年7月，针对农村土地承包经营权确权登记工作中存在的问题，中国地理信息产业协会向农业部发送了一份报告，同时抄送中央农办、财政部、审计署和国家测绘地理信息局。

报告指出，由于低价竞争、政府资金不到位等原因，在农村土地承包经营权确权登记工作开展过程中，存在着低于成本价恶性竞争、低价中标导致粗制滥造、地方政府资金不到位等严重问题。农村土地确权成本高，现行政策下收益又极小化。确权是为了带来诸多收益，确权后应有利于土地转租、抵押和买卖。对中国而言，一方面，绝大部分农村土地、尤其是占主体的破碎农地，其转租价值非常有限，破碎且规模小的承包地即使可以转让，定价也相对困难；另一方面，银行为小额放贷承担的单位成本势必很高，银行缺乏一定动力。所以，规范化的入市政策迫在眉睫。

2.农村集体建设用地入市

（1）农村集体建设用地入市含义与示范的成果。农村集体建设用地流转是指集体建设用地在符合规划和用途管制的前提下，允许农村集体经营性建设用地出让、租赁、入股，实行与国有土地同等入市流转、同权股价。

农村集体建设用地入市主要有以下七种方式：①农村集体经济组织直接转让、出租土地使用权；②农村房屋产权人转让、出租房产时，连带转让、出租土地使用权；③农村企业的兼并、改制过程中涉及集体土地转让、出租；④农村集体经济组织以土地使用权作价入股、联营等形式新办企业；⑤村集体经济组织以土地使用权合作的方式开发项目；⑥经征用、补办为国有土地并转让、出租；⑦由于企业破产清算或债权债务因素，经司法裁定发生流转。

（2）农村集体建设用地入市的示范成果。

贵州省遵义市湄潭县农民自发地将宅基地作为商住综合用地，很大部分人选择自己居住二楼，将多余的房屋出租或自己经营商铺、茶叶加工作坊、农家乐等。基于以上情况，湄潭县设立了综合类集体建设用地的地类，即作为宅基地取得的土地部分改变用途，使得土地具备多种用途。湄潭县将这种综合类的集体建设用地分割登记，并允许相应经营性建设用地进入市场，形成了综合类集体建设用地分割登记的入市模式。通过分割登记，宅基地有一部分转变为经营性建设用地。

四川省泸州市泸县的宅基地制度改革采取的方式是，通过农民与社会资本合作，创新宅基地分割登记，允许转为有形经营性用地和无形地票两类方式入市。允许农户以合法的宅基地使用权独资、联合或与社会资本合作，共享居住、商住或经营，出资方获得一定年限的集体建设用地使用权。采取分割登记方式确权颁证，将农民住房分摊面积确定为宅基地使用权；将农民经营性用房和出资方房屋分摊面积确定为一定年限的集体经营性建设用地使用权；将退出和闲置的宅基地直接变更登记为“集体经营性建设用地”或“其他建设用地”，在符合规划和用途管制的前提下将这类“宅基地”入市。并积极探索建设用地指标的市场化交易制度。

浙江省湖州市德清县允许和鼓励以异地调整的方式入市，实行所有权按份共有、使用权共同入市、收益按份分配。位于东部的德清县民营经济发达，集体经营性建设用地入市的需求旺盛。该县通过三种方式调整乡村集体建设用地入市：①调换土地所有权自行入市。集体经济组织范围内未规划调整入市建新区块的，允许通过以地换地的方式，与设立调整入市建新区块的集体经济组织调换土地所有权，实现调整入市。②建设用地复垦指标交易入市。集体经济组织将零星分散的集体经营性建设用地复垦后，无法以第一种方式实现调整入市或不愿自行调整入市的，允许该集体经济组织以复垦指标交易的形式，转让给其他集体经济组织，收购指标的集体经济组织可以等面积在规划区按集体经营性建设用地入市。③集体经济组织之间合作入市。集体经济组织将零星分散的集体经营性建设用地复垦后，无法以第一种方式实现调整入市的，允许该集体经济组织与其他集体经济组织合作入市，取得的收益协商分成。

浙江省义乌市采用政府保价型“集地券”制度，即将闲置废弃的宅基地、经营性建设用地和其他类型用地等进行复垦，节余的建设用地指标形成集地券。它通过以城乡新社区集聚的方式解决成片退出宅基地的问题。农民在自主自愿的基础上，退出成片的宅基地，换取集中统建的高层住宅、标准厂房或楼宇物业，实现生产生活双保障。复垦节余指标由政府在全市范围内统筹开发利用。将零星退出的宅基地纳入政府统一整治范围，并在此基础上，对退出形成的复垦节余指标赋予规划空间、占补平衡等功能，并称之为“集地券”。更为特殊的是，集地券把规划指标、占补指标、新增建设用地指标这三类指标功能融为一体，实现了征地、入市和宅基地三项制度的统筹。目前义乌市政府按价全部回购，统筹用于民生项目、产业转型升级重大项目的需要。

广东省佛山市南海区通过全域型土地整备入市和“地券”制度，解决用地分散，实现建设用地从实物向指标的转化。南海区在20世纪八九十年代就开始在集体建设用地上发展工业，成本低、限制少的集体建设月地，为南海区二三产业发展提供空间，造成了制造业“满天星”布局，出现用地细碎化的新问题。村级工业园面积普遍较小，南海工业转型升级迫切需要连片的、基础设施完善的建设用地。南海区积极探索入市的托管整备制度，将产业落后、零星分散、符合入市条件的集体经营性建设用地进行整合、清理及前期开发，实行统一规划、招商及入市，实现集体土地的规模化统筹开发利用。土地整备后，入市主体由村集体经济组织变更为区、镇（街）两级集体土地整备中心，入市收益根据双方签订的托管协议一次性或分期进行分配。土地整备解决了用地分散的问题。但农村尚存大量低效宅基地，也迫切需要整合利用。同时，宅基地与经营性建设用地难以严格区分，早期的家庭作坊、现在的家族企业，其载体很多就是宅基地。基于此，南海区从2018年3月开始实行“地券”制度，土地权利人自愿将其建设用地按规定复垦为耕地后形成等面积地券，可将地券入市交易，通过地券，南海区将集体土地整备入市范围扩大到宅基地等所有类型的存量建设用地。

（四）未来预期及其影响

未来乡村土地制度改革的趋势是打破地类之间的限制，细化主客体，优化功能结构，统筹和因地制宜地利用土地。为了进一步推动集体建设用地入市和构建城乡统一的建设用地市场，需要进一步打破对集体土地的种种限制，充分释放农村集体土地要素活力，提高资源利用效率；要加强农村土地统筹规划，优化用地结构和布局，发挥市场在资源配置中的决定性作用；要尊重基层的首创，对实践中证明切实可行的做法，及时总结可复制、可推广的经验，从而推动相关政策出台和法律法规修改。

乡村集体建设用地入市对缓解城市用地紧张局面具有积极作用，可以增加城市经营性工业用地的供给渠道，缓解城市就业用地压力，对平抑地价具有好处。同时，建设用地入市也意味着征地将越来越少，土地交易越来越多，乡村建设用地将成为新的投资领域。但当前的土地入市制度设计仍是以城市需求为主导的制度。对于乡村而言，尽管入市安排可以为集体建设用地所有者带来短期暴富的机会，但土地中存在的不均衡、集体存量有限等问题势必在短期内拉大区域间的差距。因此，地方政府应当肩负起统筹合理安排农村土地利用方式的责任，更有前瞻性地编制乡（镇）土地利用规划，以适应新时代农业农村发展要求。

二、乡村土地使用创新的四大模式

（一）“点状用地”模式

1.什么是“点状用地”

“点状用地”是与“块状用地”相对的一种土地供给方式，简而言之，就是由原来需要整块土地出让，变为散点状或带状供给建设用地，需要建多少房屋就供给多少土地，算多少容积率，其余周边部分可通过租赁、划拨、托管等方式供项目业主使用。

2019年7月，四川省委、四川省人民政府发布《关于规范实施“点状用地”助推乡村振兴的指导意见》，进一步明确了“点状用地”的定义：在城镇开发边界（城市和乡镇建设用地扩展边界）以外，不适合成片开发建设的地区，可根据地域资源环境承载能力、区位条件和发展潜力，结合项目区块地形地貌特征，依据建（构）筑物占地面积等点状布局，按照建多少、转多少、征（占用）多少的原则点状报批，相关部门将根据规划用地性质和土地用途灵活点状供应，以开发建设服务于乡村振兴的项目用地。这一政策的核心就是解决乡村振兴项目落地、降低用地成本两大问题，通过精细化规划布局，支持编制村规划和依法按程序调整，为范围内的涉旅、涉农项目落地创造了条件。

2. 为什么要“点状用地”

传统的“块状用地”方式，应用在乡村有诸多痛点，乡村建设项目不比城市，项目占地往往较大，用地多，容积率低，政府用地十分紧张，加之农转用、占补平衡指标等问题，使得乡村项目建设难以落地。

传统供给整片土地方式对前期资金要求很高，而乡村旅游项目或其他建设项目往往投资回报期很长，加之风险因素，使得许多投资者望而却步。点状用地大大降低了前期投入和风险，更易吸引投资者。

乡村建设与乡村旅游项目，一般不会进行连片式的开发，而是会兼顾环境与景观营造效果，规划设计较为分散且精巧的建筑设施，很少占用大的整块土地。如按传统方式用地，大量的土地资源被浪费，对开发商和供给方而言，都不划算。

“点状用地”更有利于盘活土地资源。大多建设项目都会留下一些空闲土地，“点状用地”可将这些闲置土地推向市场，再次获得利用，既可减轻土地管理成本，又可适当回笼土地资金。

“点状用地”有效解除了开发中农户毁约、抵押融资困难等后顾之忧。之前资本下乡的投资商，大多与村集体、村民打交道，交易过程中，常常容易发生一些纠纷而导致项目流产。“点状用地”先将土地转为国有用地，再公开出让，产权明晰，避免了产权纠纷。

3. “点状用地”操作流程及先行案例

不同地区由于政策不同，操作流程略有差别，但是基本上包括几个步骤：①将闲置土地、闲置农房或宅基地收归集体所有；②地方政府通过“地票”或其他征收方式，将土地、农房、宅基地从集体征收为国有；③企业按照项目建设规划进行点状报批，政府通过公开出让方式，实行“点状用地”；④由经营主体对获取土地进行综合开发利用。

（1）四川省洪雅县在土地政策中坚持规划引领、精准用地、创新用地。该县土地利用总体规划和旅游项目规划进行有效衔接、提前对接、科学布局，根据旅游项目规划设计第一时间调整土地总规，最大程度保障项目实际用地需求。根据项目年度用地计划，洪雅县按照项目实际用地需求，结合项目投资开发进度，按需用地，实现了旅游项目供给率100%、土地利用率100%。同时，洪雅县还以“精心规划、科学选址，因地制宜、合理利用，积极探索、循序渐进”为原则，实行用地分类管理，突破性采取“点状用地”方式保障旅游项目顺利实施。例如，七里坪国家级度假区的项目用地，按地理环境进行点状规划、点状报批、点状用地，项目总用地面积1 008公顷，涉及征收面积仅163.27公顷，极大地减少了土地指标的占用，保障了七里坪项目的顺利实施。

（2）重庆武隆归原小镇，项目总占地面积1 163亩，实际建筑面积6.2万平方米，包括36栋建筑，其中新建民宿25栋、改造旧民居11栋，改造的民居大多成了接待中心、茶室、工作室、青年旅社和农事体验工坊。归原小镇最初由于用地不符合规定，政府不予立项。后通过“点状用地”方式，根据项目建筑实际占地面积、建筑间距及必要环境用地进行点状规划、点状报批、点状用地，解决了项目用地问题，极大地减少了占地指标，也减轻了投资压力。被征收农房户主将周边耕地、林地分别以600元/亩、150元/亩的租金租赁给项目方，为期12年，用于相关项目打造。小镇提供了大量就业岗位，当地农民纷纷参与到运营建设中，改善了收入状况与生活条件。

（3）名气极大的莫干山裸心堡，同样也是采取了“点状用地，垂直开发”模式，将项目用地分为永久性建设用地与生态保留用地。其中，建设用地用多少供多少，剩余部分可只征不转，通过划拨、租赁、托管的方式供项目方使用。裸心堡中80%的建筑是通过当地农舍改造而成，仅新增了12亩建设用地，从村民手里流转了200亩山林，极大地节约了用地指标。

（二）“增减挂钩”模式

1.什么是土地“增减挂钩”

增减挂钩，指城镇建设用地增加与农村建设用地减少相挂钩，通过建新拆旧、土地复垦等措施，实现耕地有效面积增加，建设用地集约化利用，城乡布局更加合理。

2.“增减挂钩”的优势

以四川省为例。政府先后出台了《跨县级行政区域设置城乡建设用地增减挂钩试点项目区管理规定》《进一步深化城乡建设用地增减挂钩试点改革助推脱贫攻坚意见的通知》《关于深化城乡建设用地增减挂钩改革助推深度贫困地区脱贫攻坚的通知》等一系列以增减挂钩为主、致力于乡村振兴脱贫攻坚的土地政策，为贫困地区节余指标流转提供明确指引。

2016年，巴中市以29.5万元/亩的价格流转4 500亩增减挂钩节余指标到成都高新区，总金额高达13亿元，成为全国典范。苍溪县、雷波县等贫困地区相继与成都市签订了节余指标流转协议，为贫困地区打赢脱贫攻坚战增添了新动力。

四川省政府一系列政策的出台，明确了省内各地要抓住当前土地利用总体规划的调整完善和永久基本农田划定的历史机遇，统筹安排好农村生产、生活、生态用地空间。增减挂钩计划指标主要向贫困地区倾斜，适当缩减非贫困地区增减挂钩计划指标规模，为贫困地区节余指标流转腾出空间、创造条件；同时，优先将贫困户多的乡镇村纳入实施范围，项目区内的易地扶贫搬迁户要争取全部纳入拆旧区，并明确在深度贫困地区的增减挂钩项目方面，将进一步下放权力，由县级人民政府负责工程项目的立项、验收和监督管理，实施规划审批和验收等。为缓解贫困地区资金投入压力，借鉴“5·12”汶川地震和“4·20”芦山地震灾后重建、增减挂钩的成功经验，《通知》明确，全省88个贫困县增减挂钩项目立项后，符合条件的可以提前使用30%的节余指标。

优化农民集中安置建新区指标管理，在实施规划批复时，统一预留用于农民集中安置建新区建设，节余部分留用于项目区农村集体经济组织，专门用于调剂“一户一宅”宅基地或用于乡村振兴、农村新产业、新业态等发展用地。此外，将对农民集中安置建新区进行严格管理，集中安置建新区必须符合国土空间规划、确保选址安全、严格按农村住房安全标准和质量标准施工等。

每年在下达新增建设用地计划时，会综合考虑全省非贫困地区经济发展水平、建设用地需求等因素，合理测算下达其承接集中连片特困地区及国家扶贫工作重点县节余指标任务数，并作为刚性指标考核。承接节余指标超出任务数的，适当给予用地计划奖励。

此外，探索建立“互联网+”增减挂钩指标流转新机制，搭建面向全省贫困地区节余指标（含补充耕地指标）省级统一指标流转网上信息平台，负责滚动发布出让及受让需求、结果公示和备案确认等工作。省国土资源厅综合考虑节余指标产生的平均成本、资源保护补偿和管护费用等因素，制定区域性节余指标流转指导价。可以说，四川省“增减挂钩”政策将脱贫攻坚作为首要政治任务，大胆解放思想、主动担当作为，翻箱倒柜、倾囊相助，强力推进城乡建设用地增减挂钩试点改革，先后出台一系列改革新举措，取得显著成效，成为全国典范。

如四川达州渠县规划了1万亩“增减挂钩”指标，初期确定流转土地1 000余亩。在各级政府、村委会和村民等协商下，以400元/亩的价格流转，采取集体土地合作入股的形式，以登记在册的村民为配股对象，建立新社区合作经济组织——股份合作社。为配合异地搬迁拆旧工作，采取土地置换的方式，为农户重新配置面积相当的耕地、宅基地等；对永久建设用地，一是部分征用，二是部分用地指标与城市用地指标置换。这样既解决了用地困局，又节约了用地指标。

（三）“坡地村镇”模式

1. 精细化农业的土地利用新模式——坡地村镇

以浙江省为例。浙江省省域山多地少，经济发展迅猛，用地需求旺盛，长期面临着保障发展和保护耕地的“两难”局面。为解决这一问题，2015年，浙江省开始“坡地村镇”建设用地试点工作，开发低丘缓坡，积极探索出一条精细化农业的土地利用管理模式——坡地村镇，向山坡地要土地、要空间，有效地保护了耕地，节约了用地，走出了具有浙江特色的低丘缓坡开发新路子。

经过几年的发展与探索，浙江省政府办公厅于2018年出台《关于做好低丘缓坡开发利用推进生态“坡地村镇”建设的若干意见》，通过对低丘缓坡资源高质量地合理开发利用，统筹保耕地、护生态、促发展，建设“房在林中、园在山中”的山水林田房为一体的生态型村镇，为浙江“两个高水平”建设提供重要资源要素保障。从稀缺的土地资源中拓展更大的发展空间，充分开发利用低丘缓坡，推进坡地村镇建设，发展坡地经济，实践乡村振兴战略，让地理位置本不占优的村镇手握跨越发展的“金钥匙”，弯道超车走上了农旅融合的高速路。

“坡地村镇”项目得到国土资源部的肯定，具有长远、全局、典型、示范的作用。

2. “坡地村镇”现行收效

绿水青山就是金山银山。近几年，一处处隐逸在大山深处的低丘缓坡，正搭上“坡地村镇”的政策红利，零占用耕地的旅游项目相继落地，成为浙江旅游业发展的又一个“风口”。湖州吴兴、杭州余杭、湖州安吉、金华浦江、衢州常山等地，皆有打造“坡地村镇”经典之作。截至2018年8月底，浦江县9个“坡地村镇”项目落地，将给浦江带来170亿元的投资，预计年均产值20多亿元，税收3亿多元，并带动周边餐饮、住宿、文化、旅游、交通5个相关产业的发展。安吉县10个试点项目累计总投资额达到27亿元，其中安吉县港中旅Club Med度假酒店，总投资已达11.7亿元，预计今年营收1亿元，可以带来税收1 300万元。

（四）“互换并地”模式

1. “互换并地”是什么

以江苏省为例。江苏省人多地少，人均不到一亩地，这个省情众所皆知。但很多人不知道，农田承包时，为体现公平性，往往根据土地的好坏、远近划分成好多块零碎土地，每家农户本来就很少的承包地往往分散在不同地方，耕种不便，也严重影响规模经营。为解决这一弊病，促进农业现代化，江苏省农村部分乡镇开展“互换并地”工作探索试点，取得喜人效果。

盱眙县委农工部副部长刘仕斌介绍说，去年该县兴隆乡按照“小块并大块，多块变整块”的工作思路，引导农民开展土地互换。全乡实测面积69 907亩，原来分散为47 663块，平均每块1.47亩，户均10.36亩，户均地块7块，个别农户地块多达20多块。去年乡党委政府出台意见，决定在黄庄村、刘岗村拿出5 000亩承包地，从秋播开始试点承包地互换。

互换并地，得到农民的普遍支持，到现在已完成1 500亩。刘岗村4个组完成土地互换800多亩，涉及89户家庭，互换并地后，每块田块平均实测面积由原来的1.53亩扩至6亩左右，户均地块由7块减至2块左右。

金湖县2018年初被农业农村部确定为全国14个试点县之一，承担互换并地试点任务，银涂镇唐港村的3个自然组被确定为试点对象。金湖县坚持依法自愿、不改变土地用途、公平公开公正和最大限度保护互换农户双方权益的原则，积极稳妥推进试点，去年4月启动，11月底结束。通过互换并地，3个自然组86户原本分散零碎的326块986亩，整合为99块1 051亩。

2.“互换并地”的优势

从江苏省两县的试点实践中可以发现，互换并地具有多方面的好处。

(1) 方便了农户耕种，改善了农业生产条件。盱眙县兴隆乡刘岗村西庄组村民朱文国参与土地互换，将自家7块责任田和代耕代种亲戚的共30块田块整合为3块，原来土地分散零碎不连片、不利于耕作的状况大为改观。互换并地后，群众自发去除平整田埂，改造沟路渠，生产条件得到较大改善。

(2) 推动了土地流转。以前田块零碎分散，涉及农户较多，种田大户嫌麻烦怕矛盾，不愿流转。互换并地后，刘岗村引来了董老板，他承包300亩土地开展“虾稻共作”，村集体收取管理费每亩50元，实现了村集体经济与村民收入双提升。平整土地和农业机械化的普及，消除了田块好坏、远近差别，使互换并地成为可能。互换并地方便耕种，推动土地流转和规模经营，还有利于减少农户因田块引发的纠纷，且不涉及利益调整，因此可复制性很强，值得全面推广。去年金湖县这项试点工作开展很成功，今年准备在闵桥等乡镇推广。

互换并地，是继射阳农民创造联耕联种模式后，基层探索出的农村土地经营模式的又一创新做法。江苏省农委经管站负责人认为，除金湖县、盱眙县以外，泗洪县和徐州市贾汪区的部分乡镇也开展了这一工作，通过互换并地，小田并大田，解决了承包土地细碎化问题，既提高了资源利用率、土地产出率、劳动生产率，又避免了土地流转后生产关系变化可能引发的矛盾纠纷，是能带来农业生产力提高而且组织成本相对较小的农业经营机制变革。这对当地务农劳力依然较多、大量农户不愿流转土地的地区具有一定借鉴意义。但需注意的是，要把维护承包农户权益作为出发点和落脚点，充分尊重农民意愿，通过深入细致地宣传引导组织，让农民知晓好处、自愿参与，并得到实实在在的收益。

案例

新都“熊抱自然”
——点状用地，实现土地资源开发的最大节约

项目背景

项目位于成都市新都区龙桥镇，在项目开发初期，由于可用土地资源比较分散，按传统用地方式，无法解决用地问题以及农转用、占补平衡指标问题，导致项目难以落地；再加上如果采用传统的整片用地方式，对资金要求往往过高，令投资方棕榈集团望而兴叹。因此本项目规划基于现状资源开发条件，灵活地实行了点状布局单个地块，点状布局、带状布局多个地块组合方式。一方面节约了土地资源，一方面节约了开发商的投资，在很大程度上破解了乡村旅游项目用地的难题，促进了乡村的发展（图11–1）。

图11-1　项目鸟瞰图

项目主要思路和分析

项目紧密对接国家乡村振兴战略，站在新都区融入成都主城区战略条件下，充分发挥项目近城区、近市场的条件，以原创化、差异化、IP化为主要发展诉求，通过重塑、导入具有国际影响力的资源，以“熊抱自然”为主题、自然教育为业态，建设动物陪伴式教育、切尔西花展、80后乡愁艺术、国际足球体验式教育农场、新式田园生活五大竞争力体系，将本项目打造成为成都旅游新名片、四川亲子旅游目的地、孩子构建价值观必要的打卡圣地、国家4A级景区、国家级田园综合体项目及乡村振兴标杆项目。

五大重点项目均采用点状用地策略

“熊抱自然”亲子教育公园在：

本项目与亚洲黑熊救护中心达成战略合作，并通过企业的公益投入，将项目升级为黑熊自然教育中心，向更多的游客、孩子们传达热爱自热、保护动物的价值观，开辟更为便捷的参观通道，将其打造为自然教育配套场地。

项目结合亚洲黑熊救护中心，为了配套自然教育研学空间，在救护中心外围，采取了“点状用地”的形式，规划建设服务配套设施，包含服务中心、餐饮、购物、剧场演艺、主题童玩、工坊、田园教育、亲子互动等项目，大大节约了开发商的投资。

毗河乡愁农创艺术走廊：

按照新一代乡愁景观艺术体系手法打造体现农创、文创、田园生活方式的毗河景观带，使其成为标志性的网红打卡地。

由于毗河农创艺术走廊设施比较小型且分散，出于环境和景观营造的需要，同时要实现土地资源开发的最大节约，因此按照“点状用地”要求，节约用地指标，选取几个节点空间打造乡愁景观艺术点，例如外婆篱笆墙、赤脚童年等体现农创、文创、田园生活方式的毗河乡愁艺术景观带。融合主客共享、层次丰富的滨水休闲空间和旅游消费业态空间，白天、夜晚均有看点，沿着毗河可以串联各个景点。

同样，位于毗河乡愁农创艺术走廊的文创商街，以乡愁为主题，针对现存村落进行点状用地，节约开发商的投资成本，改造部分用地的村庄空间，融入创新、文创新型业态，打造一个吸引人流、资金流、财富流的主客共享聚落。

西布朗足球IP运动农场：

依托人们喜爱在大自然环境中运动的特点，导入棕榈西布朗足球IP资源，构建“体育+产品系”，打造以“生态、健康、运动、教育、休闲”为理念的体育运动农场。

由于项目位于大面积的农田和村庄中，因此需要建设用地的土地空间，例如西布朗足球运动公园中的服务设施、农场俱乐部等都采取了“点状用地”的政策。

百味川果采摘公园：

依托四川本土改良品种和异国特色水果的百种水果采摘公园，抢占异域水果采摘的空白市场，最大限度地满足游客的好奇心。引种百种不同品种的水果，如土耳其金果，北非枣椰，哥伦比亚百香果、燕窝果，以及中国台湾地区的大桑葚、车厘子等，打造集现代果业示范、推广、观光旅游和采摘于一体的采摘公园。

私蜀田园定制农业园：

针对成都人群打造的专属定制农业产业基地，包含社会餐饮定制、孕婴市场定制、家庭定制等不同市场的定制产业基地。

由于项目位于大面积农田和村庄中，因此需要建设用地的土地空间，例如私蜀田园定制农业园中的服务设施、物流集散中心等都采取了“点状用地”的方式取得了用地条件。

本项目最大程度上依托“点状用地”政策，按地理环境进行点状规划、点状报批、点状用地，极大地减少了土地指标的占用，大大节约了用地指标，实现了土地资源开发的最大节约，同时还减轻了投资方棕榈集团的资金压力，保障了项目的顺利实施。通过规划引导纳入村庄建设的区块，实行了点状或带状布局、多个地块组合开发的模式，具有以点带面、助推乡村振兴战略实施的成效。

（感谢供稿：新都项目组）

第五部分

乡村振兴纪实录

为从实践中真枪实弹地检验规划的实际效用，巩固落地成果，汲取实地经验，反映乡村振兴最真实的一面，我们精心策划了“创美乡村振兴纪实录系列”，深入走访我们规划过的已初具振兴成效的乡村典范，多角度、多层级开展实地探访，深入田间地头，了解第一手资料，以最扎实的经验校准前行的方向，提出更为切实可行的发展路径，打好五年规划的第一仗。

第十二章

乡村振兴纪实录

河套·彤锣湾——龙头企业的杠杆效应

项目基本情况介绍

浩彤集团的河套·彤锣湾园区位于巴彦淖尔市临河区干召庙镇永丰村，是农业园区向田园综合体升级的典型代表。2012年，浩彤集团以当时国内先进标准，斥巨资建立浩彤农业产业示范园，以其卓越的综合实力被认定为国家3A级景区，为复苏本地经济、改善当地乡村风貌、解决周边农民就业问题做出了巨大贡献。随着时代的发展、国家政策导向的转变以及自身内化升级的要求，园区的发展遇到了瓶颈。此时，东方创美团队深入园区进行了多次调研，以乡村振兴战略为理论指导进行规划，确定了以河套·彤锣湾为引领IP，挖掘自身发展特色，由农业园区全面升级为集现代农业、休闲旅游、田园社区为一体的田园综合体，同时深入探索开发，从中孕育出独具一格的特色小镇。特色小镇以产业为核心，以龙头企业撬动当地产业活力，带动周边经济发展，凭借生态农业与乡村旅游发展的契机，充分发挥优越的地理区位，以生态农业生产为基础，以环境健康、产业循环、旅游消费为导向，结合现代农业科技、文化创意、休闲娱乐，开创融合第一二三产业的现代农业循环经济产业链模式，最终完成城乡一体化的统一格局（图12-1）。

图12-1　园区鸟瞰图

东方创美乡村振兴纪实录团队亲历彤锣湾，深入实地，对园区的现状进行了最直观、最细致地探访。在考察中，我们采访了浩彤集团总经理冯明先生，同时也走访了园区所属村镇的村党支部书记，从企业和政府两个维度了解当地乡村振兴的实施细节（图12–2）。

图12-2　浩彤集团总经理冯明接受东方创美纪实录团队采访

采访实录

以下是东方创美（以下简称创美）与浩彤集团总经理冯明（以下简称冯总）的采访对话——

创美： 浩彤现代农业是哪一年开始建立的?

冯总： 内蒙古浩彤现代农牧业有限责任公司成立于2011年。园区于2012年开始建设（图12–3）。

图12-3　园区办公大楼

创美： 据了解，企业前身从事的是服装销售行业，企业的转型契机是什么？

冯总： 我们都是农民出身，心中永远有农民情结，在创业发展中积累了一定的财富后，心中那种根深蒂固的回馈农村、从事农业、与当地农民一起共同致富的想法就越来越浓厚，最后下决心转型从事农业。经过几年的奋斗，园区建设已经初具规模，得到了当地群众和各级政府的认可，我们从中也获得一定的成就感。过去农村的生活条件的确很差，现在国家及各级政府和领导都比较重视农业，改革力度也很大，未来农业绝对是很有发展潜力的。我们认为投身农村、投入大农业这个选择是正确的，是有光明前景的。

创美： 作为当地农业发展的龙头企业及示范园区，见证了当地乡村哪些发展和变革？现在还存在哪些问题？

冯总： 公司从2011年开始开展农业生产这方面的工作，见证了当地政府跟随国家政策，从重视城市发展，逐步将工作重心转移到农业农村工作当中来，尤其是近几年已经将农业农村工作放在了首位。农村道路的基础建设、房屋的面貌，包括水、电、通信等都得到了极大的改善（图12-4）。再加上近几年政府的扶贫政策，农民的社保、养老保险及农业多种补贴政策的出台，对农民的补助力度相当大，对农民增收也起到了较大的作用。但是，现在面临的最大问题就是农村劳动力人口下降、老龄化比较严重、农民的增收幅度还是较小，还需要有很多后续的政策进一步跟进落实，以提高农民的整体收入。

图12-4　浩彤新坐标住宅区

创美： 您所理解的乡村振兴战略是什么？

冯总： 我所理解的乡村振兴战略，就像习总书记说的那样，就是产业兴旺、生态宜居、乡风文明、治理有效、生活富裕，就是让农业成为有奔头的产业，让农民成为有吸引力的职业，让农村成为安居乐业的美丽家园。浩彤公司是内蒙古自治区的农牧业产业化重点龙头企业，是市区两级政府的现代农业示范园区，也是这里乡村振兴的排头兵，所以我们对带领当地实施乡村振兴战略也会有比较大的帮助。

创美：对土地流转这部分问题，我们是如何执行的？

冯总：土地流转在近几年得到政府的大力推广，对当地农民还是有不少好处的。原来农户自己经营，平均1亩地的纯收入也就是几百元钱，上千元的很少，通过土地流转以后，农民把所有的土地集中提供给企业，每年每亩耕地可获得流转费800～1 000元。除此之外，企业集中种植生产、开发或者建设一些农业设施，再把农民招聘回来当产业工人，农民还可以额外挣得一份工资。青壮年劳动力每个月工资是3 000元左右，这样农民就可以有两部分收入，加起来比他原来的收入高出很多。土地的所有权还是原来农户的，企业拥有的只是流转期的经营权。

创美：当地政府会给予集团哪些惠商惠民的政策支持？

冯总：当地政府及市区两级政府在惠农项目及园区建设方面都给予了集团大力的支持，在项目申报上也给了我们特别多的帮助，非常鼓励和支持我们。政府的政策及补贴大致分为两部分，一部分是给农民，一部分是给企业。例如温室大棚的水肥一体化项目，从滴灌、肥料到种苗，农业农村局都是将补贴直接补给农民，这一部分属于先补贴。还有一种情况是后补贴，需要企业先行垫付。国家在农业方面、美丽乡村建设方面及文化旅游方面的补贴力度比较大，但项目审批及执行要求都很严格，一旦立项就要严格按照项目规划做下来，这样才可以通过审核拿到补贴。

创美：咱们园区从建设之初到现在发生了哪些巨大的变化？

冯总：园区属于临河区干召庙镇永丰五组，最初这个村庄特别荒凉，环境比较差，空地杂草丛生。后来土地被征用了以后，我们经过精心规划，逐步开展整体建设，一步一个脚印，用了六七年时间，把这里建设成为一个初具规模的田园综合体。同时，我们深挖其独特性，从中孕育出独具一格的特色小镇。现在建成的有属于农业生产这一部分的现代农业设施园区；属于旅游观光这一部分的水世界、垂钓场、摩托车赛车基地以及室外的水上乐园（图12-5）；美丽乡村住宅区部分，已经建成了700多套住房，当地的村民全部搬迁入住到里面，他们的生活条件得到了极大改善，有着和城里市民一样的生活条件及住房标准。这几点，当地的农民深有体会，他们能切实看到咱们公司进驻园区之后周边地区发生的翻天覆地的变化。

创美：园区现在升级改造进行到什么样的阶段了？哪些区域已经完成了升级，下一步的升级核心又是什么？

冯总：最初园区的规划就是建设现代农业生产示范区、新农村住宅和观光旅游区三大板块。我们很想把这个园区做好，带动周边的农民增加收入，让他们可以安居乐业（图12-6）。但是后来，我们发现当初的规划跟不上这个时代

图12-5　摩托车赛场区

图12-6　彤锣花街规划图

的发展和要求，也跟不上国家政策的变化，于是下决心升级改造，按照国家对田园综合体、特色小镇的标准进行规划，借助国家乡村振兴战略进行提档升级。我们计划投资30亿元，以河套农耕文化、民俗文化为主题特色，打造集农业生产、加工物流、观光娱乐、文化体验，生态康养为一体，生产、生活、生态三生同步，三产融合，农业、文化、旅游三位一体的多功能田园综合体特色小镇。现在正在建设并已经初具规模的有绿色农业循环示范区、文化旅游观光区及美丽乡村住宅区，下一步要开工建设的是农畜产品加工物流区以及康养度假区，通过5～8年的时间，全部建设完成。

创美：园区都有哪些特色产业，给园区带来最大经济利润的是哪一部分？

冯总：园区的特色产业，一是现代农业设施园区，已经建成的是10 400平方米的智能温室（图12-7）。这个温室在国内无土化栽培这一领域是比较先进的，全部采用自动化无土栽培，种植的农作物包括黄瓜、柿子、生菜等，温室效应使得这些作物可以一年四季不间断地生产。二是旅游产业，包括水世界、垂钓赛场、冬季的冰雪乐园，以及汽车摩托车赛车基地，游客不论哪个季节来都有娱乐项目可以玩儿。三是美丽乡村住宅，已经有10万平方米的住宅区域建设完成，710户居民可以入住。因为楼房的价格比较合理，除了当地的农民以外，也有附近城镇居民前来购房。

图12-7　温室大棚内部

关于经济利润，说实话，农业行业基础设施投资大，短期内很难有利润收益，主要体现在长期效应上。我们园区现在属于三产融合发展，以现代农牧业生产作为农民增收和产业发展的基础，以农畜产品加工实现产品增值，以旅游服务业拉动消费，以消费带动一二产业发展，逐步形成融合发展、相互促进的良性循环。所以园区很重视旅游宣传这一部分，让更多的游客前来消费游玩，带动当地的经济发展。

创美：在互联网经济的大环境下，园区的农产品销售有哪些变化？

冯总：在河套·彤锣湾产业园的规划当中，我们的物流园区建设规模预计在400～500亩。这个物流园区建起来以后，当地及附近农产品的深加工、销售以及包装运输全部都能解决，逐步打造自有品牌。现阶段还没有建设起来，确实会对农产品的外销产生很大影响。现在农产品的销售在互联网经济条件下已经发生了很大的变化。过去有好多农产品卖不出去，或者物流运送到当地以后就坏掉了，这些问题以后都可以解决。互联网时代信息畅通，农产品一旦滞销，通过网络发一篇报道，很多客商就会前来采购。以现在的物流条件，即便是运到南方广州，在36小时之内都完全可以到达。通过互联网，农产品可以销售到住户、餐厅、超市等任何地方，因信息畅通，对农业来讲几乎没有销售死角了（图12–8）。

图12-8　生态餐厅：新鲜果蔬采摘下来之后就立刻上了餐桌，实现“一步式”农餐对接

创美：园区在农业科技这方面有什么突破吗？

冯总：农业科技方面，我们和中国农业科学院有一个长期的合作，这个智能展厅就是他们建设的。除此之外，我们和本地的河套学院在农业方面也有长期合作，他们在这里组建了河套·彤锣湾工作博士站，他们的水肥一体化、种苗生产及病虫害绿色防控技术，都走在当地发展的最前端（图12–9）。从技术、人才的角度讲，园区条件都比较全面，对农业生产提供了极大的帮助。

图12-9　水肥一体化科研工作站

创美：咱们园区周边有很多村子，在带动周边村子的发展过程中，园区遇到的最大问题是什么（图12–10）？

图12-10　带动村落环境建设

冯总：最大的问题就是，我们的农业没有完全实现产业化、规模化、标准化、品牌化。因为农产品在当地的种植比较分散，我们一直在探索如何把这些周边村庄的农产品统一生产标准，进行规模化生产经营，打造统一的产品品牌，建成现在最流行的绿色食品生产基地，再统一销售出去。这方面我们还在逐步实施的过程当中，需要建立培训基地对当地农民及企业员工进行经常性的培训，做好耐心细致的宣传动员工作，以调动广大农民参与创建自有品牌的积极性和主动性。有了品牌以后，农产品的附加值才能提高，否则，初级的产品在市场上是没有竞争力的。要努力把品牌打出去、把规模做上来，让经济效益能更高一点，在农民增收方面做得更好一点。

创美：园区现在的职工有多少是当地的居民？他们之前的收入您有了解过吗？到咱们园区来之后，他的收入增幅是多少？

冯总：浩彤园区现有员工总数500多人，其中有400多人是当地及附近的农民。这些农民工过去每年的人均收入在1.5万元左右，加上农业产量及收益不稳定，遇上农产品的价格好时，收入可能多一点，遇上自然灾害时，收入可能就低一些，很没有保障。自从园区开发以来，到园区就业的农民工有固定的工资收入，每月工资在2 000～4 000元，如果夫妻俩都在园区打工，一年工资收入有7万～8万元；再加上土地流转的收入，现在这部分每年的家庭人均收入在2.5万元以上，而且这还是完全具有保障的收入。他们的生活水平比过去要提高许多。

总经理冯明的话语中时时流露出无法掩饰的自豪感，字里行间无一不反映着河套·彤锣湾在当地政府与群众心中举足轻重的地位。集团的核心骨干皆从农民中来，对农村过去的生存现状有着最为深切的体会。率先致富之后，正是因为回馈农业的想法根深蒂固，渴望与乡民一起共同致富，彻底改变农村的整体环境，他们才会花大力气、下大决心对园区进行全方位的升级改造，以龙头产业的责任感去带动周边村镇共同发展。国家的政策及规划更加坚定了他们的信心，给予了企业最坚实的保障。我们有足够的理由相信，河套·彤锣湾的升级之路，将是内蒙古乡村振兴战略基层实践道路上浓墨重彩的一笔。

项目地所属村镇基本情况介绍

河套·铜锣湾产业园所处的永丰村位于干召庙镇东部，距城区4千米，辖13个村民小组，户数1 227户，人口4 227人，耕地面积20 186亩。村党支部下设5个党小组，有党员64名，主导产业以肉羊、奶牛、脱水蔬菜、露地瓜菜为主。近年来，永丰村党支部在实施乡村振兴战略中，以河套·彤锣湾为中心，以富民强村为目标，以发展现代农业为抓手，坚持质量兴农、绿色兴农、产业富民的发展思路，举绿色旗、打特色牌、走创新路，努力将村支部建设成为宣传党的主张、贯彻党的决定、领导基层治理、团结动用群众、推动改革发展的坚强战斗堡垒。通过大力推行“支部＋园区＋基地＋农户”的模式，采取租赁、承包、发展专业合作社等形式，集体经济年收入达到10.6万元。

永丰村在实干策略上的定位与步骤十分明晰，明确提出“一园四区五基地六提升”工程：以浩彤集团河套·彤锣湾产业园为核心，打造现代农业生产区、美丽乡村住宅区、文化旅游观光体验区、农村劳动力转移就业区四大园区，每年提供创业就业岗位450人左右；同时由浩彤公司牵头，永丰村集体和村民共同投资，以股份制形式成立了覆盖全村的绿色瓜果蔬菜种植基地、肉牛养殖基地、肉羊养殖基地、生猪养殖基地、种鸡养殖繁育基地五大种植、养殖基地，每个基地都成立了专业合作社，为提升村民增收致富水平、引领现代农业发展水平、增加集体经济收入、增强服务群众能力、树立党员干部在群众中的良好形象、增强党组织的凝聚力战斗力，走出了一条支部引领、党员带头、合作社推动、群众积极参与的互惠共赢的发展道路。

从基本实施战略中可以看出，村子的发展与浩彤公司紧密相连，居于核心地位，经济的增长、村容村貌的改善、农民就业率及收入的增长几乎完全依托园区，尤其在东方创美提出了“河套 · 彤锣湾”的IP后，产业的发展有了明确的引领，撬动了当地产业活力，充分体现了龙头企业的效应及价值。

采访实录

以下是东方创美（以下简称创美）与永丰村村党支部书记（以下简称书记）的采访对话——

创美：党的十九大以来，国家提出了乡村振兴战略，村子里都做了哪些响应？

书记：自从党的十九大提出乡村振兴战略以来，我们响应上级号召，主要围绕彤锣湾展开工作，逐步辐射周边，挖掘旅游潜力，以旅游带动经济发展。同时，村子以彤锣湾为基底，打造出一批现代农业品牌，把村子里原本零散的产品统一起来规划。村子里在园区作为固定员工、参与长期经营的村民有30多人，每个月按照3 000元收入计算，每人每年将近4万元，30人每年将近100万元；除了长期的固定员工，每年订单高峰或者粮食丰收时节，会雇用按天计算的短期工，人数大约在600人左右，工资标准为150元/天，每天支出就在9万元上下。这对稳定本地雇用环境、稳定村民收入起到了非常大的作用。

创美：在浩彤集团没有进驻之前，村子是一个什么样的状态？

书记：浩彤没有进驻之前，村子主要以农业耕种为主，产品主要是小麦、玉米，没有自己的农业品牌。村子里有2万多亩土地，浩彤集团进驻之后，有2/3的土地都种上了蔬菜，也就是我们所说的经济作物，同时打造了一批品牌，使得产品从简单的一产变成了一二产业结合，价格上也更占优势。村子里80%以上的农产品都依靠浩彤集团进行品牌打造及统筹管理，从包装、销售渠道到推广平台，获得了特别好的效果。近两年的农业订单激增，比如我们村盛产的西红柿，依托浩彤统一打造出品牌之后，1千克最高可以卖到3元6角以上。

创美：农业旅游对村子都产生了哪些影响？

书记：影响挺大的，村子的环境得到了明显改善，村民的收入也得到了明显提升。采摘、钓鱼、水上乐园、赛车、休闲观光的各个环节都能有收入，而不是单一的依靠基本农作物维持日常生活，收入结构趋于多元化、稳定化。

创美：从生态宜居的角度看，村子都有哪些变化？

书记：浩彤集团没有进驻之前，村子环境脏乱差。自从浩彤进驻以后，我们也积极开展工作试点，抓紧一切时间搞建设，村子过去落后的面貌基本不存在了，村风村貌得到了极大改善。

创美：自彤锣湾升级改造以来，随着村子环境的改善，产业发展的兴起，返乡的村民多吗？

书记：这种情况挺多的，大城市的费用太高，村子里现在情况好了，许多人都回来搞创业、搞承包，形势非常好，村里经济也越来越繁荣了。

创美：村民有哪些日常文化活动，具体都是什么？

书记：彤锣湾有很好的平台与场地，我们经常举办大型的广场舞比赛、大型的钓鱼比赛。今年的摩托车大赛，在本地已经成了一项重大的盛事。日常会组织村民举办拔河比赛、乒乓球比赛、歌唱比赛和知识竞赛等，村民们都会积极参与。

创美：随着乡村振兴战略的实施，村里转变过程中遇到的最大困难、存在的最大问题是什么？

书记：最大的问题就是农民的老传统、老思想、老观念和旧习气还比较重，配合品牌的统一规划意识还不够强，秋收之后，还有人把统一收归的粮食和蔬菜往回拉。我们做了很多工作，到村民家里进行劝说，向村民讲解利弊关系，现在情况好了一些。同时我们也联合浩彤集团，把彤锣湾的养殖区建设起来，让村民更加感觉到这些产业和他们息息相关，更容易激发他们的积极性。

从村书记的话中我们明显感觉到，彤锣湾自从建设以来，为村子带来的影响是巨大的——产业结构牢固，原本分散的农业产业有了统一的品牌；农民不再单一依靠初级农产品维持生计，结合农旅的深入挖掘，收入稳步上升；返乡人数也在逐年上涨；生活环境得到了极大改善，文化休闲娱乐生活也明显丰富了许多。

河套·彤锣湾在当地政府与群众心中已经占据了举足轻重的地位。通过三产融合，产业间相互连通、相互带动，一举盘活了周边经济，改善了生活环境，使企业的转型发展得到了有力的保障，使农民生活质量得到了切实的提高，也使政府的乡村振兴政策得到了实际的推行：全面启动招商营业的“彤锣花街”以“巴彦淖尔最具风情的特色艺术街区”为标签，一站式汇聚当地特色；实现水肥一体化的现代高科技温室大棚，在“农餐一步对接”上走在了绿色餐饮时尚的前沿；结合当地实际、迎合群众喜好的各种娱乐休闲项目更使得农旅文化内容愈发丰富。

长治·东掌村——探秘“无扇之乡”的旅游转型奥秘

项目基本情况介绍

位于山西省长治县南宋乡的东掌村，是全国有名的“文明村镇”“最美乡村”“避暑小镇”。东方创美乡村振兴纪实录团队的第二站，就选在了这里。

在这个漫山金黄、层林尽染的时节，我们探访了这枚耀眼的“太行明珠”（图12–11）。

图12-11　东掌村荣誉墙

“上党南界，最美东掌”。这里花木扶疏，植被繁盛，层林叠翠，葱郁的山林将现代化的新式村庄包裹其间，村与林浑然一体，美不胜收。所有来到东掌的人，都会由衷地称赞这里是名副其实的山中桃源、旅游胜地。身处这样的景致，很难想象到，这里曾是当地有名的贫困村。大山深处的东掌，之前由六个分散的自然村组成，交通闭塞，沟多坎多，崖高坡陡，环境脏乱，经济较为落后。决心整改的东掌人积极响应党中央号召，以经济发展为主线，立足本村实际，拟定“撤庄并村、资源置换”的构想，平整土地，建起了楼房别墅，完善配套公共设施，使村民全部搬进了新式住宅。同时，将经济发展与生态文明有机结合，加大造林绿化，提升人居环境，倾力打造“生态宜居、生活美好、人文和谐”的庄园化美丽乡村，坚持“山上治本、身边增绿”，大力实施通道绿化、荒山绿化、村庄绿化等工程，并结合农村产业结构转型，通过土地流转、农民土地入股等形式，建成了集生态经济为一体的生态农业种植体验园。村里绿化品种因地制宜，延绵四季，勾绘出“春有花、夏有荫、秋有果、冬有青”的美丽画卷。

在此之前，村子抓住煤炭“十年黄金期”，由原先的务农经济产业转变为资源经济产业。随着煤炭资源的不断开采，可持续发展思想的深化，村领导班子意识到不能单纯依靠不可再生资源的不断开采来致富强村维持发展，决心依凭优异的自然资源与绿化成果，向生态旅游转型。在转型期间，东方创美以乡村振兴战略为理论指导，以本地厚重的“老院”文化为灵感提出了“东掌九院”的特色IP，确立了重点打造以“东掌九院”为核心的休闲农业与乡村旅游产品的发展思路（图12–12）。实体的九院，依凭在新农村建设当中有意识保留下来的以毕家新房院、西东掌缨杈楼院、老窑新家院为代表性的明清古建筑与重建

图12-12 东掌九院LOGO

的佛光寺、南海观音寺等四座古寺，集合自然资源与历史遗存、风格各异的蚕姑衔月、果山撷香等八处景区，以及合六为一的东掌新村，组成了东掌人口中的“一村四寺八景九院”；同时，以“东掌九院”IP的形式，将本地“院落文化”有效放大，大幅度提升东掌村旅游产品的特色和亮点，孕育出无可复制的在地IP。不仅如此，为配套发展旅游业，东掌村又修建了露天游泳池和景观河道，修通了环村旅游线路，使东掌村所有的旅游景观形成了一个有机整体，让每一个来到东掌的游客真正做到“零障碍”畅玩东掌，全方位领略东掌的迷人魅力。

IP的引领及旅游资源规模化、整体化的升级，不仅为东掌村带来了可观的经济效益，形成了绿化村庄、美化田园和生态效益为一体的绿色产业，也为乡村旅游的后续发展奠定了坚实的基础。林下放养，林间采摘，将自然风光、农耕体验与民俗文化紧密结合，为广大游客营造了一处亲山、亲水、亲绿、亲氧的度假休闲胜地。

此次探访，创美乡村振兴纪实小组分别采访了村干部宋委员、工坊手艺人毕师傅以及村民代表郭女士，从三个不同的角度了解了东掌村乡村振兴战略的实施现状。

1. 村党总支委员宋文科（以下简称宋委员）

创美：您是什么时候加入村领导班子的？能否给我们介绍一下当初东掌村的情况？

宋委员：我是1999年加入村领导班子的。之前，村子里比较乱，各方面都不稳定，从老百姓的生活到企业的生产都没有进入正轨。山西是煤矿大省，我们村也不例外。村里的矿产资源丰富，但是经营情况不好，偷煤、赊账不还的情况屡屡发生。当时的乡党委下定决心要进行整改，整改工作就从领导班子的改选开始。2003年，选出了一个非常年轻的村委会主任——毕永刚，第二年他又被选为村党支部书记。极具魄力的他，上任之后紧跟国策，认真落实，合理规划煤炭资源，彻底整改村容村貌，从根本上改善了村民的生活。

创美：在当年的整改过程中我们都做了哪些工作，取得了什么样的成效，遇到了哪些困难？

宋委员：最早开始建设的就是住宅小区。要对村子进行统一规划整改，牵涉到许多搬迁问题。让老百姓住得好，后续的工作才方便开展，所以把新住宅建好是第一要务。住房分为楼房和二层别墅两种，我们根据村民原来房屋的地理位置、面积大小、家庭人口等进行综合考量，制定了非常细致的换房补贴原则，全部明码标价，自由选择。房子内部已进行了基本的装修，村民们只要搬一些家具就可以马上入住。房屋数量能保证每家每户都能分到房，同时也考虑到之后二代三代成年的需要。集中供暖、24小时持续供水等公共设施也慢慢完善起来（图12-13）。

图12-13　东掌新住宅区

住房稳定了以后，村子里就着手开掘土质不好、不易耕作的荒地荒坡，在山上建成了风景如画的松山公园，村民们游玩嬉戏，络绎不绝。后来又在住宅区旁边建了更加方便活动的文体广场，除了供给村民日常活动之外，更有利于开展各种大型文体活动（图12-14）。随后，小学学校、篮球场等也逐步完善起来。

改造过程中也有风波，有的老百姓祖祖辈辈都住在同一个地方，所以不愿搬家；有的老百姓觉得住房补贴不满意，许多生活习惯随着搬家都要被改变，尤其是卫生间放在家里，很不适应。当时村子里的供水还没有达到24小时全天候供水，这也是我们工作中的疏漏。面对这些问题，村子里的领导干部以及党员带头搬迁，并到老百姓家里做工作，同时也加紧完善供水等公共基础设施的建设，让老百姓切实感受到搬迁之后能得到便利。

随着基础设施建设的完善、生活条件的完备，再加上我们不断做工作，补偿措施也比较合理，老百姓的负担不大，所以无人上访。周边的许多村子都来找我们学习经验，改造就这么平稳地进行下来了。

图12-14　文体广场

创美：在生态宜居方面，我们都做了哪些工作？

宋委员：从提倡新农村建设，到打造美丽乡村，再到现在提出乡村振兴战略规划，东掌村一直紧跟国家脚步。从生态宜居的角度讲，从最初整合治理、住房改造，到后来的公园、广场、学校等公共基础设施的建设（图12–15），我们一直非常注重绿化工程，根据种植位置、植物种类、美观要求、防护需求等不同标准，从村庄外围到村民的屋外，建起了不同效用的绿化带及绿化区域，由内到外将环境整体绿化起来。我们这里三面环山，绿树成荫，形成了得天独厚的小气候环境。可以这么说，从自然资源到后天养成，我们的工作做得比较到位。这里空气清新，环境宜人，夏天避暑、冬季疗养都非常适合。

图12-15　东掌村政府大楼

创美：村民现在的就业情况和收入水平如何？

宋委员：说到村民就业这方面，之前主要就是务农，没有所谓“就业”这个概念，就是靠天吃饭，挣钱的门路较为单一，收入也很微薄。村里煤矿升级改造以后，家里的主要劳动力，不分男女，只要身体允许，个人有意愿，都会根据职位需要以及个人特长进行安排，就业率非常高，所以村里几乎没有人外出打工，收入也很稳定，比原先种地务农的收入高出几倍不止。

现在，就从九院工坊说起。工坊的手艺人与经营者，基本上都是当地村民以第二职业在经营工坊（图12-16）。经营工坊的盈利是他们在矿上工作外的第二份收入。而且，自从产业转型，将产业重心逐渐向旅游业发展以来，村里妇女的就业范围大大不同了。原先因为家庭原因或者个人身体原因无法到矿上工作的妇女，现在都可以在旅游方面找到适合自己的工作。九院工坊的蚕姑乡绣坊、九院客栈及旅游公司中的骨干成员全都是我们的女同胞，她们干活细致认真有耐心，得到了所有游客的好评。

图12-16　九院工坊的酒坊手艺人正在酿酒

最值得一提的，就是村子里现行的股份合作社制度，采用一对一结对帮扶的形式，先后成立了10个农民专业合作社，共吸纳120户村民加入。种养加等模式，让村民的钱袋子更鼓了。资金变股金，村民变股民，前后吸纳村民入股2 600万元，占总股本的1/3，广大村民有了更多的财产性收入。十多年来，村民个人股金分红已达10万元以上，而且，因为产业稳定，盈利一直趋于良性循环。村里的福利也一直搞得比较好，尤其对退休的老人，除了每个月稳定的养老金之外，逢年过节也都有很丰厚的过节福利，每逢大寿还有额外的贺寿奖。另外，村民的收入多了，花销却在减少，小学和幼儿园实行全免政策，集中供暖、集中供水也全部免费，高校学生的奖学金福利也非常丰厚。所以，只要你愿意干，咱们就有合适的工作给你，收入的构成多样化、稳定化，老百姓过上了真正的安心日子。

创美：请您谈一谈咱们村在乡风文明建设方面都做了哪些工作。

宋委员：除了对物质生活的追求，村子里对乡风文明、精神文明建设也非常重视（图12—17）。很早我们就开始针对村民的不同需求进行有针对性的培训，提升他们的职业技能；后来，课程范围越来越广，除了岗位技能培训之外，还进行了传统文化的培养与熏陶。村子里专门建了一个能容纳500多人的大礼堂，每月两期，号召全村村民参加，培训的内容涉及习总书记的系列讲话、国学讲座等，范围非常广泛。刚开始确实有一些硬性参加的规定，之后村民自发参加的意愿非常强烈。通过培训，村民素质有了很大提升，例如，山里人都是大嗓门，抽烟的人也很多，现在在公共场合，几乎没有人高声喧哗，在公共封闭环境里，也没有人再抽烟了，这是村民素质提升的表现。在文化生活方面，村里每年都会举办元旦晚会、春节晚会、元宵晚会，节目都是由村民自己出，内容极其丰富，从编写剧本到服装道具再到演员，全由我们的村民一手包办，没有请过一个专业人员。

图12-17　乡风文明墙

另外，为了发展乡村旅游，让村民们把看家技能都展示出来，村里还举办了各式各样的手工艺大赛：农家土菜做得好的，可以参加厨艺大赛；编织手艺好的，可以参加编织大赛；剪纸手艺好的，可以参加剪纸大赛。大赛种类多种多样，村民们参加的积极性非常高。

最值得一提的，就是我们弘扬传统文化的诗词大会。追随中央电视台诗词大会的脚步，我们今年举办了一个热闹非凡的诗词大会。从7月份笔试开始到8月份决赛，总共有400多人参与，最大的近70岁，最小的只有5岁。

在文字记录方面，由党总支书记牵头，村子里耗巨资编撰了一部厚重的《东掌村村志》，详细介绍了村子1911—2014年的发展历史，被评为“全国十佳村志”。同时，我们办了村报《和谐东掌》，把村里每个月的动态及时整理出来，发放给老百姓看，把好人好事和不文明行为全部刊登出来，鼓励鞭策双管齐下，到今年已有8年时间。

创美：村子现在已经有了许多荣誉称号，请谈谈您的感想，以及在乡村振兴战略的大环境下，村子今后的发展规划（图12—18）。

图12-18　十佳村志

宋委员：通过我们的努力，村子确实获得了许多来之不易的荣誉，但这些荣誉只能代表过去，我们也不能躺在过去的荣誉上，还要继续努力，继续努力的目标要求要比之前高得多了。现在离乡村振兴总目标还有很大差距，我们村可以说才刚刚起步。我个人认为乡村振兴就是要把乡村的根脉留住。乡村振兴不是一句口号就可以完成的，要投入很多的人力、物力、财力，更重要的是规划先行，从各方面把工作做到位。村子现在产业稳定，生态环境配套，村民就业充分，简单说就是暂时没有后顾之忧。但是还有些不足的地方，比如旅游转型的脚步还是慢了一些，我们的发展思路还不够宽广，很多地方还处于摸索阶段；村子的环境交通区位还不是很优，游客相对较少，接待能力相对较弱。我们一直在向越来越好的方向努力，因地制宜地打造属于我们村的、独具特色的乡村振兴道路，不照搬别人的。我们有决心把乡村振兴搞起来，把乡村旅游发展好。随着2020年太焦高铁的开通，我相信这里能融入中原经济城市群的郑州3小时经济圈。我们这里夏天避暑，冬无严寒，全年没有雾霾，生活节奏适宜，自然生态很美，所以说我非常有信心。

从宋委员的话中，我们明显地感觉到，东掌村的变化是巨大的，旅游转型的决心是坚定的。对内，在带领村民致富的道路上，他们坚定地奉行壮大村级集体经济实力、普惠全村每个群众的信念；对外，他们对金融业、建筑业、装备制造业分别投资，让“钱生钱”，利用东掌村森林繁茂、风光壮丽的美丽风景，保有众多原汁原味的乡村文化遗存，让古老与现代融合、古朴与美丽交汇，全面发展乡村旅游业。

2.九院工坊——豆腐工坊的手艺人+经营者毕师傅（以下简称毕师傅）

创美：您是什么时候开始从事豆腐制作的?

毕师傅：我是从1995年开始学做豆腐手艺的，学了四五年时间了。那时候还上着班，只学习磨豆腐，家庭条件也不允许，磨豆腐挣不了几个钱。那时候一斤[①]豆腐的利润非常低，单靠卖豆腐挣钱连最基本的生计都维持不了。

创美：您过去从事的是什么行业?

毕师傅：我过去在电厂工作，出来之后就去了剧团唱戏。家里母亲有病之后就回了村。回村之后就一直在煤矿上工作到现在，已经有十几年了。

创美：豆腐制作这个行业在过去是一个什么样的状态，对于您来说，现在又发生了哪些变化?

毕师傅：过去磨豆腐，又苦又累，水也很难挑。那个时候基础设施建设没有跟上，经常会停电，而且磨豆腐本身很费时，磨2斤豆子就要花15个小时。现在各方面条件都好了，效率提高了不是一点点。

创美：有了这个豆腐工坊之后，您的年收入有怎样的变化（图12–19）？

图12-19 九院工坊之一——豆腐坊

毕师傅：自从九院工坊成立以来，咱这个豆腐能卖上价了。每斤豆腐比原来要多挣1～2元钱，每年差不多增加1万～2万元的收入。这在以前都不敢想。

创美：东掌村正在大力发展乡村旅游，您觉得给村子带来了哪些变化?

毕师傅：变化太大了！过去咱们东掌村由好几个村子组成，分布特别分散，高高低低的。经过毕书记这届领导班子的规划改革，动员全村力量，从各个方面提升了村子的综合实力。我们也住上了楼房，盖起了公园，老百姓现在的生

① 斤为非法定计量单位，1斤=500克。——编者注

活越来越好了。

3. 村民代表——旅游公司讲解员郭琪（以下称郭琪）

创美：国家在大力推广乡村振兴战略，在政策的指导下，你觉得东掌这两年发生了哪些巨大的变化？

郭琪：说到东掌这两年的巨大变化，我觉得首先是咱们整个村的人居环境改善了。原先的东掌村可以说是一个经济条件特别落后的地方，垃圾特别多。我们从2005年开始新农村改造，形成了现在“村在绿中、人在美中”的新东掌。从精神方面讲，村子会定期组织村民开展全民培训；另外我们有村月报《和谐东掌》，还自己编撰了一本浓缩东掌历史的《东掌村村志》，把东掌的历史故事和改革路程都详细地记录了下来。

创美：村民的就业情况和收入水平是怎么样的？

郭琪：收入水平是在逐步提升的。目前村子里的支柱产业还是我们的煤矿，东掌大部分的村民都在煤矿工作。另外，村里还发展了养殖业和旅游业，也逐渐产生了一些新岗位。随着产业对外扩展，我们新建成的物流园区也有一些新的岗位。

创美：发展乡村旅游给村民带来了哪些好处？

郭琪：我觉得乡村旅游可以说带动了整个村子的变化。我们村可以说是“全区域旅游”，从保留传统工艺、传承传统文化的九院工坊，再到可以戏水游玩儿的水上乐园，再到四季全开的孔雀园，村里通过发展旅游业，带动了整个村子的发展。

创美：村民都有哪些日常文化活动？

郭琪：文化活动的开展也表明了咱们东掌村精神文化方面的提升。东掌村人居环境变化之后，更注重精神文化了。每年春节的时候，我们有一个全民参与的春节晚会，今年已经是第三届了；正月十五的时候，我们有元宵喜乐会；七月一日，我们有党员诗词朗诵会；八月一日的时候有建军文艺汇演。今年我们还举办了一个大型的诗词大会，全村1 420人中参加诗词大会的有将近500人，其中年龄最小的只有5岁，年龄最大的已近70岁，他自己写了一篇《东掌礼赞》，已经被我们采纳作为村子的宣传内容（图12-20）。

创美：自乡村振兴实施以来，村里村风村俗上面都有哪些改变？

郭琪：村风村俗方面，最有特色的就是东掌村的红白理事会了。红白理事会主要是为了规范村民行为，抵制大家在婚丧嫁娶事宜里大操大办、相互攀比的一些陋习。例如，红白理事会对酒席礼金和规模做了特别详细的规定，礼金最高不能超过500元钱，每桌6个菜，吃大锅饭，这些规定受到了村民们的双手赞成，执行得特别好。

创美：从生态宜居的角度讲一讲村子的现况。

郭琪：说到生态宜居，来到东掌村的游客都能明显感觉到，东掌村的整个

图12-20 东掌村文体活动，村民们踊跃参与，热情度极高

村庄都被植被覆盖了。我们的植被覆盖率达到了73.6%，真正做到了“村在绿中，人在美中”。现在良好的生活环境与村民的努力是密切相关的。村民的集体主义观念特别强，动员会一开，挖沟、种树、除草这类义务劳动，每家每户都积极参与，不计较、不推诿。可以说，是村民的实际劳动改善了村子的人居环境和生态环境。

东掌村以极高的目标与要求在规范着自己乡村振兴的前行道路，坚持产业发展与环境承载相适宜、生活改善与生态保护相统一、历史文化传承与现代文明相融合，以生活美、生态美、家园美、田园美、宜居、宜业、宜游的“四美三宜”为标准，要把东掌村建设成村民望得见山、看得见水、记得住乡愁的幸福家园，也让东掌村逐步成为现代人健康养老、休闲度假、四季皆宜的乡村旅游好去处（图12-21）。

图12-21 乡村振兴宣传长廊

贵州安顺塘约村——“治理有效”的振兴传奇

塘约基本情况介绍

塘约村位于贵州安顺乐平镇，是全国闻明的乡村振兴示范村。2013—2017年，塘约村实现了从国家级二类贫困村向“小康示范村”的巨大嬗变，它是新时期农村改革的奇迹缩影，也是乡村振兴战略的先锋部队。2017年，当代著名学者王宏甲先生的一本《塘约道路》，让塘约村受到政府以及社会各界的广泛关注，被俞正声主席赞誉为“新时期的大寨”，随后，塘约村两次登上《焦点访谈》。2019年，在第十三届全国人大二次会议上，塘约村再次成为乡村振兴的全国示范焦点。自被评为全国文明村镇以来，塘约村平均每天要接待5～10批来自全国各地的学习考察团队，向全国输出振兴理念与实现方法。东方创美团队作为塘约村新农村改革脱贫规划实践的参与者，一直见证并关注着塘约村的变化与发展。

盛名之下的塘约村到底是什么样的？“塘约精神”是怎样一种精神？塘约村成功的奥秘是什么？今后的路又将怎么走？带着这些疑问，东方创美乡村振兴纪实小组深入塘约，通过第一视角的全方位实地探访，挖掘这片土地令人惊叹的内在动因，呈现一个最真实的塘约。

塘约村总面积3.9平方千米，辖11个村民小组，共有921户3 393人，耕地面积4 864亩，森林覆盖率76.4%，冷泉水资源丰富。农民人均纯收入由2013年的不到4 000元提升到2018年的14 140元，村集体经济从不足4万元提高到362万元，为农村脱贫打造出了绝对出色的“塘约样板”（图12–22）。

图12-22　穷则思变的大型标牌已经成了塘约村的标志之一

塘约村四周群山环抱，村里民居错落有致，道路宽阔整洁，相比于创美团队几年前规划调研时发生了翻天覆地的变化。现代化的乡村与周边苍翠繁盛的生态环境完美地融为一体，显示出极高的治理素养。在纪实小组实地采访调研期间，治理有效成为团队公认的最能精准描述塘约村的关键词（图12—23、图12—24）。

图12-23　塘约村村口，用富有当地特色的山石垒砌而成

图12-24　规划合理的核心区域

综合治理篇

乡村振兴战略的20字方针是实施乡村振兴战略的总要求，塘约村也有一个20字的核心发展主线，即党建引领，改革推动，合股联营，村民自治，共同富裕。塘约村的脱贫攻坚之路，就是这二十字发展主线的最好印证。

塘约村的快速发展与优质高效的党政建设是分不开的。基层党建工作积极开展，逐步完善的制度政策也能有效执行，村里的党员和干部不论在制度上还是实际生活中都起到了切切实实的带头作用，在制度上也受村民的监督约束（图12—25）。

图12-25　塘约政务公开栏——干部资料、政策制度以及最新的通知都可以一览无余

塘约村的改革经归纳起来就是“三改三提三起来”，即通过统筹推进农村产权制度改革，提高市场化水平，让资源活起来；推进农业经营制度改革，提高

产业化规模，让钱包鼓起来；推进村级治理制度改革，提高组织化程度，让力量聚起来。

2014年的特大洪水之后，百废待兴的塘约村决心实行“合股联营、村社一体”，以党总支领导班子为引领，采取规模化、公司化的农业经营方式抱团发展，建立土地流转中心、股份合作中心、金融服务中心、营销信息中心、综合培训中心、权益保障中心，形成非常“6+1”经营模式，让塘约村走出了一条富民兴村的集体化脱贫新路（图12–26）。

图12-26　塘约村史馆——详细讲述了塘约从古至今的历史，并且将脱贫攻坚的发展脉络和政策制度也列入其中，配有专门人员进行讲解

塘约村管理核心及管理制度的重点都在调动村民的积极性、引发村民的内生动力上，内外结合，使村民实现高度自治。

综合治理篇采访实录

以下是东方创美（以下简称创美）与塘约村村党支部书记左文学（以下简称左书记）的采访对话。

在塘约，所有的政策制度都不是流于表面的。左书记对村子的管理有一句非常朗朗上口的话：“选好一个路子，建好一个班子，带好一支队伍，用好一套政策。”对国家政策，他是如何理解的？在具体管理村里事务过程中，他是怎么做的？塘约村今后的发展规划是怎样的？下面我们就来听听左书记是怎么说的。

创美：您觉得乡村振兴的终极目标应该是什么？

左书记：国家为什么要提出乡村振兴，是因为现在的农村已经发生了根本性的变化，一是人的变化，二是产业的变化，三是治理结构的变化。原来的农村，只是生产粮食的地方，产业非常单一，没有其他。现在农村在一定程度上已经是防老康养的地方了。新中国成立以来，从人民公社到联产承包责任制，再到改革开放之后，农民可以自由选择职业。我们周边村镇里有不少农民已经成了务工的产业工人。不仅如此，农民未来的发展道路还会有很多，比如可以回乡搞农创文创做创客等。从村里的产业上来讲，由原来单一的粮食生产调整为果蔬产业，未来我们还是希望能朝三产融合的方向努力。我们的社会管理体系在城镇一级就要落实大政方针，落实好党的基层组织建设。

达到乡村振兴的终极目标，必须要实现什么？是产业的融合。农业产业如何与加工工业深度融合？农村的一二产业融合怎么推进？三产融合怎么实现？互联网大数据和未来的人工智能怎么深度融合？其实每一步都非常值得深入研究和探讨。另外，乡村治理、乡村居住、乡村文化也是不可忽视的。

创美：乡村振兴二十字方针，在具体的农村工作中，您觉得哪条最重要？

左书记：我认为最重要是治理有效。怎么治理，才能达到真正有效，这非常重要。我个人认为，乡村要达到治理有效，要实现两件事。一是必须要有坚强的基层党组织，没有积极坚强的基层党组织，是统筹不了的。二是有高度的村民自治，只有实现坚强的基层党组织的统一领导，村民达到高度自治，我们的村庄才能实现自治、法治、德治，也才能最终实现治理体系的协调发展。没有这两条，什么都是走不远的。这两点，也是我认为塘约村最值得向全国输出、最可复制的经验。

创美：谈一谈您对村民自治的理解。

左书记：村民自治是最基本的，也是最厉害的。我们村支两委要干哪些事？是不是做到从群众中来、到群众中去？还有村里重大的决策、重大的活动、重大的改革，我们是不是把我们的村民都发动起来了？是不是依靠群众，发动群众了？改革的成效就是要以人民为中心，这很关键。但这些工作必须要在一个坚强的党组织的领导下，系统地稳步推进，这样的途径才是有效的，急于求成是不行的。

创美：对于三产融合，未来的产业布局您是如何考虑的？

左书记：我们村现在有一个瓶颈，就是土地利用的指标受限，所以蔬菜深加工落不了地。如果到其他地方去加工，中转费用又太高，这是现在二产发展的受限因素。这一条路走不通，我们再想另外的路。这个问题一旦解决了，最直接的效果就是能解决全村1 400多个劳动力就业的问题。我们村的文化元素很丰富，文创农创的转化资源也很丰富，相信未来与东方创美的合作也会更加深入。

图12-27 村子里70岁以上的老人也能发挥余热，为村子的发展做出自己力所能及的贡献

创美：现在在村里工作的本村人大概有多少？后续我们将打造哪些平台来持续吸引人才，留住人才？

左书记：之前外出打工的人几乎都回来了，他们基本上都在村子里、镇子里找到了适合自己的工作（图12-27）。现在村子里的一产发展得非常好，未来我们考虑降低一些门槛，引入外来资产，把我们的资源禀赋持续盘活，以后的经济增长就更有保障了，能提供的就业空间也就更大了。近期出台的不少土地入市的政策对我们来说也是一针强心剂。

创美：现在的塘约村比三年前我们规划团队来考察时发生了很大的变化，尤其是民居改造和环境整治。在人居环境的改善方面村子里都做了哪些努力?

左书记：人居环境的改善主要还是依靠高度的村民自治。村子里建立起了污水处理厂，村集体出资完善了基础设施建设，道路、绿化、垃圾处理场我们都建立起来了。前期我们用严格的制度引导村民，激发村民，现在村民已经养成了非常良好的习惯，房前屋后干干净净，都是村民自己的功劳。管住了人，环境自然会好起来（图12—28)。

图12-28　新式的民居，房前屋后干净整洁

创美：塘约村三产发展的潜能在哪里?

左书记：第一就是我们的泉水农业，我们有11个泉眼，当初你们提的“泉水农业联盟”也是基于这一点，这是一笔非常丰富的资源。第二是我们的高森林覆盖率，我们山区的的海拔跨度比较大，植被面积广、植被种类丰富，这些也都是很好的资源。第三就是溶洞，我们这里是非常典型的喀斯特地貌，我们正在着手开发地底下保护良好的溶洞资源。塘约村处在安顺的林区，是安顺生态最好、也是贫困程度最深的地方，把生态资源转化为经济优势才是关键。

创美：您管理的核心理念是什么?

左书记：深化改革，建立健全的治理体系，这点很重要。我是把村子当做一个企业来经营，当做一个公司来管理，所以我们在制度设计时就是按照这个理念来做的。制度制定出来之后，广泛征求村民的意见和建议后再进行调整，所以全村人对这个制度都信服、都拥护。就产业来讲，全国比我们干得好的有很多，经济总量比我们多的村也非常多，但是村子的管理与发展，不能只专注在经济增长上，实现高度的村民自治也很重要，什么事都应该老百姓说了算。我们坚持党的领导，坚持基层党组织对整体工作的统领，有民主有集中，对干部队伍的要求也比较高。塘约村对干部的标准要求就几句话：公心为首、责任为重、摸索规律、寻找办法，最终能够推动改革发展，使塘约村变得更强大（图12–29）。这两个特点，在任何地方都是可以复制的。

我们制定的“红九条、黑名单”政策，就是把村子当做企业来管理的一个典型代表，错了就要受惩罚，这是天经地义的。要想做到治理体系健全、执行高效。人，才是中国农村最顶级的资源。

图12-29 塘约村荣誉墙

产业篇

要想实现脱贫致富，坚实的经济基础是必不可少的，而产业的发展直接决定了这一点。塘约村能在短期内快速脱贫，迅速崛起的村内产业起了至关重要的作用。在2014年那场百年不遇的洪水之后，“置之死地”的塘约村受“集体化道路”的引领，按照“村社一体、合股联营”的发展思路，建立村党总支引领、村集体所有的“金土地”合作社，按照“稻鱼共生、休闲观光、科技示范”的规划，采取“党总支＋合作社＋公司＋农户”的发展模式，鼓励村民以土地、资金等形式与合作社联营，突破地形局限，建立精品果蔬、绿化苗木等高效生态循环基地，大力发展一产（图12–30）。

图12-30 塘约村大棚种植基地

合作社根据村民田地的亩产量，以每亩300 ~ 700元不等的价格进行分级估价、折算股份，帮助解决资金、技术、销售等问题，并在年终按照合作社30%、村集体30%、村民40%的收益分配模式进行利润分成，形成村集体、合作社、农户三方共赢的局面：让农民回归土地、立足土地、依靠土地创业就业，改变农村“386199”部队历史状况；让土地更加集中、生产更加集约、效益更加凸显，促进村集体与村民“联产联业”“联股联心”，实现“率先小康、共同富裕”的发展目标。

每一年的种植如何布局？精细化农业如何实施？市场如何开拓？村民的积极性如何调动？到底是怎样的种植技术及管理制度使得塘约村在产业发展上实现了全村脱贫？我们采访了“塘约村金土地合作社”的两位管理人员——丁振桐、唐双龙，从与他们的对话中也许可以窥探一二。

产业篇采访实录

1. 塘约村“金土地合作社”发起人丁振桐（以下简称丁总）

创美：您是什么时候进入合作社的？

丁总：我是合作社的发起人，从2014年12月30日合作社成立之日起就一直在合作社工作。

创美：合作社的产业涉及哪些领域？

丁总：我们这里以山地农业为主，主要种植蔬菜、果林等作物，我负责种植耕种合作社的整体工作。合作社旗下还有建筑公司、旅游公司、水务公司等，涉及的行业比较广。每个公司都有独立的负责人，但是全都在合作社这里统一核算。

创美：请您简单讲一讲合作社及旗下公司的管理机制。

丁总：全村现在就一个出纳、一个会计，所有的财务统计都是通过这两个人。每个公司一个分账，但是成本核算都是在一起的。合作社的构成都是由村民入股建立的。旅游方面我们缺乏经验，是和省里一个经验比较丰富的公司一起合作的。建筑公司是由我们村有建筑经验的人着手成立的，在合作社成立之后，也并入合作社旗下。

创美：去年合作社的收入是多少？

丁总：去年合作社的收入是362万元。

创美：合作社的分红比例和收入分配是怎样的？

丁总：我们是按照4 ∶ 3 ∶ 3的比例来分红的。村民占40%；合作社占30%，用来扩大经验、购买生产资料等；村集体占30%，用于基础设施建设、修路及灌溉等。

创美：请您谈一谈咱们村正在实行的“三社合一”政策。

丁总：供销社、合作社、信用社三社合一（图12-31）。信用社的贷款有一个叫作“金土地贷”的优惠政策，如果村民把土地入股合作社，那么他的土地贷款金额将是原来的3～5倍不等，这样基本可以帮助想要外出做生意的村民解决资金问题，留在村里的土地也能得到最大利用，这是非常好的一件事儿。供销社目前正在向电商这条路转型。电商的形式多样，有更多可能，也更加便捷，从另一个渠道打开了合作社的销路。三社合一之后会为村民带来更多的便利。

图12-31 三社合一立牌

创美：合作社最突出的特点是什么？

丁总：我们合作社最大的特点就是市场化。农业的风险非常高，所以合作社必须要懂种植、懂管理，不然有可能会越经营越差。塘约村合作社下面有几个非常有经验的农业老手，拥有许多年做农产品生意的经验，所以我们的合作社是一个懂得经营的合作社。

创美：村里农产品的运输、销售渠道是如何拓展的？

丁总：去年下半年和今年上半年我带队去广东市场考察。我们这里离广东只有900多公里，交通非常方便。我们考虑到夏天天气炎热，蔬菜瓜果长途运输容易变质，广东的路程距离和繁荣程度非常适合我们开展业务，所以今年的农产品就主要以满足广东市场的需求为主。

创美：山地农业的田地较为分散，有一定的地势差异，在管理上都遇到过哪些困难？

丁总：山地农业在管理上确实存在着一定的困难，人工投入较平原地区确实大很多。土地都是村民主动入股进来的，这是对我们的信任，我们必须做好。我们有六名专业技术较高的管理人员，分管不同的区域，基本上都能做到身先士卒。

创美：随着产品的销量越来越好，在扩大规模方面您是如何考虑的？

丁总：我们村的土地基本都在合作社了，村里的耕地面积没有条件扩大了。我们现在的思路是把周围八个村一起联合起来，成立“八村+塘约”的合作联社，就是用你们讲的那个“乡产联盟”的概念来进行扩大。现在主要考虑的问题是，如何帮周边村镇提升产品品质、如何监管产品的品质。有些合作社的品质意识较为薄弱，形成联盟之后，我们就成了一个统一的品牌，如果有部分产品的品质难以把控，会影响整个品牌。我们目前也在稳固学习阶段，形成乡产联盟还需要一段时间。

之前去广东考察的时候，有很多公司想跟我们合作，打算对我们这里的蔬菜进行深加工，销往香港、澳门地区。这也是我们产品品质好的一个证明吧。我们这里的土地全部是农业用地，二产开展起来比较困难，所以对于建厂的地点还在考虑阶段。

创美：对塘约村未来的品牌发展，您是怎样考虑的？

丁总：我们考虑将来在塘约建立一个营销中转站，作为周边产业的中心，统一向外输送农产品，这是我们现阶段考虑的发展方向。

创美：关于招商引资，您的看法是什么？

丁总：现阶段我们暂时不考虑引资这个问题。目前村里的经济运转情况非常良好，资金充足，如果盲目引入外来资金，会稀释村民的股份，所以目前我们暂时是不需要引资的。

创美：请您谈一谈在人才发掘与培养方面的经验。

丁总：关键在于识人与待遇。一是识人问题。就以我们主管蔬菜瓜果生产的唐总来说，他的经验非常丰富，已经做了十几年了，个人觉悟也高。最初我们没有做过规模较大的生意，刚刚成立的时候我们把最初流转来的150亩土地交给他种植经营，搞得非常好，村民的反响非常强烈，之后村民土地入股合作社就越发踊跃了。最终我们说服他放弃外面的生意，把蔬菜瓜果基地的生产管理彻底接了过来，对他个人来讲牺牲是很大的。二是待遇问题，管理者万万不可小气，要懂得如何恰到好处地激励员工，了解员工的心理诉求，一味节省成本是非常不明智的。

创美：合作社未来的规划是怎样的？

丁总：我们塘约村现在的一产已经基本稳定了，但是附加价值还没有完全被开发出来。我们产品的品质很好，但是市场的认可度还没有达到我们的最高期望值，说到底还是因为没有好的包装，没有好的包装，产品附加值就很难再上一个台阶了。包装这部分，和你们东方创美的文创公司孺果爱也有更多合作的可能。

我们这里是泉水农业，水质非常好，我们农产品的好口感很大程度上也是依赖这里的泉水。我们成立了水务公司，把我们这里的泉水做成桶装矿泉水，保质保量地把我们的优势打出去。一产不是我们的最终发展方向，现在我们也在积极调动三产资源，把我们的旅游业搞起来。我们山地的下面是典型的喀斯特地貌，就在最近刚刚发现了一个具有旅游开发价值的溶洞。每天来我们塘约村学习观摩的人非常非常多，少时4～5批，多时10～15批。我们可以利用好人流优势，开发合适的旅游资源，将会为塘约的产业融合和经济增长增添新的活力。

对于产业发展，我是很有信心的，村子里的老少男女骨子里都很勤劳，早上7点半左右大家就都出门劳作了。我们也希望把二产赶快发展起来，为村子里的年轻人提供更多、更符合他们意愿的工作岗位。

2. 塘约村“金土地合作社”生产部的主管人唐双龙（以下简称唐总）

创美：您是什么时间加入合作社的？

唐总：我们合作社是从2014年大水淹了以后开始着手成立的。当时村子里几乎什么都没有了，处于置之死地而后生的阶段，这个合作社的班子就是在那个时候成立的。当时合作社的口号是“果树上山蔬菜下田”，也就是我们塘约村主打的山地农业。我是2017年加入合作社的，村党支部当时希望我能来管理合作社。之前我有自己的农产品生意，做得也不错，是我的家人给了我鼓励和支持。当时正值塘约村红红火火转变命运的时刻，家里人希望我能运用生意上的能力和经验加入进来，为村子切切实实地做出自己的贡献。现在我们的合作社正在逐步做大做强，快速发展着。

创美：随着合作社业务的不断扩张，现在合作社运营下的耕地面积有多少？

唐总：目前合作社运营下的耕地面积是2 800多亩地，其中1 000亩为水果种植，剩余1 800亩为蔬菜种植。我们也希望能运营更多耕地，但是村里资源有限。我们向村党支部提过建议，经过组织探讨，我们决定联合周边村镇，成立“八村+塘约”的合作联社，就是用你们讲的那个“乡产联盟”的概念来实行扩张，辐射周边村镇，抱起团来联合发展。联合起来之后，我们能通过业务扩大获得更多的利润，同时也能帮助周边村寨解决种植和销售的问题，达到双赢。通过扩大规模，形成乡产联盟，突破邻里地域局限，把农产品的品牌更好地打出去。

创美：现在我们都种植了哪些品种？种植布局的依据是什么？

唐总：樱桃、柿子、桃，还有脆红李子，这几个是固定种植的进口品种。我们主要还是根据不同季节以及市场的需求来决定种什么。

很多人都说农业不好做，主要讲的还是市场的需求多变，风险很高，所以需要极其敏锐的市场预判能力，我们村每一年都会在去年售卖的基础上对市场做一个预判。我们经常在网络上、电视上看到蔬菜、水果烂掉的报道，我做了十多年的农业，对自己最基本的要求就是，不能让我们村民辛辛苦苦的劳动成果轻易打了水漂，所以我对每一年、每个季度的预判都格外认真。每年茄子种多少亩、瓜种多少亩、大葱种多少亩，都是根据市场以及销售渠道来安排种植的。可以说，这几年来我们没有卖不出去的菜，全都卖得非常好。

我总结出了三大经验：一是季节调控的错位；二是根据各个地区的消费习惯种植有针对性的品种；三是培育管理要精心，这样即使在烂市的情况下，因为产品的质量好，我们也可以把产品顺利地卖出去。去年周边企业的某些产品每斤只能卖出3～4角，我们却能卖出6～7角，这就是因为我们了解市场、了解需求。

创美：村里农产品的销售渠道都有哪些？

唐总：有几个比较固定的销售渠道。我们安庆乐平镇，原本就是一个在贵州省很有影响力的蔬菜产区，塘约村合作社做起来以后，很多客户早早就上门来预订了。我们的产量高、品质好，但是周边客户的需求有限，无法完全消化我们的产品。左书记专门派了销售团队，去两广（广东、广西）地区打通销路，销路一通之后，我们的销售压力不存在了，现在是处于供不应求的状态。

根据现在老百姓的消费习惯，并不是没钱吃，而是愁没好东西吃，所以我的观点就是一定要把产品的品质做到极致，在品质上把好关，在销售上我们就没有后顾之忧了。现在我们的农产品从种植生产一直到最终的销售，从起点到终端都非常稳。

创美：长途运输中的保鲜问题是如何解决的？

唐总：我们的产品大都输送到两广地区。每年夏天最热的6月、7月两个月，我们怕产品在长途运输中变质与损坏，会将产品进行恒温冷冻运输。现在我们可以做到将温度控制在8℃，保证在十几个小时的运输时间里产品不会变质，一直保持新鲜。

创美：合作社的员工收入情况如何？

唐总：员工的收入是根据出勤来计算的，用计件与计时相结合的方法，员工收入最高的每个月大约在3 500元以上，最低的每个月在1 500元左右。活干得越快越好、出勤率越高，收入自然就越多，反之则少一些。

创美：合作社的员工构成是怎样的？

唐总：当初成立合作社的一个初衷就是解决本村人的就业问题。随着我们合作社的不断壮大，我们需要的人工也越来越多，本村的劳动力毕竟有限，我们也会招一些外村的劳动力来合作社工作。塘约村的人都有一定的使命感与责任感，周边的村镇都是我们的邻居，我们不能只顾自己发展，也要帮助他们、带动他们。现在外村员工大约占到总员工人数的20%。

创美：请具体谈一谈您的管理方法。

唐总：我做农业20年了，积累了一定的经验，对市场有一定的预判能力，对市场认识比较清楚，所以在种植的布局上比较让大家信服。另外，我个人认为很重要的一点，就是一定要舍得给员工发工资。要让员工有这种感觉：我在其他地方再也找不到这么好的工作了。内生动力、责任心都是可以激发出来的，不要因为工资的原因让一份原本可以创造更多价值的工作变得可有可无。工资发得少，创造的价值有可能比工资更少；工资发得多一些，创造的价值能比发出的工资高得多。

左书记是开明人士，当我提出这个建议之后，书记立刻给予了支持。实践证明，这个办法非常有效。

创美： 请您谈一谈这几年对于合作社发展的感受。

唐总： 合作社发展到现在，每个人都是功不可没的。合作社最初建立的时候，因为没有成绩，并没有得到大家的认可。村领导班子一家一家地做工作，请村民以土地入股，以自身劳力来合作社工作，当时确实很艰难。随着合作社的发展壮大，从最初的没人愿意来，怕发不出工资、领不到分红，到现在大家抢着入股、抢着来合作社工作。前一阵子我们新成立了一个分销种植小组，消息一发出去，立刻就有19个人报名。现在的效益好了，我们定的工资标准也比较合理，村民的积极性与责任心都非常强。我经常在早上6点半接到合作社员工的电话，他们那时已经在田里劳动，发现了一些问题或者探讨出一些好方法，都迫不及待地向我汇报。

村民以土地入股，以500元一亩的标准量化，每年每亩的分红基本可以保持在45%左右，再加上合作社的工资，每一户的收入是相当可观的。谁不想阖家团圆、工作顺利，除了在外生意已成气候的村民之外，单纯在外务工的村民基本上都已经回到村子里工作了。虽然我们的工资可能比外面的工资稍微低一些，但是外出打工的成本也相对较高，衣食住行各个方面都是一笔不小的开支，村民来到合作社工作之后，在自己家门口就能有一份收入稳定的工作，生活成本大大降低了，还能与家人时刻团圆在一起，幸福感增强了。

我对自己以及合作社的要求和希望，就是把合作社做到最好，让村民的利益达到最大化。不仅仅是创造经济价值，更多的是创造社会价值、责任价值。塘约村有许许多多人、尤其是领导班子的干部都有着与我一样的责任感与使命感。我们塘约的天然种植培育条件并不是一流的，我们这里是山地农业，灌溉种植的技术难度是有的。有些村镇领导来考察，都会好奇又佩服地说，他们那里的种植条件比我们好太多，可是就做不到塘约村现在的成绩。

我认为塘约村取得现在的成绩主要是三个方面决定的：技术、团队和市场。这三者缺一不可，相辅相成。没有技术知识，种不出优质的产品；没有一个好的执行团队，空有丰富的技术知识也只是纸上谈兵；技术、团队都有了，如果没有把市场打开，大家同样也只能在地里睡觉。这三者是一个完整的链条，少一个环节都不行。

农产品的价格变动大、体量大、投入的人力物力大、时间也长，所以在产品链环节处于弱势地位。做市场，头脑要清醒，逻辑要清晰。种什么瓜果蔬菜，销售的目的地是哪儿，消费群体是谁，都要明白。不能一味地追求顶级品质的产品，而忽略了消费群体的购买力问题。心理价位、饮食习惯，甚至小到产品的形状，都会影响产品的销售。

从两位负责人的言语中，我们深切地感受到，在新时期，农村发展也必须要与时俱进。把村民变员工、乡亲变同事，塘约村的领导管理人员依靠直接有效的管理办法引导合作社的员工朝互利共赢的方向发展。了解政策、了解市场、了解村民的需求、懂得如何激发村民的内生动力的“全能领导”班子才是塘约村走上致富道路的核心所在。

在贵州，这样村民集体致富的例子正在大规模地发展萌芽，模式可以概括为“三变”改革，即资源变资产、资金变股金、农民变股民。全国扶贫攻坚过程中贵州的这份独特经验，在2016年年底被写入中央文件，鼓励在全国推广，以增强农村集体经济发展的活力和实力。这类举措不仅盘活了闲置多年的撂荒土地，充分调动了农民的积极性，还让外出务工的农民重返家园，开辟了从贫困到逐步小康的道路。

达州云门天寨——旅游产业带动灾区振兴

云门天寨文化旅游度假区所在地达州市通州区地岩门村，曾是10年前川东北泥石流灾害的受灾区，当年，2 000余户村民失去了家园。国务院救灾工作组深入岩门村进行抗灾救援，视察灾情，慰问受灾群众，对村民们自力更生、重建家园给予了坚强的信念和支持。10年后的岩门村，积极响应国家乡村振兴战略，以及达州建设国内知名生态文化旅游目的地的发展要求，以“云门天寨景区”再次走进大众视野，产业升级、旅游驱动、联合村民，切实推进一二三产业深度融合发展，并带领农民全面脱贫致富。

作为达州市首届文旅大会的承办地，如今的岩门村山势环抱、风景俊秀，云门天寨景区的建设正如火如荼地进行。这里将成为推进达州旅游发展的先行区，也将成为见证达州10年乡村“灾区到景区”蜕变的情怀热土。

云门天寨景区的总投资人朗行远洋集团立足青宁乡村资源优势，推动多元产业融合发展，打造了六大发展引擎——云顶天寨、生态艺术石林、天盆草原、半山养生花园、孺果童年自然教育公园、中国非遗第一秀，首创国内独一无二、具有自主知识产权的北斗云顶天街、中华非遗第一秀云里火龙秀，以及国内首个具有自主知识产权的田园亲子教育IP落地项目孺果童年自然教育公园。如今的云门天寨立足四川，辐射全国，力争打造国家4A级景区，是中年人的城市客厅、老年人的养生圣境、年轻人的童梦花园，是全家庭生活方式景区、达州市文旅综合开发示范样板。

云门天寨景区在开发时突出绿色环保理念，非常注重原生态景致的开发及保护，一木一石的搬动皆需有“法”可依，开发难度远远大于一般景区，一切的谨慎源于这里极度优异的自然风貌。

鉴于云门天寨得天独厚的优势，东方创美的王牌亲子产品线“孺果童年”就将首落地选在了这里。“孺果童年”产品线结合项目地资源基础，立足达州，辐射四川，拓展全国自然教育市场；通过孺果原创IP导入，以孺艺鸟形象为园区代言，以“教育+童玩”为核心导向，营造最好玩、最欢乐、最自然的田园游乐体验；研发教育大纲体系下的自然教育课程，服务高、中、小、幼课外学习及拓展；构成以自然教育为核心，集无动力设备、自然教育营地、创意工坊、文创主题商品、亲子配套服务等板块于一体，配套专业的导玩系统和丰富的节庆活动体系；打造四川省家庭亲子休闲旅游目的地，创建全国（四川省）中小学生研学实践教育基地（营地）、四川省少年儿童成长自然教育课堂。

在产业创新上，云门天寨也走在了前面，紧跟时代步伐，专注打造青宁零圆创客小镇，体现“大众创业、万众创新”的意识，在人才吸引、人才回流以及带动当地村民共同致富方面做了很多工作。云门天寨的创客小镇重点扶持本地退伍军人、在外务工返乡人员、手工匠人、青年志士等，为其提供免费的创客空间进行创业致富；同时在创客小镇打造青宁零圆培训讲堂，为创业人群提供培训、督导及辅助创业等服务。云门天寨景区从餐饮、休闲、手工艺、农土特产、小吃等方面进行有序指导，并成立青宁零圆创客小镇合作社，进行标准化运作。

图12-32 朗行远洋集团何正刚董事长正在接受采访

东方创美纪实小组此行采访到云门天寨项目的开发负责人朗行远洋集团董事长何正刚，请他谈一谈他对农旅开发、三产融合以及互联网农业的见解（图12-32）。

东方创美(以下简称创美)：云门天寨项目是哪一年开始启动的？

何正刚（以下简称何总）：云门天寨项目最初是从农业发力，在2016年下半年开始启动的。我们这个景区的面积为15 000亩，涉及5个行政村。这片区域盛产油用牡丹，最初以种植及开发油用牡丹为主。后来我们发现大面积的油用牡丹景观价值非常高，而且本地的生态环境非常好，常年气温要比山下低5℃左右，非常适合搞旅游，尤其是康养产业。

创美：在云门天寨景区开发之前，村子的状况是怎样的？

何总：景区涉及的5个行政村有一半以上都是贫困村。我们进驻的时候，空心化非常严重，10户里面有6户都是无人居住或者只有老人和小孩儿的情况。

创美：在景区开发上我们制定了哪些战略？

何总：10年前，这里曾经发生过大面积自然灾害，这也是导致村落贫困的原因。目前的石林就是自然灾害滑坡后形成的，经过岁月的洗礼，这些巨石也成了此地的特色景观之一（图12-33）。我们以产业联动为思路，一产以培育优质的油用牡丹为主，二产以花卉精油、食用油、面膜、防晒霜等油用牡丹的加工产业为主，三产将巨石艺术为核心的生态猎奇、传统非遗文化旅游及自然教育研学相结合，进行全生态农旅+文旅的综合性开发。

图12-33 云门天寨在开发时保留了大量的原始景观

创美：在考察过程中，我们发现景区对生态保护非常重视，保留了大量的原始景观，请谈一谈采取这一举措的开发思路是什么？

何总：当地的生态资源其实是景区的优势，我们现在搞开发的思路也在与时俱进，不再是当初大量地砍伐改造，而是在最大程度保留原始风貌的基础上进行再次开发。有一个细节就可以说明这一点，这里的巨石和古树，如果因为开发需要必须要毁掉的话，要经过5个层级的审批才能实施，从程序和标准上都最大限度地保持了对原始生态的尊重。

创美：请您介绍一下景区都有哪些特色项目？

何总：景区由石云境里综合服务板块、天寨文创艺术猎奇板块、天盆草原康养运动板块、孺果童年自然教育板块、山水漫乡生态保育板块5个板块组成。最值得一提的，就是那块占地170亩、高度超过100米拔地而起的巨石，当地老百姓管他叫“风聚石”。天寨文创艺术猎奇板块位于云门天寨山顶区域，是云门天寨景区最核心的游览体验板块，整个天台保持原生态的景观氛围。原创火龙秀非遗文化创新演艺是最大的看点和亮点。这是我要讲的第一个重点，文化带动。第二个就是教育带动，这一部分的切入点就是东方创美策划的孺果童年自然教育板块。我们这里是天然的自然教育基地，依托东方创美公司精心策划的自然教育课程，以景区的体量，不仅可以做儿童教育，更可以做终身教育。第三个就是我之前一直提到的康养带动。这里气候宜人，含氧充足，非常适合康养。除此之外，我们也考虑到康养开发中很重要的医疗保障环节，我们会和省、市、县的医疗机构进行合作，提供高质量、高效率的医疗保障，同时，依托我们本地的优势资源，将会在本地建立一个极具权威性的中国中医培训基地，医疗与教育培训双管齐下，做出独一无二的影响力。

创美：请谈谈您对发展互联网经济的构想？

何总：刚才我提到的康养产业，就是一个发展互联网经济的绝佳产业。我们现在已经在康养的商业配套上打通了很多互联网对接点。比如，我们以家庭为单位，每家有个特色菜，一是可以打破景区餐饮难吃的固有“特点”；二是只要技术过关，家庭主妇可以零成本投入。家庭厨师通过严格的评判体系进行选拔，每家确定一个或几个特色菜，将这些信息发布在“家庭厨师网络平台”，不仅景区内的游客可以吃到我们精心筛选出的优质饭菜，还可以通过外送的形式让景区外更多的人品尝到这些菜品，服务于本地餐饮。把互联网经济的“重方便”转变为“重品质”。

在订单农业领域我们也已有了初步构想。以一个家庭农场为单位，通过互联网的形式直接对接买家，让买家以订单农业的形式向农场长期订购蔬菜，由我们平台进行质量监督、担保以及物流运输，买家不仅可以订购蔬菜，还能够24小时监控蔬菜瓜果的生长情况。这不仅是商业上的成功，也是人与人之间情感链接的新形式，通过新的形式建立人与人之间最本真的信任感。

创美：对于改善当地村民居住环境的问题，采用了哪些帮扶措施？

何总：在我们的产业区，有两种情况，一种是风貌政策，那些不搬迁的村民，政府会在外立面、风貌、环境提升上给予一定力度的补贴，进行风貌改善工程。另一种是通过土地流转，让村民搬迁至新房，我们也通过这种形式拿到了更多的土地。政府对我们的工作很支持、优惠政策也非常多。在政府的支持下完全保证了土地供应，为发展旅游经济、进行产业发展提供了保障。

图书在版编目（CIP）数据

中国乡村振兴模块化研究与实践/张亚权等著．—北京：中国农业出版社，2019.10（2020.4重印）
ISBN 978-7-109-25867-9

Ⅰ.①中…　Ⅱ.①张…　Ⅲ.①农村经济发展–研究–中国　Ⅳ.①F323

中国版本图书馆CIP数据核字（2019）第191096号

中国农业出版社出版
地址：北京市朝阳区麦子店街18号楼
邮编：100125
责任编辑：张丽四
版式设计：李　文　　责任校对：刘丽香
印刷：中农印务有限公司
版次：2019年10月第1版
印次：2020年4月北京第2次印刷
发行：新华书店北京发行所
开本：700mm × 1000mm　1/16
印张：17.75
字数：330千字
定价：78.00元